UNIVERSITÉ DE FRANCE

ACADÉMIE DE NANCY

DE

L'ENSEIGNEMENT DU DROIT

CHEZ LES ROMAINS

DES

DROITS ET OBLIGATIONS

QUI NAISSENT DU BAIL A LOYER

ACTE PUBLIC POUR LE DOCTORAT

PRÉSENTÉ

A LA FACULTÉ DE DROIT DE NANCY

PAR

GEORGES FLACH

de Strasbourg

AVOCAT A NANCY

STRASBOURG

TYPOGRAPHIE DE G. FISCHBACH

1873

DE

L'ENSEIGNEMENT DU DROIT

CHEZ LES ROMAINS

DES

DROITS ET OBLIGATIONS

QUI NAISSENT DU BAIL A LOYER

ACTE PUBLIC POUR LE DOCTORAT

PRÉSENTÉ

A LA FACULTÉ DE DROIT DE NANCY

PAR

GEORGES FLACH

de Strasbourg

AVOCAT A NANCY

STRASBOURG

TYPOGRAPHIE DE G. FISCHBACH

1873

L'acte public sur les matières ci-après
sera présenté à la Faculté de droit de Nancy
et soutenu publiquement
le samedi **26 avril 1873**
à 3 heures de l'après-midi.

COMMISSION D'EXAMEN.

Président :   M. LEDERLIN, professeur.

Suffragants :   M. JALABERT, professeur-doyen.
M. VAUGEOIS, professeur.
M. DUBOIS, professeur.
M. VILLEY, agrégé.

FACULTÉ DE DROIT DE NANCY.

MM. JALABERT ✳ . . doyen, professeur de Code civil (1re chaire)
et chargé du cours d'Histoire du droit.

LEDERLIN . . . professeur de Droit romain (2e chaire), autorisé à faire le cours de Pandectes.

LOMBARD. . . . professeur de Droit commercial et chargé
du cours de Droit des gens.

VAUGEOIS . . . professeur de Code civil (3e chaire) et chargé
du cours de Droit français étudié dans
ses origines féodales et coutumières.

LIÉGEOIS. . . . professeur de Droit administratif et chargé
du cours d'Économie politique.

DUBOIS. . . . . professeur de Droit romain (1re chaire).

CAUWÈS . . . . agrégé, chargé d'un cours de Code civil
(2e chaire).

CHOBERT. . . . agrégé, chargé du cours de Pandectes, autorisé à faire le cours de Droit romain
(2e chaire).

VILLEY. . . . . agrégé, chargé du cours de Droit criminel.

BLONDEL. . . . agrégé, chargé du cours de Procédure civile.

LACHASSE . . . docteur en droit, secrétaire, agent comp
table.

A MES PARENTS

GEORGES FLACH.

A MA VILLE NATALE

GEORGES FLACH.

TABLE DES MATIÈRES

DE

L'ENSEIGNEMENT DU DROIT

CHEZ LES ROMAINS.

———

PREMIÈRE PARTIE.

Enseignement accessoire donné par les praticiens.

DEUXIÈME PARTIE.

Les Écoles de droit à l'époque classique.

TROISIÈME PARTIE.

Les Écoles publiques impériales

DES

DROITS ET DES OBLIGATIONS

QUI NAISSENT DU BAIL A LOYER

TROISIÈME PARTIE.

Des garanties spéciales que la loi accorde au bailleur.

FIN DE LA TABLE DES MATIÈRES.

DROIT ROMAIN

DE

L'ENSEIGNEMENT DU DROIT

CHEZ LES ROMAINS.

Prolégomènes.

1. Le sujet qui va être traité, quelque intéressant qu'il me paraisse, n'a encore été, à ma connaissance, l'objet d'aucune dissertation en France. Nos anciens jurisconsultes ne se sont guère occupés de la question ; c'est à peine si Pothier l'effleure dans la préface de ses Pandectes. Quant à nos maîtres modernes de la science du droit, ils n'en ont aussi parlé qu'incidemment au cours de l'histoire générale du droit romain.

Nous-même nous ne pouvons avoir la prétention de donner sur cette matière des idées nouvelles et certaines qui soient le fruit de recherches entièrement personnelles. Notre but est principalement de rassembler les renseignement que donnent nos auteurs, et de faire connaître, en les coordonnant dans un ensemble régulier, les résultats obtenus par les savants étrangers, allemands surtout, dont les travaux ont jeté de vives lumières sur ce sujet d'érudition, bien qu'ils n'aient porté que sur des parties isolées et n'en aient jamais présenté avec méthode le développement historique.

2. L'enseignement du droit chez les Romains a revêtu des formes diverses, a subi plusieurs transformations.

Exclusivement pratique à l'origine, peu à peu et lentement il est arrivé à être doctrinal; objet d'abord d'une initiation mystérieusement opérée de patricien à patricien, distribué ensuite par les jurisconsultes patriciens et même plébéiens à l'occasion des points de droit qu'ils étaient appelés à résoudre, il a été donné plus tard par des maîtres spéciaux vivant par lui et pour lui; d'accessoire, en un mot, il est devenu principal le jour où se sont formées des écoles proprement dites. Dès lors, le droit fut enseigné théoriquement, comme l'étaient les autres sciences; il y eut des *Juris civilis professores*[1], *qui jus civile docebant*[2]; par suite il y eut aussi des livres de droit écrits pour les écoles, une littérature d'enseignement, des Institutiones et autres ouvrages analogues en grand nombre. L'organisation de ces écoles, leur nombre, le programme des études, quoique obscurément connus, paraissent n'avoir pas été l'objet de réglementation de la part de l'État, à l'époque où la science du droit brille du plus grand éclat, à l'époque classique des Proculiens et des Sabiniens. Les empereurs Valentinien Ier, Valens et Gratien furent les premiers à placer les écoles sous la direction de l'État; Théodose II et Valentinien III les suivirent dans cette voie ; enfin Justinien compléta leur organisation et réforma l'enseignement par sa constitution *Omnem, ad antecessores*, qui est pour notre travail un document de la plus haute importance.

Comme on le voit, l'histoire de l'enseignement du droit chez les Romains présente plusieurs phases bien distinctes.

[1] L. 1, § 5, D. 50, 13, De extr. cogn.
[2] L. 6, § 12, D. 27, 1, De excus.

Aussi devrons-nous partager cette étude en plusieurs parties : nous étudierons ainsi successivement l'enseignement accessoire donné par les praticiens, l'enseignement dans les Écoles à l'époque classique, et l'enseignement officiel dans les Écoles publiques organisées par les empereurs.

PREMIÈRE PARTIE.

Enseignement accessoire donné par les praticiens.

———

CHAPITRE PREMIER.

ÉPOQUE ANTÉRIEURE A TIBERIUS CORUNCANIUS.

3. « Chez les Grecs et chez les Romains, comme chez tous les peuples anciens, la loi fut d'abord une partie de la religion. Les anciens codes des cités étaient un ensemble de rites, de prescriptions liturgiques, de prières, en même temps que de dispositions législatives. Les règles du droit de propriété et du droit de succession y étaient éparses au milieu des règles des sacrifices, de la sépulture et du culte des morts. Ce qui nous est resté des plus anciennes lois de Rome, qu'on appelait lois royales, est aussi souvent relatif au culte qu'aux rapports de la vie civile[1]. »

Aussi n'est-il pas étonnant qu'à Rome les pontifes, c'est-à-dire des patriciens, furent longtemps les seuls jurisconsultes[2]. Le droit, la procédure étaient en leur pouvoir, comme la religion. Et le souvenir de cette union se maintint longtemps, puisque au temps de Cicéron encore, la connaissance du droit était l'une des qualités exigées chez les pontifes. « Pontificem bonum neminem esse, nisi qui jus civile cognoscet, » disait Scaevola[3]. Comme ils étaient les seuls dépositaires de ce qui pouvait s'appeler alors la science du droit, les formules de la loi, comme celles du

[1] Fustel de Coulanges, La Cité antique, liv. 3, chap. 11.
[2] Mainz, Éléments de droit romain, introduction, § 46, éd. 1856.
[3] Cicéron, De legibus, 2, 19.

culte, étaient tenues secrètes par eux, et cachées mystérieusement à l'étranger, cachées même au plébéien, qui
ne pouvaient ni l'un ni l'autre atteindre à la connaissance
de la liturgie dont le réseau couvrait tous les détails de la
vie domestique. De là le *jus arcanum*, le *jus in latenti*, dont
on trouve le souvenir dans les anciens auteurs de droit [1].

Le droit n'étant pas public, ne pouvant pas être connu
de tous, il n'y avait donc pas possibilité d'un vrai enseignement du droit, dans les temps qui précédèrent les Douze
Tables. Ce qui portait alors le nom de loi, ce mélange de
préceptes religieux et de règles juridiques se transmettait
d'âge en âge, dans le sein des familles qui avaient la garde
des mystères de la cité, savoir les familles patriciennes [2].
Ce fut d'abord par la tradition orale, par une initiation
mystérieuse du droit et de la religion, renfermés ensemble
dans des phrases rhythmées, dont le souvenir s'est perpé-
tué longtemps à Rome, puisque les vieux auteurs donnent
souvent aux lois le nom de *Carmina*. Ce fut ensuite aussi,
et vers l'époque des Décemvirs, à ce que rapporte Denys
d'Halicarnasse [3], par les livres sacrés, déposés dans les
temples, où les pontifes consignaient à côté des rituels et
des prières tout ce qu'il y avait de lois écrites.

4. Les Douze Tables n'apportèrent pas de sensibles modifications à cet état des choses (an 303 de la fondation
de Rome) [4].

Il est vrai que la plèbe avait conquis un grand résultat
en obtenant que la loi fût rédigée. Par sa rédaction, en
effet, celle-ci a cessé d'être une tradition religieuse, pour
devenir l'expression de la volonté de tout le peuple ; aussi

---

[1] Giraud, Histoire du droit romain, éd. 1847, t. I, p. 78 et 164.

[2] Hugo, Lehrbuch des Römischen Rechts, éd. 1826, p. 98.

[3] Denys d'Halicarnasse, Antiquités romaines, 10, 1; Varron, De lin-
gua latina, 6, 16.

[4] Mainz, op. cit., § 46.

n'est-elle plus le patrimoine de quelques familles sacrées : chacun peut désormais l'invoquer, donc chacun a le droit de l'apprendre. Mais les patriciens, rédacteurs habiles de la loi, se réservèrent la connaissance des *Legis actiones* et des *Dies fasti et nefasti*, ce qui rendait leur intermédiaire indispensable aux plébéiens quand ils devaient ester en justice. « Le plébéien ne pouvait donc user de son droit contre le patricien, dit avec raison M. Michelet, que par l'entremise du patricien. S'il veut plaider, il faut qu'il aille le matin saluer, consulter le grave Quintius ou Fabius, qui siége dans l'atrium au milieu de ses clients, debout, qui lui dira les fastes, quand on peut, quand on ne peut pas plaider. Il faut qu'il apprenne de lui la formule précise par laquelle il doit, devant le juge, saisir et prendre son adversaire ; la sainte pantomime par laquelle on accomplit, selon les rites, la guerre juridique[1]. » De plus, les patriciens gardèrent pour eux le privilége de l'interprétation des lois ; et comme la loi des Douze Tables était rédigée avec tant de brièveté qu'on avait besoin d'eux à chaque instant pour l'interpréter, ils maintinrent les plébéiens dans l'ignorance de ce qui constitue proprement la science du droit. « Omnium enim harum legum et interpretandi scientia et actiones apud collegium Pontificum erant[2]. »

Aussi n'y a-t-il toujours encore aucun enseignement du droit. Les patriciens ont le monopole de cette science. S'ils la divulguent, c'est seulement à l'occasion d'espèces déterminées sur lesquelles ils sont consultés ; et d'ailleurs ce sont le plus souvent leurs clients que les patriciens aident ainsi de leurs conseils[3]. Mais jamais ces conseils, ces ré-

---

[1] Michelet, Histoire romaine, t. I, p. 131.

[2] L. 2, § 6, D. 1, 2, De orig. jur.

[3] «Romæ dulce diu fuit et solenne, reclusa

Mane domo vigilare, clienti promere jura»,

nous dit Horace, liv. 2, epist. 1. Et c'est en souvenir de cela, peut-être,

ponses n'avaient un but doctrinal ; ce n'était jamais une profession publique du droit. Aussi Pomponius a-t-il pu dire : « vel in latenti jus civile retinere cogitabant, solumque consultatoribus potius quam discere volentibus se præstabant [1].

5. Cette situation se maintint assez longtemps après la promulgation des Douze Tables ; « fere populus annis prope centum hac consuetudine usus est, » dit Pomponius [2]. Au prix de luttes et de discussions infinies, l'égalité politique parvint cependant à s'établir entre les deux ordres [3]. Enfin la publication du *Jus Flavianum* (450 a. U. C.) et du *Jus Ælianum* (552 a. U. C.), qui divulguaient les fastes et les actions de la loi, enlevant aux patriciens leur dernier privilége juridique, l'étude et la pratique du droit civil, comme les honneurs et les magistratures de la République, devinrent accessibles aux plébéiens [4]. »

La connaissance du droit se détacha alors de la religion, et un développement scientifique commença à se produire, sous l'influence de la philosophie grecque et du *jus gentium*, et grâce à la formation d'une classe d'hommes s'occupant plus spécialement du droit, je veux parler des *Jurisconsulti, Consulti, Prudentes, Jureprudentes*. Car si dans les premiers temps qui suivirent la publication des Douze Tables et celle des fastes et des actions de la loi, tous les Romains purent connaître par eux-mêmes les lois qui les régissaient, grâce à leur rédaction concise, et grâce à la simplicité des mœurs et des besoins auxquels ces lois

qu'on a continué à désigner des noms de *patron* et de *client* l'avocat et la partie qu'il assiste. Schweppe, Römische Rechtsgeschichte, éd. 1832, § 75.

[1] L. 2, § 35, D. 1, 2, De orig. jur.

[2] L. 2, § 6, D. 1, 2, De orig. jur.

[3] Puchta, Cursus der Institutionen, éd. 1841, § 56.

[4] Mackeldey, Histoire des sources du droit romain, traduction Poncelet, éd. 1829, § 41.

répondaient, il arriva, vers les derniers temps de la République, un moment où l'agrandissement considérable du territoire romain, le développement des relations commerciales, la création de situations nouvelles, engendrant une foule de règles de droit nouvelles, amenèrent la nécessité pour les citoyens de s'aider des conseils et de l'assistance d'hommes s'occupant spécialement des affaires juridiques, qu'ils ne pouvaient plus embrasser par eux-mêmes[1].

Alors apparurent les jurisconsultes.

CHAPITRE II.

LE PREMIER ENSEIGNEMENT.

6. Tout le monde sait de quelle considération les jurisconsultes furent entourés à Rome, et cela dès les temps les plus anciens, dès le moment où il y eut des jurisconsultes. Patriciens et plébéiens s'adonnaient également à cette profession ; à qui les demandait, ils donnaient gratuitement des conseils sur ses affaires, juridiques ou autres. Comme le disait Cicéron : « Non solum de jure civili ad eos, verum etiam de filiâ collocandâ, de fundo emendo, de agro colendo, de omni denique aut officio aut negotio referebatur[2]. » Ailleurs il s'écrie : « Senectuti vero celebrandæ et ornandæ quod honestius potest esse perfugium, quam juris interpretatio? Equidem mihi hoc subsidium jam inde ab adolescentiâ comparavi, non solum ad causarum usum forensem, sed etiam ad decus atque ornamentum senectutis, ut quum me vires deficere cœpissent, ista ab solitudine domum meam vindicarem[3]. » Plus loin il va

---

[1] Puchta, op. cit., §§ 76 et 96.
[2] Cicéron, De Oratore, 3, 33, 133.
[3] Cicéron, De Oratore, 1, 45, 199.

même jusqu'à dire que la maison du jurisconsulte « est sine dubio totius civitatis oraculum [1]. » A ces témoignages de la popularité dont jouissaient les jurisconsultes, j'ajouterai encore ce fait rapporté par Pomponius, qu'une maison fut donnée par l'État, à Scipion Nasica, sur la voie sacrée, pour qu'on pût le consulter plus facilement: « Fuit enim maximæ scientiæ Cajus Scipio Nasica, qui Optimus a Senatu appellatus est, cui etiam publicè domus in sacra via data est, quo facilius consuli posset [2]. »

Cicéron a résumé en quatre mots l'office du jurisconsulte :

« Si quæreretur quisnam juris consultus verè nominaretur, eum dicerem, qui legum et consuetudinis ejus, qua privati in civitate uterentur, peritus esset et ad respondendum, et ad agendum, et ad cavendum [3], et ad scribendum [4]. »

Ainsi le jurisconsulte avait une tâche quadruple à remplir. Il devait : — *Respondere*, donner son avis sur les questions, juridiques ou non, qui lui étaient soumises, d'après les faits exposés ; — *Cavere*, indiquer les formes de procédure à suivre pour bien conduire un procès ; — *Agere*, assister en personne son client devant le juge ou le magistrat ; — *Scribere*, rédiger des consultations ou des traités de droit.

7. Nous n'avons point à examiner toutes ces branches de l'activité des jurisconsultes : ce qui doit nous occuper, c'est la fonction que Cicéron passe sous silence, précisément parce que, par sa nature même, elle se confondait, jusqu'à son époque, avec celles qu'il énumère, savoir l'enseignement.

---

[1] Cicéron, De Oratore, 1, 45, 200.
[2] L. 2, § 37, D. 1, 2, De orig. jur.
[3] Cicéron, De Oratore, 1, 48, 212.
[4] Cicéron, Pro Murena, 9.

En effet, du jour où la profession de jurisconsulte fut ouverte aux plébéiens, après la divulgation des actions de la loi, elle prit un caractère plus libéral. Le jurisconsulte ne se borna plus à donner des consultations aux plaideurs ; il ouvrit un enseignement du droit, en permettant à tous de venir assidûment écouter les conseils et les réponses qu'il était appelé à donner, et d'en tirer parti. Le droit cessa alors complétement d'être une science secrète, transférée de patricien à patricien avec précaution et mystère : il fut une science accessible à tous, une science que le plébéien put acquérir comme le patricien, et par laquelle il put s'illustrer comme lui.

On peut assigner comme époque de ce changement l'avénement d'un plébéien à la dignité de Pontifex maximus, vers la fin du Ve siècle de l'ère romaine. Ce plébéien était Tibérius Coruncanius, dont la grande capacité était, au dire de Cicéron, attestée par les mémoires des pontifes : « ex pontificum commentariis longe plurimum ingenio valuisse videatur [1]. » Son activité comme jurisconsulte dut être grande, puisque Pomponius nous dit que « responsa ejus complura et memorabilia fuerunt[2]. » Il paraît que Coruncanius fut aussi le premier jurisconsulte qui ait professé publiquement le droit, en admettant la jeunesse studieuse à profiter de ses réponses. C'est ce que nous rapporte Pomponius dans un fragment du Liber singularis Enchiridii, qui est de la plus haute importance pour l'histoire du droit romain en général.

« Juris civilis scientiam plurimi et maximi viri professi sunt.... Et quidem ex omnibus qui scientiam nacti sunt ante Tiberium Coruncanium publicè professum neminem traditur [3]. »

<hr>

[1] Cicéron, Brutus, 14, 55.
[2] L. 2, § 38, D. 1, 2, De orig. jur.
[3] L. 2, § 35, D. 1, 2, De orig. jur.

8. Il ne faudrait pas prendre les expressions de ce texte à la lettre , et croire qu'il y eut dès cette époque un enseignement public , théorique, du droit, qui pût véritablement être professé. Ce serait là un anachronisme certain. Cet enseignement public dont parle Pomponius, Pothier nous dit très-bien en quoi il consistait vraisemblablement à l'origine.

« Is Coruncanius florere cœpit circa annum 407 U. C. Plures post eum ejus exemplum secuti. Jus civile publice professi sunt, id est admiserunt discipulos qui dum ipsi consultatoribus responderent, notarent ipsorum responsa, rationemque tradendi et interpretandi juris : et sic una opera et consultatoribus respondebant, et hos discipulos edocebant [1].»

Ainsi le jurisconsulte admettait les jeunes gens désireux de savoir à l'entourer , à le suivre , à l'entendre dans tout l'exercice de sa profession, et à s'instruire, par suite, dans celle-ci en observant et en écoutant le maître [2]. Lorsqu'il était consulté par des clients sur une affaire litigieuse ; lorsqu'il indiquait à celui qui venait demander son aide, les formes à suivre dans le cours d'un procès ; lorsque, intervenant activement devant le magistrat, il assistait le plaideur de sa présence et d'avis donnés sur place d'après les circonstances, les élèves surveillaient ces réponses, s'enrichissaient de ces avis, et apprenaient ainsi par la pratique même des affaires à appliquer les lois qu'ils étudiaient. Il est même probable que de très-bonne heure ils purent demander au maître de plus amples explications, provoquer même des réponses non sollicitées par des clients.

9. On le voit, la science du droit s'acquérait à cette époque à Rome comme en France au moyen âge, au temps

---

[1] Pothier, Pandectes, note 10 sur § 35, liv. 1, tit. 2, De orig. jur.
[2] Mainz, op. cit., § 46.

de la Bazoche, comme aujourd'hui encore en Angleterre[1], d'une manière éminemment pratique.

De son côté, l'étudiant, si je puis employer cette expression, apprenait par cœur la loi des Douze Tables[2] ; à cette étude se joignait celle du droit pontifical; plus tard on y ajouta celle de l'Édit prétorien, comme nous le montre Atticus, lorsqu'il dit : « non ergo a prætoris edicto, ut plerique nunc, neque a XII tabulis, ut superiores, sed penitus ex intima philosophia hauriendam juris disciplinam putas[3]. » A côté des textes de la loi se plaçait l'étude des belles lettres et de la philosophie, surtout de la philosophie grecque. Puis l'étudiant fréquentait assidûment un jurisconsulte distingué, prenait note des réponses qu'il faisait aux consultants, et ajoutait ainsi aux préceptes de la loi une collection de décisions variées et d'observations juridiques, qui, il est vrai, ne constituait pas pour lui un ensemble scientifique et systématiquement coordonné, mais du moins complétait son instruction et le préparait à sa carrière future.

Ainsi fit Cicéron aux consultations de Scævola. « Ego juris civilis studio, multum operæ dabam Q. Scævolæ, qui quanquam nemini se ad docendum dabat, tamen, consulentibus respondendo, studiosos audiendi docebat[4]. »

C'est d'après ce mode d'enseignement que les élèves prenaient le nom d'*Auditores*, puisque toute leur activité, lorsqu'ils étaient auprès du maître, consistait à recueillir les avis qu'il donnait sur les affaires à lui soumises[5]. »

Les auditores suivaient le jurisconsulte, qu'ils étaient

[1] A cette différence près qu'à Rome l'élève ne payait rien, tandis qu'en Angleterre aujourd'hui il paie au moins cent guinées pour être admis dans les chambres d'un avocat ou special pleaders.

[2] Giraud, op. cit.. p. 178 in fine.

[3] Cicéron, De legibus, 1, 5.

[4] Cicéron, Brutus, 89, 307.

[5] Puchta, op. cit., § 77.

admis à fréquenter, partout où il donnait ses consultations. Ils étaient à ses côtés devant le magistrat lorsqu'il fortifiait de sa présence les dires des plaideurs. Ils l'accompagnaient lorsqu'il se promenait au Forum, attendant les clients, comme c'était l'habitude (Manilium nos etiam, dit Cicéron, vidimus transverso ambulantem foro, quod erat insigne, eum qui id faceret, facere civibus omnibus consilii sui copiam [1]). Ils l'entouraient aussi, lorsque, se tenant dans son atrium, aux heures fixées, il dictait ses réponses à ceux qui venaient le consulter (Præsertim non recusabam, dit encore Cicéron, quo minus more patrio sedens in solio consulentibus responderem [2]).

C'était là, comme on voit, une instruction tout à fait intime, ou plutôt une éducation juridique donnée pour ainsi dire par un ami plus âgé à un ami plus jeune, et non encore un enseignement théorique donné par un maître de profession, et moyennant salaire, à tous élèves quelconques [3].

10. Il paraît cependant que dans les derniers temps de la République les jurisconsultes s'adonnèrent à l'enseignement d'une façon plus active. Car des textes relatifs à différents jurisconsultes nous disent qu'ils s'occupèrent aussi de *instituere, instruere* des élèves.

Avant de rechercher en quoi consistait cet enseignement, citons les textes dont il s'agit, et qui sont de Pomponius :

« Servius operam dedit juri civili, et plurimum eos, de quibus locuti sumus audiit, institutus autem a Balbo Licinio, instructus maxime a Gallo Aquilio, qui fuit Cercinæ, itaque libri complures ejus exstant Cercinæ confecti [4]. »

[1] Cicéron, De Oratore, 3, 33, 133.
[2] Cicéron, De legibus, 1, 3.
[3] Rudorff, Römische Rechtsgeschichte, éd. 1857, t. I, § 112.
[4] L. 2, § 43, D. 1, 2, De orig. jur.

« Antistius Labeo omnes hos audiit, institutus est autem a Trebatio [1]. »

Trois expressions viennent donc désigner l'enseignement du droit : *audire*, comme nous l'avons vu plus haut, *instruere* et *instituere*. La constitution même des phrases qui viennent d'être citées montre que chacun de ces mots désigne une manière particulière d'enseignement.

11. Nous savons déjà que le mot *audire* désigne l'enseignement pratique dont il a été question jusqu'ici.

Quant au mot *instituere*, les auteurs allemands, se fondant sur plusieurs textes dans lesquels il signifie l'instruction méthodique d'arts ou de sciences («si eum disciplinis vel arte instituerit usufructuarius [2]» ; «jussus est mercedes præceptoribus dare ut liberalibus artibus pupilla institueretur [3] » ; « inter artifices longa differentia est et ingenii, et naturæ, et doctrinæ, et institutionis [4] »), enseignent que l'institutio était un véritable enseignement, méthodique, intentionnel, qui préparait et précédait l'instruction qu'on recevait indirectement en écoutant les réponses données par un jurisconsulte [5]. « Instituere, dit notamment un auteur, bezeichnet einen absichtlichen und zwar einen zusammenhængenden Unterricht, im Gegensatz der Belehrung welche das Zuhören bei Ertheilung von rechtlichem Rath gewæhrt [6]. »

Enfin *instruere* désignerait un enseignement exceptionnel, plus direct que celui qu'on désigne par le mot *audire*, qui serait venu se joindre à ce dernier, pour com-

---

[1] L. 2, § 47, D. 1, 2, De orig. jur.

[2] L. 27, § 2, D. 7, 1, De usuf.

[3] L. 4, D. 27, 2, Ubi. pup.

[4] L. 31, D. 46, 3, De solut.

[5] Rudorff, op. cit., § 112, note 1.

[6] P. 8, Rechtslehre und Rechtslehrer im Römischen Kaiserreich. Berlin 1868, von Bremer, Prof. in Göttingen (aujourd'hui professeur à l'Université allemande de Strasbourg).

pléter l'éducation pratique de l'*auditor* par l'étude de la rédaction des actes et des formules[1].

Quoi qu'il en soit de ces interprétations, qui me paraissent d'ailleurs très-vraisemblables, il résulte des textes précités et d'un autre également cité plus haut, dans lequel il est dit de Q. Scævola que « *quanquam nemini se ad docendum dabat, tamen...,* » il en résulte, dis-je, que dès avant la fin de la République il y eut à Rome un véritable enseignement du droit. En effet, Q. Mucius Scævola fut consul en 659 U. C. et mourut à l'époque des luttes entre Marius et Sylla ; et Aquilius Gallus et Trebatius vécurent tous deux à l'époque de Cicéron : car le premier fut, en même temps que le grand orateur, consul en 688, et c'est au second que sont adressées un certain nombre de ses Epistolæ ad Familiares.

12. Cet enseignement théorique dont il s'agit maintenant, loin d'avoir été exceptionnel, paraît même avoir été fréquent ; et c'est à tort, selon moi, qu'un auteur a soutenu « que ce n'était point, ou du moins que ce n'était que rarement œuvre de jurisconsultes distingués et honorés de la confiance de leurs concitoyens, mais d'étudiants plus avancés, qui donnaient ainsi aux commençants les premiers préliminaires de la science[2]. »

Cette idée me paraît inadmissible en présence des faits qui nous sont connus. Comment peut-on soutenir que l'enseignement théorique était considéré comme indigne de grands jurisconsultes, alors que Balbus Licinius le donna à Servius Sulpicius, et Trebatius à Labéon. Et puis comment peut-on prétendre que ces deux cas étaient exceptionnels, alors que Cicéron nous dit pourtant que « Jus civile docere semper pulchrum fuit, hominumque clarissimorum discipulis floruerunt domus[3]. » Or le mot *docere*

---

[1] Rudorff, loc. cit.; Bremer, loc. cit.; Puchta, op. cit., § 103.
[2] Puchta, op. cit., § 103.
[3] Cicéron, Orator, 41, 142.

désigne ici évidemment un véritable enseignement ; ce qui le prouve, c'est cette autre phrase de Cicéron que l'on connaît déjà : « quanquam nemini se ad docendum dabat, tamen respondendo... » ; car, si c'était un fait à remarquer que Scævola se refusait à *docere*, cela prouve bien que l'on pouvait légitimement attendre de jurisconsultes distingués, et surtout d'eux, qu'ils donnassent un tel enseignement [1].

Mais de ce que nous avons constaté l'existence d'un enseignement du droit à l'époque républicaine, il ne faudrait pas conclure qu'il y eut aussi à cette époque des écoles de jurisconsultes, comme il y avait des écoles de rhéteurs. Et c'est peut-être cette absence d'écoles qui explique pourquoi, alors qu'il eût paru inconvenant qu'un homme considéré voulût enseigner la rhétorique, la profession de jurisconsulte enseignant était au contraire entourée de la plus grande considération, et comment la science du droit jouit d'une popularité toujours croissante.

13. L'empressement de la jeunesse romaine à suivre l'enseignement du droit a d'ailleurs des raisons multiples, et, pour l'expliquer, il n'est pas besoin d'invoquer, comme on l'a fait, ni le prétendu esprit processif des Romains, ni une sorte de prédisposition qui se serait rencontrée chez eux pour les études juridiques.

Dans un pays organisé comme l'était la République romaine, l'éloquence devait nécessairement jouer un grand rôle, et tout talent de parole trouvait forcément dans les occupations juridiques l'occasion la plus favorable de se faire connaître et de s'offrir aux suffrages du peuple pour les premières magistratures de la cité, auxquelles tous les citoyens étaient devenus éligibles, et dont l'exercice lui-même exigeait le plus souvent une connaissance particulière du droit. De plus, l'organisation judiciaire étant

[1] Rudorff, loc. cit.

telle que, dans différentes classes de la société, tout citoyen pouvait être appelé à un moment donné à être juge, il est évident que chacun d'eux devait aussi, dès sa jeunesse, se préparer, par des études juridiques, à exercer un jour ce ministère. Enfin, la bonne confection des lois par les comices, pour laquelle tous les citoyens avaient un vote à exprimer, exigeait également que les législateurs eussent les premières notions du droit.

CHAPITRE III.

DÉVELOPPEMENT SCIENTIFIQUE DU DROIT.

14. Les considérations précédentes, qui expliquent le grand crédit dont était honorée la science du droit et l'influence des jurisconsultes sur le droit privé, influence qui ne fut pas moins grande que celle des préteurs[1], ces considérations et l'action considérable qu'exercèrent les lettres et la philosophie grecques, surtout la philosophie stoïcienne, expliquent aussi le développement que prit dès cette époque la littérature juridique[2].

Dès le VIe siècle, les jurisconsultes commencent à composer des ouvrages, et l'importance de ces travaux est devenue considérable à la fin de la République. Car beaucoup d'entre eux étaient destinés à l'enseignement du droit, et devinrent de plus en plus la base de l'étude de cette science. De ces ouvrages nous ne connaissons en général que les noms ; les noms de leurs auteurs nous sont aussi parvenus, mais les détails sur la vie de ces derniers et sur la matière de leurs écrits nous font le plus souvent défaut. Néanmoins les limites de ce travail ne me permettent pas de donner

[1] Mackeldey, op. cit., § 40.
[2] Mainz, op. cit., § 47.

une énumération complète des jurisconsultes connus pour avoir appartenu à cette époque, ni de rapporter ce que l'on peut savoir de leur biographie. Je ne dois citer brièvement que quelques-uns de ceux qui eurent une influence directe sur la science du droit, soit par un enseignement oral, soit par des livres écrits pour l'enseignement.

15. Après Tibérius Coruncanius, il faut mentionner :

Sextus Ælius Pœtus, surnommé Catus à cause de sa profonde connaissance du droit[1], consul en 556, « homo egregie cordatus, disait Cicéron en rappelant Ennius, qui semper ea respondebat quæ eos, qui quæsissent, et cura et negotio solverent[2]. » On connaît de lui un ouvrage sous le nom de Tripertita, ou Jus ælianum, contenant en trois parties : la loi des XII Tables, son interprétation article par article, et les legis actiones ; ouvrage important que Pomponius, dans le fragment inséré au Digeste où il énumère les jurisconsultes célèbres, appelle le berceau du droit : « qui liber veluti cunabula juris continet[3]. »

M. Porcius Cato, Censorius ; P. Cornelius Scipio, Nasica ; P. Rutilius Rufus[4] ; M. Porcius Cato, Licinianus, fils du précédent, à qui est due la fameuse règle catonienne sur les legs non conditionnels (quod si testamenti facti tempore decessisset testator inutile foret id legatum quandocunque decesserit non valere)[5], et qui laissa des livres d'enseignement renommés, « egregii de juris disciplina libri[6]. »

Q. Mucius Scævola, fils de Publius le pontifex maximus, et cousin de Quintus l'augure, qui furent tous deux aussi

---

[1] Pothier, Præfatio Pandectarum, pars 2, cap. 1, 1.

[2] Cicéron, De republica, 1, 18.

[3] L. 2, § 38, D. 1, 2, De orig. jur.

[4] Cicéron, Brutus, 22, 85 et 30, 113.

[5] Mackeldey, op. cit., § 41, note 2 de la p. 37.

[6] Aulu-Gelle, Noctes Atticæ, 13, 19.

jurisconsultes distingués [1], consul en 659, puis grand-pontife lui-même, tué en 671, au pied de l'autel de Vesta, par les partisans de Marius [2]. Ses consultations étaient suivies par de nombreux élèves, car « quanquam nemini se ad docendum dabat, tamen consulentibus respondendo studiosos audiendi docebat. » Sextus Papirius, C. Juventius, L. Lucilius Balbus, Aquilius Gallus, qui furent eux-mêmes jurisconsultes distingués, étaient du nombre de ses disciples. Il en fut de même de Cicéron après la mort de Quintus Mucius l'augure, son premier maître [3]. L'influence de Mucius Scævola se maintint longtemps par son grand ouvrage, en dix-huit livres, sur le Jus civile, qui fut le premier ouvrage didactique sur le droit, et son Liber singularis ὅρων, recueil de règles et de définitions dont des fragments ont été reproduits au Digeste [4]. C'est Mucius Scævola qui imagina la caution mucienne, moyennant laquelle le légataire, sous une condition qui ne peut être vérifiée qu'à sa mort, peut néanmoins obtenir délivrance immédiate de son legs.

Servius Sulpicius Rufus, élève de Balbus et de Gallus, consul en 703, mort en 711. Il dépassa ses maîtres en renommée, et fut appelé par Cicéron le premier des jurisconsultes. Pomponius rapporte comment Servius fut amené à s'adonner à la science du droit. Ayant consulté Mucius sur une affaire et ne comprenant pas la réponse, il en reçut d'humiliants reproches. « Turpe esse patricio viro jus in quo versaretur ignorare [5]. » C'est alors qu'il se mit à l'étude et conquit sa brillante réputation. — Au dire de

[1] Mainz, op. cit., § 47; Hugo, op. cit., p. 782.

[2] Pothier, op. cit., 2, 1, 9.

[3] Cicéron, Brutus, 89, 306; De Amicitia, 1.

[4] L. 64, D. 41, 1. De acquir. rer. dom.; L. 8, D. 43, 20. De aqua quot.; L. 241, D. 50, 16 de V. S.

[5] L. 2, § 43, D. 1, 2. De orig. jur.

Cicéron, il fut le premier à introduire de la méthode dans la science du droit : « Juris civilis magnum usum et apud Scævolam et apud multos fuisse existimo ; artem in uno Servio : quod nunquam effecisset ipsius juris scientia, nisi eam præterea didicisset artem, quæ doceret rem universam tribuere in partes, latentem explicare definiendo..... Hic enim attulit hanc artem, quasi lucem, ad ea quæ confusa ab aliis aut respondebantur aut agebantur[1]. » — Le premier aussi, Servius étudia avec soin la propriété des mots, et pour découvrir leur signification primitive et suivre leur histoire, il consultait souvent le célèbre Varron[2]. La quantité de ses ouvrages (cent quatre-vingts livres) et le grand nombre de ses élèves lui assurèrent une influence considérable. Beaucoup de ses élèves : Ateius Pacuvius, Cinna, Publicius Gellius, Alfenus Varus, Labeo Antistius, sont mentionnés au Digeste[3].

Aulus Ofilius, aussi élève de Servius, conseiller de Jules César. Il fut le premier à commenter l'édit prétorien ; « edictum prætoris primus diligenter composuit, » dit Pomponius[4].

Alfenus Varus, autre élève de Servius. Il publia un recueil méthodique de Responsa, sous le titre : Digestorum libri quadraginta.

C. Trebatius Testa, le maître de Labéon, ami et protégé de Cicéron ; Aulus Cascellius ; Q. Ælius Tubero, élève d'Ofilius, doivent encore être mentionnés parmi les jurisconsultes qui eurent, à notre connaissance, une influence sur l'enseignement du droit pendant la période que nous venons d'étudier.

[1] Cicéron, Brutus, 41, 152.

[2] Giraud, op. cit., p. 179.

[3] L. 79, D. 23, 3, De jure dot.; L. 6, D. 23, 2, De ritu nupt.; L. 50, § 2, D. 1, 30, De legib.; L. 2, § 44, D. 1, 2, De orig. jur.

[4] L. 2, § 44, D. 1, 2, De orig. jur.

DEUXIÈME PARTIE.

Les Écoles de Droit à l'époque classique.

CHAPITRE PREMIER:

CHANGEMENTS DANS LES FORMES DE L'ENSEIGNEMENT.

16. Le rôle des jurisconsultes et le développement de la science du droit ne firent que grandir lorsque l'Empire succéda à la République. Le Romain, qui voyait avec tristesse la décadence politique de son peuple, trouva, en effet, dans la science du droit soumise, à cette époque, à l'influence heureuse de la philosophie stoïcienne, une consolation et en même temps une source d'activité et une considération qu'aucun parti politique, qu'aucun despote, fût-il Caligula [1], ne pouvait diminuer ni détruire.

« Du temps de la République, a dit M. de Savigny, l'éloquence et la jurisprudence menaient aussi sûrement que les armes à la faveur du peuple et à la gloire. L'éloquence, le premier art de la paix au jour de la liberté, vit tomber avec elle son honneur, sa force, sa puissance. De toutes les parties de la vie publique, le droit civil était celle où la vieille Rome se retrouvât davantage. Aussi, quiconque se sentait encore un cœur romain, devait y reconnaître sa patrie, et les plus nobles forces durent lui tomber en par-

---

[1] La popularité des jurisconsultes portait ombrage à Caligula, qui jura leur extermination, mais n'osa la mettre à exécution. «De juris quoque consultis quasi scientiæ eorum omnem usum aboliturus, sæpe jactavit se mehercule effecturum, ne quis respondere possit, præter eum.» Suétone, Calig., 34.

tage. Tout se réunit donc pour élever la science du droit
à cette hauteur où nous la voyons du Ier au IIIe siècle;
hauteur qu'elle n'atteignit jamais chez aucun peuple, ni
dans aucun temps[1]. »

17. Cette époque fut signalée par un changement important dans l'enseignement du droit. Dès le règne d'Auguste,
en effet, parurent de véritables professeurs de droit, des
hommes dont l'affaire principale, dont la profession était
d'enseigner le droit. Ulpien les appelle: *Juris civilis profes-
res*[2]; Modestin: *Legum doctores ou docentes*[3].

De même qu'il y avait déjà antérieurement des rhéteurs,
vivant de l'enseignement de la rhétorique et de l'éloquence,
de même il y eut alors des jurisconsultes qui tirèrent leur
existence du droit, en l'enseignant, moyennant honoraires,
à tous ceux qui se présentaient[4]. Cessant d'être confondu
avec la pratique, et de se formuler au jour le jour dans
une initiation expérimentale à la solution de chaque affaire,
l'enseignement se dégagea; offert théoriquement en un
enchaînement de principes, en un ensemble scientifique,
hors du prétoire et du cercle des plaideurs, il fut chose
principale. En un mot, l'enseignement doctrinal était
créé: la science du droit avait ses professeurs et ses écoles.

L'époque précise de cette innovation nous est inconnue.
Ce qui est incontestable, c'est que ces écoles étaient nombreuses aux temps des Antonins: Ulpien, Modestin, Aulu-
Gelle l'attestent[5]. Mais leur existence dans des temps bien
antérieurs à Adrien, à l'époque d'Auguste et de Tibère
déjà, semble bien résulter de différents textes[6]. Ainsi tout

<hr>

[1] Savigny, Geschichte des römischen Rechts im Mittelalter, t. I, ch. I.
[2] L. 1, § 5, D. 50, 13, De extr. cogn.
[3] L. 6, § 12, D. 27, 1, De excus.
[4] Schweppe, op. cit., § 127; Puchta, op. cit., § 103.
[5] Aulu-Gelle, 13, 13.
[6] Hugo, op. cit., p. 754.

d'abord, Pomponius, après avoir dit qu'Ateius Capito et Antistius Labeo « quasi diversas sectas fecerunt », ce qui paraît bien supposer un enseignement, et que Massurius Sabinus fut l'élève du premier de ces deux maîtres, « Capitoni successit », ajoute : « Sabino nec amplæ facultates fuerunt, sed plurimum a suis auditoribus sustentatus est ; » or ne voit-on pas qu'il s'agit ici d'honoraires donnés pour un enseignement[1] ? En parlant de Labéon, le même Pomponius nous raconte que « plurimum studiis operam dedit, et totum annum ita diviserat ut Romæ sex mensibus cum studiosis esset, sex mensibus secederet, et conscribendis libris operam daret. » Pour ce qui est d'une époque postérieure, on voit toujours Gaius appeler les Sabiniens, dont il suit les doctrines : « nostri præceptores, » tandis qu'il nomme les Proculiens : « diversæ scholæ auctores[2]. » On trouve la même expression « præceptores tui » dans une question contenue dans les Epistolæ de Javolenus, qui appartenait aussi à l'école des Sabiniens. Salvius Julien l'emploie également[3]. D'autre part, on l'a vu, Ulpien et Modestin nous parlent aussi de professeurs de droit. Toutes ces expressions me semblent la preuve de l'existence d'un véritable enseignement du droit.

CHAPITRE II.

CONSIDÉRATION DONT SONT ENTOURÉS LES PROFESSEURS.

Cet enseignement dut être très-suivi, et, comme on vient de le voir, les premiers jurisconsultes ne dédaignèrent pas

---

[1] L. 2, § 47, D. 1, 2, De orig. jur.

[2] Gaius, I, § 196; II, 15, 37, 79, 123, 195, 200, 217 à 223, 231, 244; III, 87, 98, 103, 133, 140, 141, 167, 178; IV, 78, 79, 114, 163.

[3] L. 5, D. 40, 2, De manum. vind.

d'être des *Juris civilis professores*. Ce point est néanmoins contesté par Puchta dans son Cursus der Institutionen.

18. « L'opinion, dit cet auteur[1], d'après laquelle les maîtres de profession auraient vécu en grande considération, et les jurisconsultes les plus célèbres auraient été en même temps professores, nous paraît toute naturelle aujourd'hui, mais est étrangère aux mœurs de cette époque. Dans les temps anciens, on eût vraisemblablement porté sur ces professeurs le même jugement qu'on portait sur les rhéteurs latins, dont les écoles, encore au VIIe siècle, alors que déjà les écoles grecques étaient permises, furent condamnées par un édit des censeurs (neque placent, neque recte videntur). Maintenant on tolérait de telles écoles de droit; les avis sur leur utilité étaient, il est vrai, partagés, comme ils l'étaient au sujet des écoles de rhétorique ; mais en somme on ne leur reconnaissait pas grande valeur, et elles étaient loin d'avoir autant d'importance que l'antique mode d'enseignement[2]. En outre, Ulpien nous dit qu'on refusait aux professeurs le droit de réclamer judiciairement leurs honoraires, dont la réception n'était pas précisement chose répréhensible (surtout maintenant que c'était une conséquence nécessaire du fait que l'enseignement était devenu une profession), mais dont la réclamation était inconvenante et incompatible avec l'honneur de la science même que ces gens se vantaient d'enseigner. Ulpien parle ici de la sainteté de la science : « est quidem res sanctissima civilis sapientia, » mais aucun mot n'indique qu'il l'identifie avec la pratique de ces teneurs d'école, et qu'il ait estimé bien haut ces derniers. D'après tout cela, combiné avec ce qu'on connaît de l'état de la jurisprudence et de la position des juristes, on sera convaincu que soutenir que les professeurs eurent une grande influence sur

[1] Op. cit., § 103.

[2] sc. — l'assistance aux consultations des jurisconsultes.

le développement de la science du droit, et que des hommes comme Julien, Papinien, Ulpien, Paul, exercèrent ce métier (car c'en était un alors), est aussi extraordinaire que de vouloir confondre Cicéron et les grands orateurs de son époque avec les rhéteurs dont parle Suétone dans son livre De claris rhetoribus.»

Dans le même sens, un autre auteur place très-bas dans l'échelle sociale les professeurs de droit de l'époque classique « in das Gros der sehr gemischten juristischen Gesellschaft », et les sépare profondément de l'élite des jurisconsultes, notamment des jurisconsultes « patentés » que la confiance impériale gratifiait du jus respondendi [1].

En résumé, ces auteurs prétendent qu'il y eut une démarcation tranchée entre les jurisconsultes proprement dits et les professeurs de droit ; ils distinguent entre la science du droit et ce qu'ils appellent la pratique des teneurs d'école ; et ils soutiennent qu'à la différence des jurisconsultes, qui furent de tout temps entourés de grande considération, les professeurs, au contraire, formaient une classe presque méprisée. Mais, au lieu de prouver ce qu'il avance, Puchta se borne à affimer qu'aucun mot d'Ulpien n'indique qu'il identifie sa science avec le métier de ces professeurs.

19. En réalité, c'est le contraire qui est vrai. Ulpien n'établit aucun contraste entre la science et l'enseignement, entre la pratique et la théorie : aucune de ses paroles ne peut faire croire qu'il considère l'enseignement comme un vil métier, indigne de lui-même. Aussi ce texte même qu'allègue Puchta à l'appui de son paradoxe est invoqué par d'autres comme preuve de la position très-considérée de ceux qui enseignaient le droit [2]. Cette seconde interpré-

---

[1] Rudorff, op. cit., § 62 in fine.
[2] Bremer, op. cit., p. 5.

tation du texte me paraît préférable. En effet, voici ce que dit Ulpien :

« Proinde ne juris quidem civilis professoribus jus dicet præses provinciæ ; est quidem res sanctissima civilis sapientia, sed quæ pretio nummario non sit æstimanda, nec deshonestanda dum in judicio honor petitur, qui in ingressu sacramenti efferri debuit ; quædam enim tamets¡ honestè accipiantur, inhonestè tamen petuntur [1]. »

Or je ne vois pas qu'ici Ulpien dise le moins du monde que la civilis sapientia est une chose étrangère aux professeurs, une chose qu'ils se vantent à tort d'enseigner : il me semble que bien au contraire il reconnaît que cette science peut être acquise chez eux. Tout ce que ce texte signifie, c'est qu'il eût été déshonorant pour eux d'obtenir par voie judiciaire le paiement des honoraires dont l'acceptation, lorsqu'ils sont volontairement offerts, est chose tout à fait naturelle et convenable (honestè).

D'ailleurs, l'auteur que je combats ne craint pas de reconnaître lui-même que les jurisconsultes les plus distingués soignaient aussi pour l'enseignement doctrinal par des livres qu'ils écrivaient à l'usage des commençants ; « c'est là, ajoute-t-il, l'origine des Institutiones et autres ouvrages analogues.» — Or comprendrait-on qu'un jurisconsulte qui se serait cru trop haut placé pour professer lui-même aurait pu néanmoins ne pas croire indigne de lui de composer des écrits destinés à servir de base à l'enseignement ?

Il vaut mieux, à mes yeux, s'en tenir à l'interprétation naturelle du texte d'Ulpien, telle qu'elle se présente à première lecture, d'autant plus qu'on ne verrait pas pourquoi les jurisconsultes, sous l'Empire, auraient déserté l'enseignement, alors que précisément c'est par lui en partie que s'étaient illustrés leurs devanciers.

[1] L. 1, § 5, D. 50, 13, De extr. cogn.

On invoque, il est vrai, encore, pour rabaisser les professeurs de droit, le passage connu du plaidoyer de Cicéron pour Murena, où, pour les besoins de sa cause, il se plaît à faire la caricature des jurisconsultes [1]. Cicéron y raille, en effet, impitoyablement leur prétendue science, qui ne roule, dit-il, que sur des questions de lettres et des signes de ponctuation, et dont on ne parle qu'avec mépris et dérision depuis que ses mystères antiques ont été devoilés ; il se moque du jargon plein de longueurs et d'inepties (inanissima prudentiæ reperta, fraudis autem et stultitiæ plenissima) qu'ils débitent devant le préteur chargé de juger de la propriété du fameux fonds Sabinien ; il critique vivement les altérations qu'ils ont fait subir à l'ancien droit (quum permulta præclare legibus essent constituta, ex jurisconsultorum ingeniis pleraque corrupta ac depravata sunt), et leur reproche amèrement les innovations qu'ils ont introduites à force de subtilité (dum in omni jure civili æquitatem reliquerint, verba ipsa tenuerint).

Mais réellement cette diatribe n'est pas concluante et n'aboutit pas à prouver que Cicéron ait méprisé la science du droit et ses représentants. Son exagération montre bien qu'elle n'est qu'un moyen oratoire. Qu'on n'oublie pas, en effet, que Cicéron parle comme avocat, et qu'il plaide pour Murena contre deux jurisconsultes, Servius Sulpicius et Caton. Si donc il rabaisse le droit, s'il raille ses petits côtés, s'il attaque les jurisconsultes, et s'il charge leurs défauts, c'est le fait d'un avocat habile, qui, dans l'intérêt de son client, veut détruire la force que deux noms considérés donnent à l'accusation.

D'ailleurs, Cicéron lui-même fait ailleurs son mea culpa des amabilités qu'il a dites sur les jurisconsultes : il s'excuse par les besoins de la cause, dans les termes sui-

---

[1] Cicéron, Pro Murena, 10 et suiv.

vants : « Conferam tecum quam cuique verbo rem sub-
jicias ; nulla erit controversia. Omnia peccata paria dicitis.
Nec ego tecum jam ita loquar, ut iisdem his de rebus,
quum L. Murenam, te accusante, defenderem. Apud imperitos tum illa dicta sunt : aliquid etiam coronæ datum :
nunc agendum est subtilius [1]. » — Sa véritable pensée sur
le droit doit se chercher, non dans les plaidoyers, mais
dans ses traités, dans son Brutus, dans son De Oratore surtout. Et là nous voyons combien il tient en honneur ceux
qui s'adonnent à cette science. A la différence de la Grèce,
où l'on voyait que « infimi homines mercedula adducti mi-
nistros se præbent in judiciis oratoribus ii qui apud Græ-
cos πραγματικοι vocantur, » ce sont, dit-il, à Rome les
hommes les plus distingués, « amplissimus quisque et
clarissimus vir [2], » qui se vouent à cette carrière. Et il
n'admet pas que la véritable éloquence puisse se passer
d'une connaissance approfondie du droit, et flagelle dure-
ment les avocats, qui ont « l'insigne impudence » de se
présenter au forum et devant les cemtumvirs, sans connaître « quid suum, quid alienum, quare denique civis
aut peregrinus, servus aut liber quispiam sit [3]. » Enfin,
ne nous dit-il pas encore précisément le contraire de ce
qu'on prétend conclure du plaidoyer pour Murena, lorsque,
dans un de ses traités, l'Orator, il s'écrie: « Jus civile docere
semper pulchrum fuit, hominumque clarissimorum discipulis floruerunt domus [4]. »

Quand on a des textes précis comme ceux que nous
avons cités, et comme beaucoup d'autres qui paraîtront
plus loin, il ne faut pas introduire dans une matière déjà
pleine d'obscurités des doutes qu'elle ne contient pas.

---

[1] Cicéron, De finibus, 4, 27.
[2] Cicéron, De Oratore, 1, 45, 198.
[3] Cicéron, De Oratore, 1, 38, 173.
[4] Cicéron, Orator, 41, 142.

CHAPITRE III.

LES ÉCOLES DE DROIT.

20. Arrivons maintenant à l'examen des matières enseignées dans les écoles. Toutefois, avant d'exposer ce que
l'on sait à ce sujet sur les deux espèces différentes d'écoles, faisons remarquer dès maintenant qu'il est inexact de
dire, comme l'a fait un auteur [1], que les écoles ne faisaient
que distribuer un enseignement préliminaire, de sorte
que l'ancienne forme de cet enseignement, l'institutio,
ne se produisit plus qu'exceptionnellement. Quant à ce
dernier point, je ne veux pas le contester, car aucun texte
ne nous dit si ce mode d'instruction juridique fut ou ne
fut pas en usage à l'époque classique. Mais ce qui est relatif à l'objet de l'enseignement des écoles est inexact : la
sphère d'activité de celles-ci fut beaucoup plus vaste et ne
se borna nullement à un simple enseignement préparatoire
à la fréquentation pratique d'un jurisconsulte. Nous devions faire cette remarque dès maintenant : sa démonstration résultera d'elle-même de ce qui va suivre.

21. Le texte qui nous renseigne le mieux sur nos écoles
est un passage des *Nuits attiques* d'Aulu-Gelle : l'auteur y
raconte un fait qui se passa au temps de sa jeunesse, c'est-
à-dire sous Antonin-le-Pieux, ou peut-être même déjà
sous Adrien. L'importance de ce texte nous engage à le
citer en entier.

« Cum ex angulis secretisque librorum ac magistrorum
in medium jam hominum et in lucem fori prodissem,
quæsitum esse memini in plerisque Romæ stationibus jus
publice docentium ant respondentium, an quæstor populi

---

[1] Puchta, op. cit., § 103.

Romani ad praetorem in jus vocari posset. Id autem non ex otiosa quæstione agitabatur ; sed usus forte natæ rei ita erat, ut vocandus esset in jus quæstor. Non pauci igitur existimabant, jus vocationis in eum prætori non esse, quoniam magistratus populi Romani procul dubio esset ; et neque vocari, neque si venire nollet, capi atque prendi, salva ipsius magistratus majestate, posset. Sed ego, qui tum assiduus in libris M. Varronis fui, cum hoc quæri dubitarique animadvertissem, protuli unum et vicesimum Rerum humanarum, in quo ita scriptum fuit : « Qui potestatem neque vocationis populi viritim habent, neque prensionis, eos magistratus, a privato in jus quoque vocari est potestas. M. Lævinus, ædilis curulis, a privato ad prætorem in jús est eductus. » Hoc Varro in ea libri parte de ædilibus ; supra autem in eodem libro quæstores neque vocationem habere neque prensionem dicit. Utraque igitur libri parte recitata in Varronis omnes sententiam concesserunt ; quæstorque in jus ad prætorem vocatus est[1]. »

Aulu-Gelle distingue à Rome deux espèces de *Stationes* : dans les unes, *jus publice docebant*; dans les autres, *jus publice respondebant*. Avant de chercher à préciser les caractères de ces deux espèces de stationes ou d'écoles, remarquons que toutes étaient publiques, ouvertes à tout le monde, qu'on y enseignait devant le public, publiquement[2]. On ne peut évidemment pas songer à attribuer au mot « publicè » une autre signification : on ne peut pas prétendre qu'il signifiait que l'enseignement avait autorité publique, autorité de par le chef de l'État. Le mot publicè employé à une époque où l'enseignement n'était encore l'objet d'aucune mesure administrative quant à son programme et à son organisation ne pouvait avoir ici que la même signification qu'il avait, étant employé dans des cas

[1] Aulu-Gelle, 13, 13.
[2] Ortolan, Institutes, éd. 1870, t. I, p. 282 et 283.

analogues. Ainsi, on voit souvent les expressions « publicè recitare[1], » « publicè declamare[2] » (Nero Cæsar primo imperii anno publicè declamavit), qui sont synonymes de celles-ci : admissa multitudine, admisso populo declamare ou recitare. Le mot publicè figure avec le même sens dans le Digeste, notamment à propos de Nerva le fils, « qui ætate paulo majore publicè de jure responsitavit », et dans les Institutes, où je lis que « antiquitus erat institutum ut essent qui jura publicè interpretarentur. » Pline nous dit de même de Priscus « jus civile publicè respondet. » Enfin, s'il était besoin de prouver plus clairement encore que le sens du mot publicè est, à propos des stationes, le même que dans toutes les citations qui précèdent, on pourrait ajouter que Pomponius, dans la loi 2 du Titre *de origine juris* au Digeste, que nous avons eu et aurons encore souvent l'occasion de citer, emploie indifféremment le mot publicè et le mot populo. Ainsi, on y voit d'abord le mot publicè dans le passage connu relatif à Tibérius Coruncanius ; puis le mot populo dans le passage suivant : « Optimus princeps Hadrianus, quum ab eo viri prætorii peterent, ut sibi liceret respondere, rescripsit iis : hoc non peti, sed præstari solere ; et ideo, si quis fiduciam sui haberet, delectari, si populo ad respondendum se præpararet[3]. »

Ceci posé, constatons que ce qu'Aulu-Gelle appelle stationes n'étaient autre chose que les *scholæ*[4]. Statio, en général, est le lieu où une personne, en dehors de sa demeure, a l'habitude de séjourner pour s'occuper de sa profession[5] ; c'est pourquoi Ulpien a pu mettre ce mot à côté

[1] Suétone, Vie de Domitien, 2.

[2] Suétone, De claris oratoribus, 1.

[3] L., 2, § 47, D. 1, 2, De orig. jur.

[4] Demangeat, Cours de droit romain, éd. 1867, p. 95; Bremer, op. cit., p. 11.

[5] Puchta, op. cit., § 103, note k.

de celui de taberna [1]. Ainsi Pline-le-Jeune nous parle de stations littéraires, dans une de ses lettres [2]. Les stationes des professeurs de droit n'étaient donc autres que les scholæ, aussi appelées *auditoria* (cum circa scholas et auditoria professorum assiduus essem [3]).

1° *Les deux espèces d'écoles.*

22. Or, disions-nous, il y avait deux espèces de stationes : *stationes docentium, stationes respondentium*. Le récit même d'Aulu-Gelle nous indique la différence caractéristique qui existait entre elles.

Dans les stationes docentium, les professeurs *docebant :* ils distribuaient méthodiquement un enseignement théorique et abstrait ; dans les stationes respondentium, on débattait et résolvait les questions de droit que soulevait la pratique. Dans les premières, le maître seul portait la parole, et cela devant un auditoire déterminé ; dans les secondes, au contraire, le public pouvait varier sans cesse, puisque le programme n'avait rien de fixé, et que rien ne reliait entre elles les questions successivement agitées. Dans les premières se pressait un public d'élèves, venant assidûment, pour s'instruire dans la science du droit ; dans les secondes devaient se rencontrer à côté de ceux-ci des citoyens étrangers au droit et venant chercher conseil, et même des jurisconsultes désireux de prendre part aux débats [4].

Le récit d'Aulu-Gelle nous montre, en effet, que dans les stationes respondentium il y avait de véritables discussions, des *disputationes* comme dans les écoles des rhé-

[1] L. 15, § 7, D. 47, 10, De injur.
[2] Pline-le-Jeune, Lettres, 1, 13.
[3] Suétone, Tibère, 11.
[4] Bremer, op. cit., I; Puchta, § 103.

teurs à la même époque [1]. Lorsqu'une question de droit venait se poser (quæsitum est — quæstio), elle n'était pas immédiatement résolue par une simple réponse du maître, mais il s'engageait des débats animés (comme l'indiquent les mots : agitabatur, dubitari, de notre texte) auxquels ne prenaient pas seulement part celui qui avait posé la question et le Respondens, mais encore tout assistant qui désirait exprimer son opinion. Naturellement on citait des auteurs, on s'appuyait sur leurs ouvrages (protuli XXI Rerum humanarum), on lisait les passages desquels on tirait argument, ou dont on invoquait l'autorité (utraque libri parte recitata). C'est ainsi qu'Aulu-Gelle prit une part active à la discussion qu'il nous raconte.

Mais s'il est vrai de dire que les stationes docentium étaient destinées à l'enseignement proprement dit, à la différence des stationes respondentium où l'on s'occupait de discuter les questions juridiques, il ne faudrait pas pousser trop loin le parallèle. — Certes, les discussions portaient habituellement sur des questions pratiques, indiquées par la vie quotidienne, ayant un intérêt d'actualité (usus fortè natæ rei ita erat), et les solutions auxquelles elles aboutissaient pouvaient avoir alors une influence immédiate sur le cours de la justice (quæstorque in jus ad prætorem vocatus est). Mais le droit abstrait paraît avoir joué aussi un rôle dans les stationes respondentium : on y dissertait sur des espèces supposées, sur des points de théorie (otiosæ quæstiones, dit Aulu-Gelle) ; les débats avaient donc alors un caractère exclusivement instructif et doctrinal. Aussi peut-on admettre que ces écoles étaient fréquentées surtout par des jeunes gens assez

---

[1] Heineccius, Antiquitatum romanarum jurisprudentiam illustrantium syntagma, p. 50 ; Gravina, Originum juris civilis libri III, p. 509 de la traduction française publiée sous le titre : Esprit des lois romaines ; Dernburg, Die Institutionen des Gaius, Halle 1869, p. 5.

avancés dans leurs études, qui y venaient pour s'initier à la pratique des affaires en écoutant les débats, et pour éprouver leurs connaissances théoriques en y prenant part. — D'autre part, si les jus publicè docentes furent seuls des maîtres proprement dits (præceptores, magistri), puisque seuls ils se livraient à un enseignement didactique, il ne faudrait pas aller jusqu'à dire que les publicè respondentes étaient nécessairement des personnages distincts des publicè docentes. Au contraire, il est plus vraisemblable d'admettre que les mêmes jurisconsultes étaient le plus souvent à la fois docentes et respondentes, qu'à de certains jours, par exemple, à de certaines heures, ils donnaient un enseignement doctrinal, et qu'ils répondaient aussi publiquement à d'autres jours, à d'autres heures [1].

2° *L'enseignement des docentes.*

23. Quant à l'enseignement des docentes, nous n'avons pas de texte aussi explicite que l'est celui d'Aulu-Gelle sur les stationes respondentium. Combien d'élèves un même professeur pouvait-il avoir? Quelles connaissances déjà acquises, quel âge exigeait-on des élèves à leur entrée? Combien d'heures d'études y avait-il par jour? Quel était le rôle des élèves? était-il purement réceptif, ou bien les étudiants avaient-ils à déployer quelque activité personnelle? Quelle était, dans l'enseignement, la place qu'occupaient les sciences étrangères au droit, la philosophie et la philologie surtout, qui, on le sait, influèrent beaucoup sur le développement du droit? Combien de temps duraient les études? Y avait-il des examens? — A toutes ces questions, on n'a pas de réponse [2].

---

[1] Bremer, loc. cit.

[2] Hugo, op. cit., p. 755; Giraud, op. cit., p. 179.

Ce qu'on peut dire, c'est que la loi des Douze Tables n'était plus, à cette époque, le seul objet de l'enseignement, et que le droit pontifical était complétement délaissé ; « pontificium jus nemo discit, » disait déjà Cicéron[1]. Les leçons portaient principalement sur l'Édit prétorien, et il paraît même qu'il en fut ainsi déjà du temps de Cicéron, puisqu'on voit ce dernier s'en plaindre.

L'ensemble des matières enseignées par les Docentes s'appelait *Opus*[2]. Peut-être cependant ce nom ne désignait-il que l'une des grandes divisions du droit, telles que le droit public, le droit civil, etc. ; comme paraît l'indiquer Pomponius, puisqu'il nous dit de Tubéron que ce jurisconsulte écrivit des livres sur chaque opus « et complures utriusque operis libros reliquit[3]. » Quant aux différentes branches d'un opus, on les appelait *Partes*. C'est ce qu'on peut induire d'un autre texte de Pomponius : « Ofilius fuit Cæsari familiarissimus et libros de jure civili plurimos, et qui omnem partem operis fundarent reliquit[4]. »

24. En ce qui concerne la durée de l'année scolaire, les habitudes communes de la vie romaine permettent, malgré l'absence de textes, de poser quelques points.

D'abord on peut regarder comme à peu près certain que les cours ne dépassaient pas la fin du mois de juin. Avec le mois de juillet, en effet, commençait la saison morte à Rome ; le moment des fêtes arrivait : aux feriæ messium du mois d'août succédaient les feriæ vindemiarum en septembre ou octobre. Aussi les tribunaux prenaient leurs vacances[5], les écoles élémentaires fermaient leurs portes[6],

---

[1] Cicéron, De Oratore, 3, 33, 136.

[2] Schweppe, op. cit., § 129.

[3] L. 2, § 46, D. 1, 2, De orig. jur.

[4] L. 2, § 44, D. 1, 2, De orig. jur.; Hugo, op. cit., p. 729; Giraud, op. cit., p. 300.

[5] Pline-le-Jeune, Lettres, 8, 21.

[6] Martial, Epigramm., 10, 62.

les habitants se retiraient à la campagne. Or, si du mois de juillet au mois d'octobre Rome était ainsi désertée, si même l'enseignement primaire y faisait défaut, on peut être certain que l'enseignement supérieur chômait également, que les juris studiosi ne se pressaient plus dans les stationes, et que les jurisconsultes, cessant d'être retenus à Rome par les affaires judiciaires, interrompaient en même temps leurs cours et leurs consultations.

Peut-être même peut-on aller plus loin, et admettre que les cours ne recommençaient pas même en octobre, mais seulement au commencement de l'année suivante. On sait, en effet, qu'à Rome, déjà aux temps classiques, et même avant, on ne travaillait guère à la fin de l'année, et que les fêtes nombreuses : jeux plébéiens en novembre, Saturnales en décembre, fêtes de la Victoire en octobre, y laissaient fort peu de temps aux occupations sérieuses. Cicéron nous le montre bien dans son discours contre Verrès, lorsqu'il accuse son adversaire de vouloir traîner le procès jusqu'à l'année suivante, « tum denique se ad ea, quæ a nobis dicta erunt, responsuros esse arbitrentur : deinde se ducturos, et dicendo et excusando, facile ad ludos Victoriæ ; cum his Plebeios esse conjunctos : secundum quos aut nulli aut pauci dies ad agendum futuri sunt : ita defessa ac refrigerata accusatione rem integram ad M. Metellum prætorem esse venturum[1]. » C'est d'ailleurs un fait connu que les affaires judiciaires marchaient lentement pendant les mois de novembre et de décembre ; et Suétone nous dit même que, sous Auguste, les instances furent complétement suspendues pendant ces deux mois : « concessit ut solitæ agi Novembri ac Decembri mense res omitterentur[2]. » D'après cela on peut être autorisé à admettre

[1] Cicéron, In Verrem, 1, 10, 31.
[2] Suétone, Octave, 32 in fine.

que l'année scolaire aux temps classiques n'était à vrai
dire que d'un semestre, durant de janvier à juillet, ce qui
s'accorde avec le texte relatif à Labéon : « sex mensibus
cum studiosis erat, sex mensibus libris conscribendis
operam dabat [1] »; en sorte que ce qui aurait fait le mérite
particulier de Labéon, c'est qu'après avoir enseigné pendant la moitié de l'année, il ne songeait pas à se reposer,
mais bien au contraire consacrait ses vacances à la rédaction de nombreux ouvrages [2].

25. Pour les études on se servait probablement des
livres assez nombreux qui furent publiés sur les Édits
prétoriens, notamment par Servius Sulpicius, par Aulus
Ofilius, par Labéon, par Massurius Sabinus, par Cœlius
Sabinus, par Salvius Julianus et par d'autres encore [3]. Les
stationes docentium durent se servir aussi d'une autre
classe d'ouvrages : je veux parler des *Institutiones*, traités
élémentaires donnant un aperçu de tout le droit civil,
« omnia jura quasi per indicem tangentes, » pour employer
les expressions de Gaius [4]. De même, d'autres livres didac-
tiques intitulés Regulæ, Definitiones, Libri ὅρων, Sententiæ.
Ainsi, en outre de Gaius, nous savons qu'Ulpien, Paul,
Callistrate, Florentin et Marcien écrivirent des Institutes,
citées sous ce titre au Digeste [5]. De même, Paul écrivit
des Sententiæ; Ulpien des Regulæ. Pomponius écrivit sur
le droit civil, sous des titres nombreux, tels que Regularum liber, Enchiridii libri, Enchiridii liber singularis
(duquel est extraite la loi 2 de origine juris); de même, Alfenus Varus et Salvius Julianus sous le titre Digestorum libri [6].

---

[1] L. 2, § 47, D. 1, 2. De orig. jur.
[2] Dernburg, op. cit., chap. 1, 3.
[3] Rudorff, op. cit., § 97, remarque.
[4] Puchta, op. cit., § 103.
[5] Ortolan, op. cit., p. 443.
[6] Rudorff, op. cit., §§ 63, 65, 67.

26. Quant à la méthode d'enseignement, la manière dont les professeurs faisaient leurs leçons, on l'ignore· Tout ce qu'on sait, c'est que l'objet des cours n'avait rien de fixe et de déterminé : les docentes étaient libres de choisir dans l'Édit les parties qu'ils voulaient expliquer à leurs élèves. Il en fut ainsi jusqu'aux temps du Bas-Empire [1].

En ce qui concerne le côté littéraire des cours, il faut remarquer qu'à l'exemple des leçons des rhéteurs, les cours des professeurs de droit durent être très-soignés également sous le rapport de la forme. C'est, en effet, une chose à noter que non-seulement à l'époque classique des lettres romaines au siècle d'Auguste, mais encore à l'époque classique du droit, jusqu'au temps des Sévère, les jurisconsultes se distinguèrent, quoi qu'on en ait dit de nos jours, par leurs qualités littéraires.

Hugo l'a dit avec raison : « Les juristes romains, jusqu'à Alexandre Sévère, écrivaient parfaitement le latin, et c'est une grande injustice que de les exclure, comme on le fait trop souvent, de la liste des grands écrivains de l'âge d'or. Ils étaient, en effet, les hommes les plus instruits de la Rome impériale ; leur science y était de plus indigène, et non importée de la Grèce ; et comme ils étaient naturellement attachés aux anciennes traditions, leur langue se distinguait de celle manifestement en décadence de leurs contemporains [2]. » — Un autre auteur a très-bien fait ressortir ce contraste : « La dernière branche de la littérature ancienne qui fût restée saine a été heureusement la première transmise au monde moderne ; car il est remarquable que dans le déclin de la littérature romaine, lorsque les philosophes généralement dégénérèrent en sophistes ou tombè-

---

[1] Voir infra, 3e part., chap. 4 ot 9.

[2] Hugo, op. cit., p. 751.

rent dans les absurdités de la superstition, lorsque les poëtes et les historiens n'écrivaient plus que dans un langage corrompu, les jurisconsultes, qui dans les autres pays sont rarement des modèles de goût, eurent cependant, par l'étude constante et l'imitation fidèle de leurs prédécesseurs, l'avantage de pouvoir conserver la même justesse dans les décisions, la même précision dans leurs raisonnements, la même pureté dans leur langage et leurs expressions [1]. » Ce phénomène si notable cessera d'étonner, si l'on se souvient, comme l'a fait observer M. Giraud, que les jurisconsultes romains appartenaient à la classe la plus distinguée et la plus éclairée, que leur science était la seule qui fût à Rome véritablement indigène et spéciale à la langue latine, et que cette science porte toujours avec elle un esprit d'ordre, une tendance très-marquée à maintenir ce qui est reçu et adopté : tendance dont l'effet est de perpétuer l'idiome ancien parmi les jurisconsultes, tandis que cet idiome est abandonné par la société qui les entoure [2]. Aussi un des philologues les plus distingués du siècle dernier, Ruhnkenius, a-t-il pu dire : « Qui etsi labente latinitate vixerunt, tamen ex veterum libris, quos legendo conterebant, et ex ipso edicto perpetuo, talem orationis nitorem duxerunt, ut in classicorum scriptorum numerum recipiendi videantur [3]. »

27. Voulant donner à leurs cours cet éclat littéraire, les professeurs ne pouvaient pas se livrer à une simple improvisation ; ils préparaient leurs matières à l'avance, les rédigeaient même peut-être à l'exemple des rhéteurs, et prenaient cette rédaction comme base de leurs leçons.

---

[1] Hume, Histoire d'Angleterre, traduction Campenon, éd. 1825, t. III, p. 517.

[2] Sur la latinité du droit romain et son éclat littéraire à l'époque de la décadence des lettres: Giraud, op. cit., p. 285 à 298.

[3] V. Hugo, op. cit., p. 753, note 5.

C'est ainsi qu'aurait fait Gaius, d'après une monographie récemment parue, dont l'auteur entreprend de démontrer que les Institutes de Gaius ne sont autre chose que la publication de ses cours, tels qu'il les rédigeait lui-même avant de les exposer à ses élèves, et qu'ils ne sont point du tout un traité de droit proprement dit, un compendium, mais un Collegienheft, analogue à ceux qu'aujourd'hui encore les professeurs de droit en Allemagne rédigent pour servir de base à leurs cours[1].

Il est intéressant de voir sur quoi M. Dernburg fonde son opinion.

Un traité didactique, dit-il, destiné à servir de complément aux études, doit notamment combler les lacunes de l'enseignement, remédier à ses inégalités ; l'harmonie, la mesure, l'égalité doivent donc être les premières qualités d'un pareil ouvrage. Or précisément les Institutes de Gaius ne répondent pas à cette condition. Au contraire, tandis que certaines matières y sont développées avec soins et détails (lex Ælia Sentia ; lex Fusia Caninia ; sponsio, fidepromissio et fidejussio ; furtum[2]), d'autres, au contraire, sont écourtées, à peine indiquées (peculium castrense[3]) ; d'autres enfin, et de très-importantes, sont complétement oubliées ou passées sous silence (les obligations quasi ex delicto, tous les contrats réels à l'exception du prêt de consommation[4], les Senatus-Consultes Velleien, Macédonien et Tertullien). Ces omissions, qui constitueraient une faute grave dans un traité de droit, ne sont pas chose extraordinaire si l'on né voit dans les Institutes qu'une rédaction de cours, dans lesquels le professeur est libre de ses mou-

---

[1] Dernburg, Die Institutionen des Gaius. Festschrift an H. Wächter, Halle 1869, p. 33 et suiv.

[2] Gaius, Institutes, I, 13 et suiv.; III, 115 à 128; III, 183 à 208.

[3] Gaius, Institutes, II, 106.

[4] Gaius, Institutes, III, 90.

vements et peut à sa guise effleurer ou développer ses matières. — Un autre fait caractéristique vient fortifier la conclusion qu'on a tiré des considérations précédentes, c'est le double développement donné à certains sujets dans des parties différentes de l'ouvrage. Cette circonstance se rencontre plusieurs fois dans les Institutes ; on y voit une question, qui précédemment déjà avait été amplement discutée, faire l'objet d'une explication nouvelle et détaillée, empruntant même les expressions de la première. Ainsi le passage sur les Latins Juniens du 1er livre, § 22, se retrouve au § 56 du 3e livre ; l'in jure cessio est présentée avec les mêmes détails dans les §§ 34 à 37 du 1er livre et dans les §§ 85 à 87 du 3e livre ; la théorie de l'agnation, éclaircie, au § 156 du 1er livre, par de nombreux exemples, est de nouveau développée et appuyée des mêmes exemples au § 10 du 3e livre ; l'acquisition par autrui se trouve expliquée d'abord à propos des choses, § 86, l. 2, puis à l'occasion des obligations au § 163, l. 3 ; de même encore la litis contestatio est présentée dans des termes presque identiques dans les §§ 180 et 181 du 3e livre et dans les §§ 106 à 108 du 4e livre. Ces répétitions montrent que les Institutes n'ont pas été publiées par Gaius comme traité méthodique. Celui qui écrit un livre n'écrit, en effet, chaque chose qu'une seule fois et en un seul endroit, surtout si le livre doit être de peu d'étendue, comme un livre élémentaire. Les répétitions se comprennent, au contraire, trèsbien s'il s'agit de leçons orales ; elles sont même la preuve du zèle et de l'adresse de celui qui enseigne, qui, pour bien faire comprendre des notions nouvelles, ne veut pas se reposer sur la mémoire des élèves quant à celles enseignées précédemment. — Comme l'exposition générale, de même les détails, continue M. Dernburg, montrent bien que les Institutes, lors de leur rédaction, ne devaient point former un livre, mais bien la matière d'un cours. Ainsi de nombreuses tournures de phrases sont destinées à procurer à l'auditeur qui ne veut ou ne peut pas écrire mot à mot les paroles du maître un moment de repos pour remettre ses notes au courant : « Hinc transeamus ad fideicommissa. Et prius de hereditatibus videamus. In primis igitur sciendum est opus esse [1]. » « Sequitur de jure personarum alia divisio : nam quædam personæ sui juris sunt, quædam alieno juri sunt subjectæ. Sed rursus earum personarum quæ alieno juri subjectæ sunt, aliæ in potestate, aliæ in mancipio sunt. Videamus nunc de iis quæ alieno juri subjectæ sunt : nam si cognoverimus quæ istæ personæ sint, simul intelligemus quæ sui juris sint. Ac prius despiciemus de iis qui in aliena potestate sunt. In potestate igitur sunt [2].... » « Post hæc videamus de legatis ; quæ pars juris extra propositam quidem materiam videtur : nam loquimur de his juris figuris, quibus per universitatem res nobis adquiruntur : sed cum omni modo de testamentis deque heredibus qui testamento instituuntur locuti sumus, non sine causâ sequenti loco poterit hæc juris materia tractari [3]. » — Un autre détail qui trahit le professeur désireux de fixer l'attention de l'auditeur, c'est l'habitude propre à Gaius de répéter la même idée sous plusieurs formes, l'une après l'autre [4]. L'auditeur n'est frappé que de l'une d'elles, il n'entend, ne saisit que celle-ci ; le lecteur, dont l'attention est plus soutenue, serait fatigué de pareilles redites. De même, l'habitude des antithèses, dans lesquelles le même mot est répété successivement dans deux membres différents de la même phrase, serait une mauvaise chose dans un livre, tandis qu'elle en est une

---

[1] Gaius, Institutes, II, 246, 247, 248.

[2] Gaius, Institutes, I, 48.

[3] Gaius, Institutes, II, 101.

[4] Gaius, Institutes, I, 1 ; III, 197 ; IV, 44.

excellente dans une leçon orale[1]. De même encore, les
exemples reliés les uns aux autres par le seul mot *velut*,
les membres de phrases unis par des *et*, les raisonnements
commençant par un exemple au lieu de commencer par
l'indication du point à démontrer[2], constitueraient des
fautes de style, tandis qu'ils sont permis dans une exposition orale. — Enfin, l'art du professeur se montre encore,
on ne peut mieux, dans l'habitude qu'a Gaius de présenter immédiatement le côté négatif de la proposition qu'il
énonce; en d'autres termes, d'en exposer les limites, et de
prévenir les fausses applications qu'on pourrait en faire.
Ainsi, par exemple, après avoir exposé que par la loi Fusia Caninia « certus modus constitutus est in servis testamento manumittendis, » et avoir expliqué les dispositions
de la loi, il ajoute : « ac ne ad eos quidem omnino hæc lex
pertinet, qui sine testamento manumittunt. » De même «licet
iis qui vindicta aut censu aut inter amicos manumittunt,
totam familiam suam liberare : scilicet si alia causa non
impediat[3]. » — M. Dernburg tire un dernier argument en faveur de son opinion du nom même que portent les Institutes :
« *Commentarii.* » Ce mot désignait, en effet, la préparation
écrite, l'esquisse plus ou moins développée d'un discours.
C'est la signification que lui donne Cicéron, lorsqu'il dit
de Crassus : « Ipsa illa censorio contra Domitium non est
oratio, sed quasi capita rerum et orationis commentarium
paulo plenius[4]. » Dans le même sens il nous dit ailleurs :
« Ars disserendi efficit ne necesse sit iisdem de rebus
semper dictata decantare neque a commentariolis suis dis-
cedere[5]. » C'est encore en attribuant au mot *commenta-*

---

[1] Gaius, Institutes, II, 280 (usuræ); III, 120 (heres); III, 184 (alii ulterius).
[2] Gaius, Institutes, III, 176.
[3] Gaius, Institutes, I, 44, 104, 139, 156.
[4] Cicéron, Brutus, 44, 164.
[5] Cicéron, De finibus, 4, 4, 10.

rius un sens analogue et en l'opposant à un ouvrage historique proprement dit, qu'il nous dit en parlant de César : « Commentarios scripsit valde probandos : nudi enim sunt, recti et venusti, omni ornatu orationis quasi veste detracta : sed dum voluit alios habere parata unde sumerent qui vellent scribere historiam [1]. » Sénèque parle aussi de Commentarii : « Cassius Severus, dit-il, sine commentario nunquam dixit » ; et Quintilien nous raconte que Cicéron lui-même faisait pour ses discours usage de pareils commentaires, qui furent publiés plus tard par son affranchi Tiron [2]. Enfin Suétone, à propos des rhéteurs, parle aussi de leurs commentarii [3], et Aristarque raconte comment se fit la publication des ὑπομνήματα ou commentaires du médecin enseignant Galenus [4]. Tous ces exemples établissent clairement le sens du mot *commentarii*, qui, pour les Institutes de Gaius, doit être évidemment le même. Il en résulte que de même que l'Institutio oratoria de Quintilien n'est autre chose que la rédaction de ses cours, Quintilien le dit lui-même dans le prœmium, de même les Institutes de Gaius n'ont point été créées comme livre, mais qu'elles ont été rédigées pour servir de base aux leçons de Gaius, et ont ensuite été publiées dans leur forme primitive.

Telles sont, en résumé, la démonstration et la conclusion de M. Dernburg. Son argumentation quelque peu spécieuse, peut-être, rend plausible l'hypothèse que l'auteur soutient, mais, on doit l'avouer, ne l'élève pas au rang d'un fait certain, indubitable. L'originalité toutefois de cette idée, et les développements intéressants apportés à son appui, serviront d'excuse, je l'espère, à la longueur de la digression qu'a nécessitée cette analyse.

[1] Cicéron, Brutus, 75, 262.
[2] Quintilien, Institutions, chap. 7, § 30.
[3] Suétone, De claris rhetoribus, 4.
[4] Voir p. 65, note 4, Dernburg, op. cit.

Quittons maintenant cette théorie et en même temps l'enseignement des Docentes, et revenons aux stationes respondentium.

3° *Les disputationes.*

28. Les stationes respondentium, comme les écoles des docentes, contribuèrent au développement de la littérature juridique. Il dut, en effet, rapidement s'accumuler, entre les mains des respondentes, des matériaux scientifiques importants et variés, par suite du grand nombre de questions de droit qui furent débattues dans leurs stationes. Aussi voyons-nous paraître, dans cette période de l'histoire de l'enseignement, de nombreux ouvrages sous des titres tels que ceux-ci : *Publicarum disputationum*, ou bien tout court *Disputationum*, ou bien encore *Quæstionum publice tractatarum libri*. Le Digeste nous fait connaître notamment le liber singularis quæstionum publice tractatarum de Q. Cervidius Scævola[1], les libri disputationum de Claudius Tryphoninus[2], les libri disputationum de Venuleius Saturninus[3], les libri disputationum d'Ulpien, dont une Constitution de Dioclétien et de Maximien donne un titre plus complet : publicarum disputationum libri[4].

Ce sont les résultats même des débats soulevés dans les stationes respondentium que ces ouvrages nous présentent ; ils nous reproduisent même quelquefois les discussions elles-mêmes, les diverses opinions émises, les arguments à l'appui ; en un mot, ils nous offrent le tableau de ces

[1] L. 21, D. 46, 7, Jud. solvi; L. 96, D. 35, 2, ad leg fal.; L. 65, D. 24, 3, Sol. Matr.

[2] L. 78, § 4, D. 23, 3, De jur. dot.; L. 19, §§ 3 et 5, D. 49, 17, Castr. pec.; L. 9, pr. D. 34, 5, De reb. dub.

[3] L. 18, D. 46, 7, Jud. solv.

[4] L. 9, D. 49, 17, Castr. pec.

publica auditoria [1], et nous permettent d'en saisir la physionomie. Essayons, d'après les renseignements qu'ils nous donnent, de retracer l'aspect d'une séance dans la statio d'un respondens.

29. Lorsqu'une question était proposée (*quæsitum est...*, *proponebatur...*, *in proposita quæstione...*, *in specie quæ proponitur...*, *quærebatur quid juris esset*, nous disent les textes), soit de droit civil, soit de droit criminel [2], le respondens interrogé donnait sa réponse orale (*dixi... placet... ego dixi in auditorio... in proposito dicebam*, sont les expressions usitées que nous rapportent les auteurs, notamment Tryphoninus et Ulpien [3]). Mais ce n'était pas une réponse sèche et sententieuse, contenant ce qu'il faut, mais rien que ce qu'il faut, comme celle que donne un jurisconsulte à un client sur un cas déterminé : c'était plutôt un exposé théorique de la question, destiné à provoquer la discussion. Les divers points à examiner étaient soigneusement analysés, comme nous le montre Scævola dans l'exemple que voici : «In hac quæstione in primis quærendum est, utrum unus gradus sit an duo, et an causa mutata sit substitutionis an eadem permaneat [4].» On y comparait l'espèce proposée aux hypothèses présentant de l'analogie ou un contraste. (En voici un exemple : «Qui duos impuberes filios habebat, ei qui supremus morietur, Titium substituit: duo impuberes simul in nave perierunt; *quæsitum est* an substituto et cujus hereditas deferatur? *Dixi :* «*Si* ordine vitæ decessissent, priori mortuo frater ab intestato heres erit, posteriori substitutus ; in ea tamen hereditate etiam ante defuncti filii habebat hereditatem.

---

[1] L. 1, § 4, D. 40, 15, Ne de stat. def.
[2] L. 39, D. 48, 19, De pœnis.
[3] L. 78, D. 46, 7, Jud. solv.; L. 9, D. 49, 17, Castr. pec.
[4] L. 48, § 1, D. 28, 6, De vulg. et pup. sub.

In proposita autem quœstione, ubi simul perierunt....[1]») Puis la discussion était ouverte, et il était loisible à chacun de dire son opinion, comme le montre le récit d'Aulu-Gelle cité au n° 21. Le jurisconsulte respondens prenait part à la lutte, combattait les systèmes opposés au sien, apportait des arguments, discutait. Paul nous le dit textuellement de Scævola : « Quum quidam filiam ex asse heredem scripsisset, filioque, quem in potestate habebat decem legasset, adjecit : „et in cetera parte exheres mihi erit", et quæreretur, an recte exheredatus videretur, Scævola respondit : „non videtur", et *in disputando* adjiciebat ideo non valere, quoniam... [2] » Si dans le cours des débats il surgissait par hasard une question incidente, même étrangère à leur objet, on la discutait et on la résolvait au passage. (En voici un exemple : «*Intervenit illa quœstio,* quando numero liberorum esse debeat is, cui legatum datum est, ut id ferre possit a filio contra tabulas bonorum possessionem accipiente : *placet* sufficere in ea necessitudine tunc esse quando dies legati cedit[3]. ») Si l'occasion s'en présentait, le respondens faisait ressortir l'opposition entre le droit strict et l'équité : « Licet hoc jure contingat, tamen æquitas dictat,» disait Ulpien dans ses disputationes[4]. Les arguments en faveur des diverses opinions ayant été successivement exposés, les raisons de douter examinées («... an audiri possit videndum. Et quum per te non steterit, potest dici repetitionem cessare ; sed quum liceat pœnitere ei qui dedit, procul dubio repetetur id, quod datum est, nisi forte...[5]»), le respondens donnait une solution définitive.

[1] L. 9, pr. D. 34, 5, De reb. dub.
[2] L. 19, D. 28, 2, De lib. et post. hered.
[3] L. 24, D. 37, 5, De leg. præst.
[4] L. 32, D. 15, 1, De pecul.
[5] L. 5, pr. D. 12, 4, De cond. caus. dat.

CHAPITRE IV.

EMPLACEMENT DES ÉCOLES.

30. Les disputationes, comme on vient de le voir, avaient lieu, ainsi que les leçons des Jus docentes, dans des *auditoria publica*. Et ce mot ne désigne évidemment pas ici un auditoire de justice quelconque, ni celui du préfet du prétoire, ni celui de l'empereur ; mais il se rapporte simplement à une salle publique, une publica schola, comme en avaient les rhéteurs, ouvertes par eux-mêmes ou même par le prince[1].

On sait, en effet, que les empereurs offrirent souvent eux-mêmes des lieux de réunion à des rhéteurs, des grammairiens, etc. : ainsi Lampride nous dit d'Alexandre Sévère : « Rhetoribus, grammaticis, medicis, haruspicibus, mathematicis, mechanicis, architectis salaria instituit et auditoria decrevit ; » c'est dans le même but qu'Adrien fonda à Rome son Athenæum. Que les jus publice docentes aut respondentes aient aussi reçu de l'État des salles destinées à leur enseignement, ou qu'ils aient été admis dans l'Athenæum d'Adrien, c'est une pure conjecture que rien ne confirme. Mais, comme les textes, à l'occasion des disputationes, nous parlent de publica auditoria, il serait tout à fait arbitraire de vouloir donner à ces expressions un sens différent de celui qu'on leur reconnaît lorsqu'elles sont employées par rapport aux rhéteurs, grammairiens, etc. Aussi peu l'on hésite à reconnaître que les jus publice docentes dont parle Aulu-Gelle ne sont autres que les Juris civilis professores d'Ulpien, aussi peu l'on doit

[1] Bremer, op. cit., p. 21.

mettre en doute l'identité des auditoria publica et des stationes.

L'existence de ces écoles à Rome au temps d'Adrien est attestée par Aulu-Gelle. D'autres témoignages semblent indiquer qu'elles existèrent même avant lui. Ainsi Philostrate, dans sa Vie d'Apollonius de Tyane, cite ce fait que déjà du temps de Néron un habitant de Messène en Arcadie envoie son fils à Rome pour fréquenter les écoles de droit[1]. De pareilles écoles s'établirent aussi dans les provinces ; l'une d'entre elles acquit même une grande réputation et fut plus tard la plus docte et la plus brillante école de l'Empire, comme nous le verrons plus loin. Pour le moment, ne nous occupons que des écoles de Rome.

1° *Bibliothèques.*

31. Les stationes de Rome paraissent avoir été établies à proximité des bibliothèques publiques, dont le nombre était considérable sous les empereurs, puisque des auteurs en énumèrent vingt-huit. Je citerai notamment celle que Vespasien établit dans le temple de la Paix, et la bibliothèque Ulpienne dans le temple de Trajan [2]. Ces bibliothèques étaient ordinairement installées dans des temples et confiées à la garde d'employés spéciaux, ayant sous leurs ordres un certain nombre de servi publici. Elles étaient ouvertes au public, et maîtres et élèves avaient l'habitude de s'y réunir, ceux-ci pour apprendre, ceux-là pour y faire des leçons et des lectures. La partie latine de ces bibliothèques, qui habituellement étaient composées d'une partie grecque et d'une partie latine[3], contenait notamment

---

[1] Philostrate, 7, 42, cité par Bremer, loc. cit.

[2] Bremer, op. cit., p. 13.

[3] Suétone, Octave, 29.

la littérature juridique. C'est ce que nons indique encore
Aulu-Gelle :

« Edicta veterum prætorum, sedentibus forte nobis in
bibliotheca templi Trajani, et aliud quid requirentibus,
cum in manus incidissent, legere atque cognoscere libi-
tum est. Tum in quodam edicto antiquiore ita scriptum
invenimus : « Qui flumina retanda publice... » Retanda igitur quid esset quærebatur. Dixit ibi quispiam nobiscum
sedens amicus meus, in libro se Gabii De origine Vocabu-
lorum septimo legisse retas...[1] »

32. Du fait de l'existence d'une bibliothèque au Capitole,
fondée par Adrien, un auteur que nous avons eu souvent
déjà l'occasion de citer, M. Bremer, a conclu qu'il y avait
aussi une école de droit au Capitole. Voici ce qu'il dit à ce
sujet[2] :

La bibliothèque du Capitole ayant été fondée par Adrien,
on peut admettre que l'élément juridique n'y manquait
pas. Qu'on se rappelle, en effet, combien Adrien prit à
cœur d'élever la science du droit, que c'est sur son ordre
que l'Édit perpétuel fut composé, et qu'enfin il appela les
jurisconsultes les plus distingués dans son conseil (cum
judicaret, in consilio habuit non amicos suos aut comites
solum, sed jurisconsultos et præcipue Julium Celsum,
Salvium Julianum, Neratium Priscum, aliosque quos
tamen omnes senatus probasset[3]). D'après cela il nous est
permis de penser aussi qu'il y eut près de la bibliothèque
Palatine également une statio de droit, et cela d'autant
plus que plus tard, à Constantinople, nous voyons que c'est
précisément au Capitole que se trouve le bâtiment destiné
aux lectures publiques.

[1] Aulu-Gelle, 11, 17.
[2] Bremer, op. cit., p. 14.
[3] Spartien, Adrien, 17.

2° *Le quartier des jurisconsultes.*

33. D'autres textes ont fourni l'occasion d'une intéressante discussion sur ce qu'on pourrait appeler le quartier des jurisconsultes à Rome à l'époque classique. C'est à M. Dernburg, professeur à l'Université de Halle, qu'elle est due [1], et c'est un vers de Juvénal qui lui sert de point de départ.

En tête des occupations des Romains de son temps le poëte relate :

« Sportula, deinde Forum, jurisque peritus Apollo [2]. »

Or Apollon, le dieu de la poésie, est étranger au droit : la raillerie contenue dans la fin du vers ne peut donc se comprendre que par une relation topographique entre une statue d'Apollon et la profession des jurisconsultes. Et, de fait, un vieux scholiaste de Juvénal nous dit à propos des mots « Ipse dies » du vers précédent: « Totos dies sic consu*munt* divites, dum aut ad sportulam, aut ad templum Apollinis vadunt ad *tractandum.* » Remarquons que le scholiaste parle au présent, ce qui fait penser que c'est encore *de visu*, et rappelons que *tractare* est un mot technique qui désignait les disputationes juridiques dont il a été question plus haut. Par suite on peut conclure que c'est près d'un temple d'Apollon que se trouvaient des stationes. Une scholie sur les mots *« juris peritis Apollo »* du vers 128 lui-même le montre encore plus clairement : « aut quia juxta Apollinis templum juris periti *sedebant et tractabant,* aut quia bibliothecam juris civilis et liberalium

---

[1] Dernburg, op. cit., p. 11 à 23.

[2] Juvénal, Satire 1, v. 128. Les scholies sont citées dans l'édition de Jahn, 1851.

studiorum in templo Palatini dedicavit Augustus : nam hic est Apollo cujus et Horatius meminit : « Sic me servavit Apollo.» Ajoutons que cette opinion est également admise par Pothier[1].

Quel est maintenant ce temple d'Apollon près duquel les jurisconsultes auraient eu leurs stationes (sedebant et tractabant) ? La seconde scholie précitée semblerait viser le magnifique temple d'Apollon Palatin, qu'Auguste éleva après la bataille d'Actium ; mais en réalité la seconde explication des mots « juris peritis Apollo » qu'elle contient (aut... aut) ne vient pas compléter la première, et lui est au contraire opposée, ce qui montre qu'il s'agit ici de deux édifices différents. D'ailleurs le temple élevé par Auguste était situé sur le mont Palatin, et même sur la partie postérieure de la colline, loin du Tibre et du Forum : on ne peut donc pas supposer que le rendez-vous des jurisconsultes, des étudiants et des clients se trouvât ainsi à une distance aussi considérable du centre des affaires, et surtout au sommet d'une colline.

C'est Horace, au dire de M. Dernburg, qui va nous indiquer le temple d'Apollon cherché. Examinons à cet effet, dit cet auteur, la célèbre satire de l'Importun[2].

Horace se promène sur la Voie Sacrée lorsque son *garrulus* l'empoigne et s'attache à ses pas ; le poëte, pour s'en débarrasser, allègue une course fort longue au delà du Tibre près des jardins de César ; le bavard persiste néanmoins à l'accompagner, et le poëte, pris dans son propre filet, est obligé de supporter ses importunités. C'est ainsi qu'ils passent près du temple de Vesta : à ce moment, Horace espère être délivré, parce que son interlocuteur a affaire devant le tribunal au préteur du Comitium situé le long

---

[1] Pothier, Præf. Pand., 1, 4, 2.
[2] Horace, Satires, liv. 9, sat. 1.

de la Sacra via, au pied du Capitole. « Casu tunc respondere vadato debebat.» Mais comme il refuse d'attendre un instant, le fâcheux s'écrie qu'il préfère perdre son procès que de laisser aller Horace. Ils quittent donc ensemble la voie Sacrée, tournent à gauche le coin du mont Palatin et s'engagent, pour gagner le Tibre, dans le quartier commerçant, le Vicus Tuscus. C'est là qu'ils rencontrent l'ami malicieux qui s'amuse à railler l'infortune d'Horace et s'en va le laissant le couteau sous la gorge. Horace et le bavard continuent donc leur route vers le Tibre. La Porta Trigemina, par laquelle on arrivait au Tibre, et le pons Sublicius, qui menait aux jardins de César, n'étaient pas encore en vue (car Horace n'eût pas manqué de le dire, puisque c'était là le but de la course qu'il avait prétextée), lorsque le poëte est soudain délivré par Apollon. Le créancier du fâcheux vient à leur rencontre, saisit ce dernier, l'entraîne, crie à toute voix, ameute la foule, en atteste Horace, et ce dernier de s'écrier : « Sic me servavit Apollo. »

Pourquoi, dit M. Dernburg, Apollon ne paraît-il que maintenant pour délivrer Horace ? Pourquoi le dieu des poëtes agit-il par l'intermédiaire d'un créancier processif? Qu'on ne dise pas qu'Horace invoque Apollon parce qu'Apollon est le dieu des poëtes, ni que l'intervention du dieu se relie au fait que le poëte était précisément occupé de pensées poétiques au moment où le fâcheux l'avait abordé[1]; car il n'y avait pas de raison pour que le dieu entrât en scène si tardivement, et que son intervention se produisît maintenant seulement et pas plus tôt déjà, lorsque les deux interlocuteurs étaient encore près du temple de Vesta, par exemple. L'exclamation d'Horace et la rencontre du plaideur sont, au contraire, manifestement moti-

---

[1] «Nescio quid meditans nugarum, totus in illis
«Ibam forte via sacra, sicut meus est mos.»

vées par ce fait que le poëte et son importun compagnon
sont arrivés dans le quartier des jurisconsultes , d'Apollo
juris peritus , et que maintenant le dieu peut délivrer le
poëte par les moyens qui sont ici à sa disposition et qui
conviennent seuls pour écarter son stupide compagnon.
Cette interprétation est aussi indiquée par la scholie de
Juvénal relatée plus haut.

D'après cela, le temple d'Apollon en question aurait dû
être situé vers le Tibre, entre le Vicus Tuscus et la Porta
Trigemina. Et de fait on connaît dans la XIe Région de
Rome le temple d'Apollo Cœlispex, situé près du temple
d'Hercules olivarius et du Circus Maximus, dont l'emplacement aujourd'hui se trouve à côté de l'église de S. Maria
in Cosmedin. C'est donc là, au milieu de la vie active de
Rome, près du port et du Boarium ; dans le voisinage du
Forum romanum Comitium, du Velabrum et de l'Arc de
Janus quadrifrons où se tenaient les changeurs et les mar-
chands de vin et de comestibles ; entre le Capitolin, le Palatin, l'Aventin et le Tibre : c'est là que se trouvait le centre
juridique de Rome et ce qu'on pourrait appeler les Facultés de droit romain.

34. Telle est, en résumé, l'intéressante déduction de
M. Dernburg ; elle ne me semble mériter d'autre reproche
que celui de briller trop peut-être par l'imagination , de
sorte que les résultats auxquels elle aboutit ne s'imposent
pas comme des faits désormais certains. Ils ne sont, en effet,
basés que sur des raisonnements et non sur des textes précis : raisonnements justes il est vrai, mais ne créant qu'une
possibilité et non une certitude. Il est parfaitement possible qu'Horace ait parcouru le chemin tracé par l'auteur
précité, et il est possible, par suite, que l'emplacement
des stationes juris peritorum soit celui qu'il indique : aucune preuve contraire, en effet, n'existe ; mais il est également possible que ces stationes aient été ailleurs et

qu'Horace ait fait un autre chemin. Car il faut bien remarquer que la satire ne nous donne que quatre points du trajet : le point de départ, Sacra via ; le but, Cæsaris Horti ; et deux points intermédiaires, tout près l'un de l'autre, le temple de Vesta et le tribunal du préteur. Si donc on peut regarder comme exact l'itinéraire supposé par M. Dernburg, rien n'empêche d'autre part d'admettre qu'Horace en ait parcouru un autre aboutissant aussi aux jardins de César et passant aussi près d'un temple d'Apollon. Le temple d'Apollo Cœlispex, en effet, indiqué par M. Dernburg comme faisant partie de la XIe Région, d'après le livre des Régions (non cité d'ailleurs par M. Dezobry sur son plan de Rome au siècle d'Auguste [1]), n'était pas le seul qui fût dans le voisinage du Tibre. M. Dezobry nous en indique deux autres : le vieux temple d'Apollon, dans la IXe Région, en dehors de la Porta Carmentalis, près du théâtre de Marcellus, et le temple d'Apollon médecin, dans la XIe Région, près la porte Flumentana. Or voit-on que le texte de la satire empêche d'admettre qu'Horace, pour décourager son fâcheux, ait pris, pour aller aux jardins de César, au lieu du chemin direct, un chemin un peu détourné et par suite plus long et passant près d'un des temples d'Apollon qui viennent d'être indiqués? Pourquoi n'aurait-il pas, après avoir quitté la Voie Sacrée, longé le mont Capitolin, puis traversé la porte Carmentale, dans le but d'arriver aux jardins de César en passant le póns Fabricius, l'île Tibérine et le pont Cestius, et en suivant enfin la base du Janicule ; et pourquoi ne serait-ce pas sur ce chemin-là, arrivé près du temple d'Apollon qui avoisine le théâtre de Marcellus, qu'il aurait été sauvé par l'arrivée du créancier furieux? Pourquoi, d'autre part, ne l'aurait-il pas été près de cet autre temple d'Apollon situé au bord du Tibre, à

---

[1] Dezobry, Rome au siècle d'Augusto, éd. 1870, t. I.

proximité de la porte Flumentane et du pont Palatin par lesquels Horace aurait pu également arriver aux jardins de César ?

On le voit, la théorie de M. Dernburg n'est pas exempte de critique, et l'emplacement des stationes et du Juris peritus Apollo n'est pas catégoriquement démontré. Il est possible que celui que cet auteur indique soit le vrai, puisqu'aucun démenti direct ne peut lui être opposé ; mais il est possible aussi que c'en soit un autre. Le champ reste ouvert aux conjectures.

Quittons donc la question de l'emplacement des écoles et occupons-nous d'une autre partie de notre sujet : le professorat.

CHAPITRE V.

LE PROFESSORAT ET SES PRIVILÉGES.

35. Il ne semble pas qu'aucune condition fût exigée des jurisconsultes pour qu'ils pussent enseigner le droit. La liberté de l'enseignement était complète. Pouvait s'installer comme docens ou comme respondens quiconque s'en sentait le goût et estimait avoir les connaissances suffisantes. « Qui fiduciam studiorum suorum habebant, consulentibus respondebant [1]. »

Tout au plus une déclaration devait-elle être faite auprès de l'autorité compétente ; elle était appelée *professio*, et c'est de là peut-être qu'est venu le nom de Juris civilis professores qu'Ulpien donne aux jurisconsultes qui se vouaient à l'enseignement [2]. Encore cette déclaration n'était-elle exigée que dans l'intérêt de ces derniers. S'ils la négligeaient, ils n'en pouvaient pas moins pour cela enseigner

[1] L. 2, § 47, D. 1, 2, De orig. jur.
[2] Puchta, § 103.

le droit, mais ils perdaient le bénéfice de certains avantages que le préteur accordait aux *Professores artium liberalium*.

36. Un premier privilége, qui d'ailleurs n'était accordé qu'aux professeurs de Rome et était refusé à ceux des provinces, consistait dans la dispense d'être tuteur ou curateur. Voici, en effet, ce que nous dit Modestin dans son livre sur les Excusationes:

« Legum vero doctores in aliquo præsidatu docentes remissionem non habebunt : Romæ autem docentes a tutelâ et curâ remittuntur [1]. »

Ce texte est on ne peut plus formel et plus clair. Mais voici que les Fragmenta Vaticana en contiennent un d'Ulpien qui ne l'est pas moins, et qui dit précisément le contraire de ce que dit Modestin, à savoir que la dispense n'existe pas.

« Item neque geometræ, neque hi qui jus civile docent, a tutelis excusantur [2]. »

En présence de ces deux textes contradictoires, que décider ?

La plupart des auteurs qui ont touché la question des immunités des professeurs font abstraction du texte d'Ulpien, semblent même l'ignorer, et admettent sans aucune discussion la véracité et l'authenticité de celui de Modestin. Ainsi font Puchta, Ortolan, Bremer [3]. « L'enseignement public, ajoute notamment ce dernier auteur, était un service suffisant rendu à la cité, « vacatio publici muneris, » comme disait Cicéron [4], pour dispenser de la tutelle. »

[1] L. 6, § 12, D. 47, 1, De excus.

[2] Fragm. Vat., § 150.

[3] Puchta, op. cit., § 103, note *m*; Ortolan, op. cit., p. 473; Bremer, op. cit., p. 16.

[4] Cicéron, Ad familiares, 9, 6, 5.

Mais récemment un autre auteur, M. Dernburg, s'emparant du texte des Vaticana fragmenta, est venu contester vivement la dispense de tutelle [7]. Il prétend rejeter complétement le texte de Modestin, «qui, dit-il, pourrait au plus être relatif à une innovation qui n'aurait pas réussi, à ce que montre le fragment d'Ulpien. Mais en réalité ce passage est le résultat d'une interpolation faite par les compilateurs de Justinien qui avaient présents à l'esprit les priviléges attribués aux professeurs de la Nouvelle-Rome. » Et lorsqu'il cherche le motif de la différence, faite par le refus de la dispense, entre les professeurs de droit et les professeurs des autres arts libéraux, l'auteur que nous analysons trouve ce motif dans les abus qui auraient été possibles si la dispense avait existé. « Eine solche Verweigerung, dit-il, der Privilegien, welche die angestellten Lehrer anderer Fäche beansprechen konnten, erklärt sich nur dadurch, dass man die Rechtslehrer der völlig freien Concurrenz der Privatthätigkeit überlies. Dieser Zustand machte die Nichtgewährung jener Privilegien zur Nothwendigkeit. Es wäre sonst ein Leichtes gewesen, sich unter dem Vorwande juristischer Lehrer zu sein der öffentlichen Lasten zu entziehen. »

Malgré le texte des Vaticana fragmenta, je ne puis me ranger à l'opinion qui vient d'être indiquée. Si Modestin avait fait dans le texte dont il s'agit l'énumération, par une même phrase, de différentes personnes dispensées, je comprendrais que l'interpolation d'un mot y eût été possible. Mais je ne puis croire que les commissaires de Justinien aient interpolé tout un paragraphe, s'occupant uniquement d'une classe de personnes, et constatant une différence entre celles qui vivent en province et celles qui vivent à Rome, alors surtout qu'au temps de Justinien

[7] Dernburg, op. cit., p. 8, note 14.

cette différence était effacée et que les priviléges, que les commissaires auraient, au dire de M. Dernburg, eus présents à l'esprit, étaient accordés également aux professeurs de Constantinople, de Rome et de Béryte. Pour écarter l'apparente antinomie que présentent les deux textes dont il s'agit, il me semble plus naturel d'admettre que du temps d'Ulpien, qui mourut en 228 a. J. C.[1], la dispense n'existait pas encore, et qu'elle fut établie plus tard à une époque à laquelle Modestin, l'élève d'Ulpien, vivait encore puisqu'il fut præfectus vigilium à Rome en 244[2], et a pu, par suite, en parler dans son livre des Excusationes.

37. Passons maintenant à un autre avantage qui, à la fin de l'époque que nous étudions, paraît avoir été accordé aux professeurs de droit. C'est l'exemption de toutes fonctions et charges civiles. Ce point également n'est pas entièrement certain, car tous les manuscrits ne portent pas le mot *legum* qui suit le mot *doctores* dans la Constitution de Constantin qui créa cette immunité ; et cette omission a amené à voir encore là une interpolation des commissaires de Justinien[3]. Voici d'ailleurs le texte de la Constitution :

« Medicos et grammaticos et professores alios litterarum et doctores legum, una cum uxoribus et filiis, nec non et rebus quas in civitatibus suis possident, ab omni functione et ab omnibus muneribus civilibus vel publicis immunes esse præcipimus, et necque in provinciis hospites recipere, nec ullo fungi munere, nec ad judicium deduci vel exhiberi vel injuriam pati, ut, si quis eos vexaverit, pœna arbitrio judicis plectatur. Mercedes etiam eorum et salaria reddi jubemus, quo facilius liberalibus studiis et memoratis artibus multos instituant[4]. »

---

1 V. Rudorf, op. cit., § 74, note 7 : les auteurs cités.
2 V. Rudorff, op. cit., § 76.
3 Dernburg, op. cit., p. 8, note 14.
4 C. 6, Cod. Justin., 10, 52, De prof. et med.

Cette immunité des charges publiques (« *munera,* » qu'il ne faut pas confondre avec les dignités publiques, « *honores,* » bien qu'on voie parfois une charge réunie à un honneur, comme par exemple dans la fonction de décurion), confirmée plus tard par Honorius et Arcadius, était très-importante, puisqu'elle s'étendait à la famille du professeur et que, d'autre part, les charges publiques étaient fort nombreuses. Il y en avait en effet de trois catégories [1] :

— *Munera personalia,* ou charges qui exigent du temps, des soins, de l'activité personnelle, mais non des déboursés, « quæ animi provisione et corporalis laboris intentione, sine aliquo gerentis detrimento perpetrantur; » telles sont la tutelle, la curatelle, la surveillance d'aqueducs, bâtiments ou travaux publics. — *Munera patrimoniorum,* qui, au contraire, s'analysent en une simple dépense, « quæ sumtibus patrimonii, et damnis administrantis expediuntur »; dans cette classe se rangeaient les impôts de toutes sortes, notamment le logement des militaires et des fonctionnaires. — *Munera mixta,* qui présentent à la fois les deux caractères de personnalité et de réalité : comme munus mixtum on peut citer l'obligation imposée aux décurions, « decaproti, icosaproti, » de recouvrer l'impôt foncier et la capitation, et de fournir de leurs propres deniers ce que l'insolvabilité des contribuables ne leur aurait pas permis de recouvrer.

En général, ces charges étaient imposées aux *municipes* et aux *incolæ,* c'est-à-dire que chacun les subissait et au lieu de son origine et au lieu de son domicile. « Incola, dit Gaius, et his magistratibus parere debet, apud quos incola est, et illis, apud quos civis est ; nec tantum municipali jurisdictioni in utroque municipio subjectus est, verum etiam omnibus publicis muneribus fungi debet [2]. » Toute-

---

[1] L. 18, pr. et §§ 1, 6, 10, 18, 26, D. 50, 4, De mun. et honor.

[2] L. 29, D. 50, 1, Ad mun. et incol.

fois certains munera patrimoniorum, tels que l'impôt foncier et autres, imposés à la propriété plutôt qu'à l'individu, s'acquittaient à l'endroit même où le bien était situé [1].

L'exemption de toutes ces charges, on le voit par ce rapide exposé, ne constituait pas un mince bénéfice que l'empereur accordait aux professeurs des arts libéraux, parmi lesquels on rangera les professeurs de droit si l'on admet l'authenticité des mots « doctores legum. »

38. Par contre, les professeurs de droit n'étaient pas traités aussi favorablement que les autres professores artium liberalium, à un autre point de vue, celui du paiement de leurs honoraires. La voie judiciaire aux fins d'obtenir leurs salaires était en effet ouverte aux præceptores artium liberalium : ils pouvaient recourir dans ce but à une cognitio extraordinaria. Ce bénéfice n'était refusé qu'à ceux qui ne faisaient point la professio solennelle ; cela résulte implicitement d'un texte même qui relate une exception à cette règle dans les termes suivants : « Ludi quoque litterarii magistris, licet non sint professores, tamen usurpatum est, ut his quoque jus dicatur [2]. »

Or, bien qu'ils fussent professores, les jurisconsultes qui enseignaient le droit ne pouvaient pas obtenir judiciairement le paiement de leurs honoraires :

« Ne juris quidem civilis professoribus jus dicet præses ; est quidem res sanctissima civilis sapientia, quæ non sit dehonestanda dum in judicio honor petitur, qui in ingressu sacramenti efferri debuit ; quædam enim, tametsi, honeste accipiantur, inhoneste tamen petuntur [3]. »

[1] L. 18, §§ 21 et 22, D. 50, 4. De mun. et hon.
[2] L. 1, § 6, D. 50, 13, De extr. cogn.
[3] L. 1, § 5, D. 50, 13, De extr. cogn.

CHAPITRE VI.

LES RESPONSA ET LE JUS RESPONDENDI.

39. Aucune condition d'âge n'était exigée de la part de ceux qui voulaient se vouer à l'enseignement. Les plus jeunes jurisconsultes pouvaient donc enseigner et répondre publiquement. C'est ainsi qu'Ulpien nous raconte que Nerva le fils professa à l'âge de dix-huit ans :

« Minorem annis decem et septem, qui eos non in totum complevit, prætor prohibet postulare, quia moderatam hanc ætatem ratus est ad procedendum in publicum ; quâ ætate aut paulo majore fertur Nerva filius et publice de jure responsitasse [1]. »

Bien entendu, il ne s'agit pas ici du droit de donner des réponses officielles. Le *jus respondendi* et le fait de *jus publice respondere* sont deux choses tout à fait distinctes qu'il importe de ne pas confondre. Il est bien certain que Nerva n'avait pas pu si jeune encore obtenir le jus respondendi. D'ailleurs, les jurisconsultes qui publice in stationibus respondebant n'avaient nul besoin, pour ce faire, d'avoir été gratifiés par l'empereur du jus respondendi ; et il en fut ainsi après comme avant le règne d'Auguste, et de même après le rescrit d'Adrien.

Pour bien comprendre cette proposition, quelques mots sur le jus respondendi sont nécessaires. Je ne puis évidemment pas examiner en détail ce point si controversé : la seule énonciation des systèmes qui sont en présence m'entraînerait beaucoup trop loin de mon sujet: aussi je me bornerai à indiquer, sans d'ailleurs m'appesantir sur les arguments qui viennent à son appui, l'opinion qui me

---

[1] L. 1, § 3, D. 3, 2, De postul.

semble préférable, et qui est à peu près celle qui m'a été enseignée à la Faculté de droit de Strasbourg[1].

40. C'est Auguste qui créa le jus respondendi. Pour concilier l'autorité et la popularité dont jouissaient les jurisconsultes, avec le nouvel état de choses que l'Empire avait amené, et pour la faire dépendre, comme toutes les institutions, du pouvoir impérial[2], il donna à certains jurisconsultes favorisés le droit de faire des réponses au nom de l'empereur. Jusqu'à cette époque, tous les jurisconsultes avaient pu répondre sur le droit; ils le purent encore après; mais de ce moment ils furent partagés en deux classes: les uns répondirent comme autrefois, et leurs conseils n'eurent que l'autorité morale et scientifique qu'avaient eue les réponses anciennement; les autres répondirent au nom de l'empereur, et leurs avis jouirent d'une plus grande autorité auprès des juges, puisqu'à la valeur personnelle des jurisconsultes se joignait le poids de la faveur impériale qui les distinguait.

Mais ce n'est pas à dire que les avis de ces derniers fussent obligatoires à l'égal des lois[3], comme certains auteurs le soutiennent en se basant sur cette phrase de la lettre 94 de Sénèque: «quomodo jurisconsultorum valent responsa, etiamsi ratio non reddetur[4].» Le seule autorité que ces avis eussent sur le juge était une autorité morale: le juge n'était pas obligé de les suivre; mais, s'il les suivait, alors même qu'il était personnellement d'une opinion contraire, sa responsabilité était à couvert, puisque les réponses émanaient de jurisconsultes patentés par l'empereur lui-même. Aussi,

---

[1] Cours de M. Lederlin, 1re part., 1re divis., 5e sect. Dans le même sens Mainz, op. cit., § 66; Glasson, Étude sur Gaius, Paris 1867, p. 69 et suiv.; Accarias, Précis de droit romain, éd. 1869, t. I, p. 43 et suiv.

[2] Pothier, Præf. Pandect., 1, 4, 1.

[3] En ce sens Ortolan, op. cit., p. 282.

[4] Puchta, § 116.

en présence de réponses officielles, rendues dans les formes voulues, c'est-à-dire par écrit et fermées par un cachet, les réponses des jurisconsultes non patentés (les *veteres jurisconsulti*, comme on les appelait par opposition aux jurisconsultes favorisés par l'empereur, qu'on nommait *juris auctores* ou *conditores*) n'eurent certes plus la même influence sur le cours de la justice. Mais il y a loin de cela à une suppression complète de la profession de jurisconsulte non patenté, et il est même évident que tous les jurisconsultes commençaient à donner d'abord des réponses non officielles et à faire partie de la classe des non patentés, avant de recevoir de l'empereur le jus respondendi.

Telle est à mes yeux l'interprétation la plus naturelle du texte de Pomponius sur lequel portent les controverses : « Et ut obiter sciamus, ante tempora Augusti publice respondendi jus non a principibus dabatur, sed qui fiduciam studiorum suorum habebant consulentibus respondebant. Neque responsa utique signata dabant, sed plerumque judicibus ipsi scribebant, aut testabantur, qui illos consulebant. Primus Divus Augustus, ut major juris auctoritas haberetur, constituit ut ex auctoritate ejus responderent[1]. »

41. Adrien vint compléter l'organisation du jus respondendi par un rescrit que nous a transmis Gaius[2]. C'est d'après ce texte seulement qu'on peut connaître la réforme introduite par Adrien.

L'autre rescrit de cet empereur, rapporté par Pomponius en ces termes : « Et ex illo tempore peti hoc pro beneficio cœpit ; et ideo optimus princeps Adrianus, quum ab eo viri prætorii peterint ut sibi liceret respondere rescripsit iis : hoc non peti, sed præstari solere ; et ideo si

[1] L. 2, § 47, D. 1, 2, De orig. jur.
[2] Gaius, Institutes, I, 7. Cf. Justinien, Instit., § 8, De jur. nat., I, 2.

quis fiduciam sui haberet, delectari si populo ad respondendum se præpararet, » ce rescrit, bien qu'il ait donné
lieu à de nombreux systèmes et qu'on y ait vu, les uns une
exquise politesse[1], les autres une admonestation sévère[2],
d'autres enfin la suppression du jus respondendi[3], ne me
semble d'aucun secours certain pour la question ; tout ce
qu'on y voit, c'est, comme l'a dit M. Glasson, « une réponse qui a dû être très-habile ; car si elle a été comprise
de ceux à qui elle était destinée, au contraire les jurisconsultes modernes n'ont pas encore pu découvrir la pensée
précise de l'empereur romain. »

Le texte de Gaius, au contraire, est assez explicite :

« Responsa prudentium sunt sententiæ et opiniones eorum quibus permissum est jura condere ; quorum omnium
si in unam sententiam concurrant, id, quod ita sen-
tiunt, legis vicem obtinet ; si vero dissentiunt, judici licet
quam velit sententiam sequi, idque rescripto divi Hadriani
significatur. »

D'après cela nous admettrons qu'Adrien, loin de supprimer le jus respondendi, le rendit, au contraire, plus important, en déclarant obligatoires pour les juges les réponses des jurisconsultes patentés. C'était faire un pas de
plus dans la voie dans laquelle était entré Auguste ;
c'était augmenter l'autorité des jurisconsultes pour diminuer leur influence et leur popularité : car cette autorité,
étant concédée par l'empereur, détruisait en réalité le caractère politique et l'indépendance de ceux qui en étaient
revêtus.

42. Je n'ai pas à étudier ici les conditions d'unaminité
qu'Adrien exigeait pour que les réponses des jurisconsultes
patentés fussent obligatoires pour le juge ; cette étude

[1] Puchta, op. cit., § 116.
[2] Demangeat, op. cit., p. 90.
[3] Bodin, Revue historique, IV, p. 193.

dépasserait les limites du rapide exposé que nous devions faire pour montrer que le *jus respondendi* est chose tout à fait différente de ce qu'on appelait *jus publice respondere*.

De ce tableau, il résulte que cette dernière expression n'est pas du tout équivalente de celle que Pomponius emploie dans le texte précité: « ex autoritate principis respondere. » Publice respondere, c'est-à-dire respondere populo, était chose que chacun avait le droit de faire[1]; Adrien le reconnaît lui-même dans le texte de Pomponius; et ce droit ne lui venait pas de la faveur impériale : « qui fiduciam studiorum suorum habebant, respondebant. » Ce n'est que si un jurisconsulte voulait que ses réponses eussent sur le juge une influence plus considérable qu'une pure influence doctrinale, s'il voulait (avant Adrien) que ses avis eussent majorem juris auctoritatem, s'il voulait (après Adrien) que ses conseils fussent obligatoires pour le juge, ce n'est qu'alors et dans ce but seulement, et non en vue de l'enseignement, qu'il avait besoin d'obtenir de l'empereur le jus respondendi.

Le jus respondendi, en un mot, ne crée pas le droit de répondre publiquement, car ce droit existe sans lui comme autrefois ; il ne fait que lui attacher une importance particulière, une importance en vue de la pratique judiciaire, qui n'a rien à voir du tout avec le côté doctrinal de l'activité des respondentes.

43. Ceci m'amène à signaler une autre confusion qu'il faut éviter. Souvent les textes, pour nous parler de la forme d'enseignement que nous connaissons maintenant sous le nom de jus respondere, disent: de jure publice respondere. Ainsi Aulu-Gelle nous dit: « Labeo Antistius juris quidem disciplinam principali studio exercuit et consulentibus de jure publice responsitavit. » De même Ulpien :

[1] Pothier, Præf. Pand., 1, 4, 1.

« Quâ ætatate aut paulo majore fertur Nerva filius et publice de jure responsitasse. » Croire qu'il s'agissait ici de
responsa par lesquels les prétentions des parties étaient
appuyées en justice, et entendre ce publice respondere .
comme étant le fait d'un jurisconsulte de se rendre devant le juge pour y exprimer un avis verbal, ne me paraît
pas exact. Car on sait que l'expression technique pour désigner qu'on est devant la justice était in foro ou in jure
sisti. Pourquoi dès lors les auteurs qui nous parlent
des respondentes auraient-ils employé une expression
aussi vague que « publice » pour désigner une chose pour
laquelle il existait une expression dont le sens est clair et
déterminé? Encore une fois, la signification du mot publice
n'est autre que celle que lui donnait Aulu-Gelle dans le
texte sur les stationes que nous avons commenté plus haut.

Ce n'est pas à dire que ceux qui enseignaient le droit ne
pussent pas être en même temps des jurisconsultes praticiens. L'opposition entre la théorie et la pratique, entre
la science et l'explication du droit d'une part, et d'autre
part son application aux cas particuliers de formes si multiples, cette opposition était ignorée des Romains [1]. Les
juris docentes, ceux qui étaient réellement des professeurs
de droit, étaient le plus souvent à Rome en même temps
des praticiens. Nous avons vu déjà qu'il est assez probable
que les mêmes hommes étaient à la fois docentes et respondentes. De même, un grand nombre de jurisconsultes
qui, comme nous le verrons plus loin, sont connus comme
professeurs de droit s'occupèrent de la pratique des affaires, par l'exercice du jus respondendi, qu'ils avaient certainement dû avoir, puisque des fragments de leurs ouvrages ont été compris dans la compilation du Digeste;
car Justinien, dans la Constitution Deo auctore et dans la

[1] Puchta, op. cit., § 96.

Constitution Tanta, avait formellement recommandé à ses commissaires de n'emprunter les matériaux des Pandectes qu'aux « libri antiquorum prudentium, quibus auctoritatem conscribendarum, interpretandarumque legum Sacratissimi principes præbuerunt[1]. » Parmi eux furent, par exemple, Cervidius Scævola, Paul, Ulpien, Tryphoninus ; des auteurs y ont même ajouté Gaius, mais cette opinion est vivement combattue et, ce me semble, avec raison[2].

CHAPITRE VII.

LES HONORAIRES DES PROFESSEURS.

45. La participation des professeurs à la pratique des affaires n'empêche pas que l'enseignement ne fût la branche principale de leur activité. Et c'est précisément cela qui distingue l'enseignement du droit sous les empereurs de ce qu'il avait été dans les temps anciens. Aussi voit-on que maintenant il contribuait à faire vivre ceux qui s'y adonnaient.

Les maîtres furent payés, ce qui certainement n'avait jamais eu lieu autrefois. Mais ces honoraires, ils les reçurent des élèves et non de l'État[3]. Pomponius le dit déjà de Massurius Sabinus : « Huic nec amplæ facultates fuerunt, sed plurimum a suis auditoribus sustentatus est[4]. » Naturellement ces honoraires variaient d'un élève à l'autre ; rien n'était encore fixe ; ce qu'on pourra trouver plus tard, à l'époque de Théodose II ou de Justinien, un traitement

---

[1] C. 1, § 2, et C. 2, § 20, Cod. 1, 17, De vet. jur. enuc.

[2] Notamment par Glasson, op. cit., p. 104; Bremer, op. cit., p. 66. V. infra., chap. IX, 3º.

[3] Giraud, op. cit., p. 300.

[4] L. 2, § 47, D. 1, 2, De orig. jur.

véritable, était chose inconnue à l'époque classique, époque à laquelle toute organisation des Écoles était encore absente. On a cependant voulu prétendre qu'à l'époque classique déjà les professeurs touchaient un traitement de l'État. Cette opinion se fonde sur un argument d'analogie. On sait, en effet, que depuis Vespasien les rhéteurs qui instruisaient la jeunesse dans l'art de la dialectique, et plus tard même des philosophes célèbres, reçurent des appointements sur les fonds publics; ainsi Vespasien « primus e fisco Latinis et Græcis rhetoribus annua centena constituit[1] »; Antonin-le-Pieux étendit cette disposition « rhetoribus et philosophis per omnes provincias et honores et salaria detulit[2]; » Alexandre Sévère accorda aussi des salaires aux médecins et aux aruspices[3]. De ces faits on a conclu par analogie que les professeurs de droit touchaient également un traitement de l'État. Mais je crois que l'opinion opposée, fondée sur un argument a contrario, est préférable. En effet, comme l'a dit un auteur, ce ne peut pas être par un pur hasard qu'aucun des textes qui parlent de traitements ne mentionne les professeurs de droit[4]. Par suite, il faut reconnaître que ces derniers n'en touchaient aucun. C'étaient les élèves seuls qui rétribuaient leurs maîtres, et cela sans que le maître le demandât ou déterminât le montant des honoraires. Est enim res sanctissima civilis sapientia, quæ pretio numario non est æstimanda[5].

46. D'autre part, comme nous l'avons vu ci-dessus, l'enseignement du droit était considéré comme une chose si respectable qu'on refusait à ceux qui s'y vouaient, alors

[1] Suétone, Vespasien, 18.
[2] Capitolin, Antonin-le-Pieux, 11.
[3] Lampride, Alex. Sév., 44.
[4] Dernburg, op. cit., p. 7.
[5] L. 1, § 5, D. 50, 13, De extr. cogn.

même qu'ils avaient fait auprès du magistrat compétent la
professio solennelle dont il a été parlé plus haut, le droit,
qui était reconnu aux autres professores artium liberalium, de poursuivre en justice le paiement de leurs honoraires :

« Ne juris quidem civilis professoribus jus dicent præsides provinciæ, dit Ulpien ; est enim res sanctissima civilis sapientia quæ non sit dehonestanda dum in judicio
honor petitur, qui in ingressu sacramenti efferri debuit ;
quædam enim, tametsi honeste accipiantur, inhoneste
tamen petuntur [1]. »

Ce texte, qu'on a prétendu être corrompu en partie,
montre encore, selon ce qui est généralement admis, que
les honoraires étaient payés aux professeurs au moment
où l'élève commençait à suivre son enseignement. C'est
du moins là l'explication qui paraît la plus probable de
quelques mots du texte, qui ont singulièrement embarrassé
les anciens commentateurs. *« Qui in ingressu sacramenti
efferri debuit honor.»* Ainsi, à la fin du XVIe siècle, Scipion
Gentilis les explique de la façon suivante : « putem jura-
mentum intelligi, quod professoribus juris initio offerri,
antequam inciperent profiteri, a principe vel magistratu
solebat [2]. » D'autres l'entendaient d'un serment prêté par les
élèves à leur entrée à l'école : « Sub ingressu juris disciplinæ sacramentum de bonis moribus colendis et de dili-
gentia in progressu studii adhibenda. »

De nos jours, la plupart des auteurs se bornent à citer
le texte sans l'expliquer ; Hugo et Ortolan disent tout
court que les honoraires se payaient au commencement
des études, et ils citent en note le texte sans s'arrêter au
sacramentun en question [3]. Mais récemment la même in-

---

[1] V. note précédente.

[2] Parerga, 1, 9.

[3] Hugo, op. cit., p. 755; Ortolan, op. cit., p. 464. De même Giraud,
op. cit., p. 299.

terprétation a été reprise et développée cette fois sur les bases d'une correction à opérer au texte. « Je crois, dit l'auteur de cette interprétation[1], que *sacramenti* est une version corrompue, et qu'il faut lire *sacrarii*. » «Sacrarium, nous dit Ulpien dans un autre fragment[2], sacrarium est locus in quo sacra reponuntur, quod etiam in ædificio privato esse potest.» L'observation d'Ulpien signifie donc que la science du droit, la civilis sapientia, a pour ainsi dire sa demeure dans l'auditorium, et qu'une chose sainte comme elle, sanctissima res, ne pouvait pas être achetée, mais que l'on devait, à l'entrée dans le sacrarium, déposer une offrande volontaire. La leçon proposée a d'autant plus de vraisemblance qu'en réalité dans beaucoup de temples il était d'usage que les visiteurs déposassent une offrande au moment de leur entrée. »

On pourrait présenter une autre interprétation des mots *in ingressu sacramenti*, concordant parfaitement avec la prohibition des voies judiciaires qu'Ulpien relate. Le sacramentum serait ici, dans la procédure de la cognitio extraordinaria, un vestige de l'ancienne legis actio sacramenti, qui se serait conservée ici comme elle avait subsisté également devant le tribunal des centumvirs. Cette supposition ne repose, je l'avoue, sur aucun texte, mais elle est peut-être autorisée par l'obscurité même qui règne sur la procédure des cognitiones extraordinariæ, et par la clarté qu'elle donne au texte d'Ulpien, qui s'interprète alors tout naturellement ainsi : « Les gouverneurs de province ne doivent pas connaître des demandes des professeurs de droit. La science juridique est, en effet, chose trop sainte pour pouvoir être estimée à prix d'argent, et serait déshonorée par une demande en justice, demande

<hr>

[1] Bremer, op. cit., p. 6.
[2] L. 9, § 2, D. 1, 8, De divis. rer.

qui, si elle était possible, devrait être précédée du dépôt à titre de *sacramentum* de l'honoraire demandé, dépôt effectué au commencement du procès (à cette phase de la procédure qui porte le nom même du dépôt, sacramentum) ; car il est des choses qu'il est parfaitement convenable d'accepter, mais qu'il serait déshonorant de réclamer. »

47. Cette prohibition de l'action judiciaire ne devait évidemment pas toujours plaire aux professeurs.

Car, s'il arrivait habituellement, comme nous l'avons constaté plus haut, que ceux qui enseignaient le droit étaient en même temps des praticiens, il arriva cependant que des jurisconsultes se vouèrent uniquement à l'enseignement et vécurent exclusivement de lui. Il en fut ainsi de Massurius Sabinus, comme on l'a dit déjà, et de Gaius, comme on le verra plus loin. De même, Labéon «juris civilis disciplinam principali studio exercuit[1]; plurimum studiis operam dedit et totum annum ita diviserat ut Romæ sex mensibus cum studiosis esset, sex mensibus secederet et conscribendis libris operam daret[2]. »

A l'occasion de ce texte, Hugo a élevé des doutes sur l'enseignement théorique donné par Labéon. « Probablement, dit-il, Labéon n'a pas autrement enseigné que comme cela se faisait autrefois, c'est-à-dire par l'assistance des élèves aux consultations du maître sur des affaires réelles[3]. » Mais il ne me semble pas probable que, si Pomponius n'avait eu en vue qu'un pareil enseignement accessoire, il eût employé les expressions « ut cum studiosis esset» ; car, on le sait, lorsqu'un jurisconsulte donnait ses réponses à un consultant, l'enseignement qu'indirectement les auditeurs retiraient de ces réponses n'était qu'une chose secondaire, et n'était certes pas le

---

[1] Aulu-Gelle, 13, 10.

[2] L. 2, § 27, D. 1, 2, De orig. jur.

[3] Hugo, p. 756, note 1. Dans le même sens, Giraud, p. 208.

but de la réponse elle-même. Ce qui prouve d'ailleurs encore que Labéon donnait à ses élèves un véritable enseignement théorique du droit, c'est qu'il était le chef de l'une des deux grandes Écoles juridiques, celle des Proculiens, et que précisément c'était l'enseignement qui était le but principal de son activité, auquel il consacrait toute son existence, d'une part par la composition de livres de droit, de l'autre par le commerce direct avec les studiosi.

CHAPITRE VIII.

LES ÉTUDIANTS.

1° *Studiosi*.

48. Studiosi, tel est, maintenant qu'il y a un véritable enseignement du droit, le nom des étudiants; le nom d'auditores leur est bien encore donné quelquefois comme au temps de la République, mais rarement : le nom habituel est *studiosi*. Sur leur rôle dans les stationes docentium nous ne savons rien. Étaient-ils nombreux autour du même maître ? Comment les études se faisaient-elles ? Exigeait-on un certain âge, de certaines connaissances au moment de l'entrée dans les écoles ? Quelle était la durée des études ? Les élèves avaient-ils à écrire, à parler pendant les heures de cours, ou bien se bornaient-ils à écouter les leçons du *Docens?* Y avait-il déjà des récitations comme plus tard à l'époque de Justinien ? Sur tous ces points, et sur d'autres encore, nos sources sont à peu près muettes.

59. Une chose que l'on sait pourtant, c'est que les étudiants, au moins depuis les Antonins, participaient aux immunités dont jouissaient les professeurs ; et il en était ainsi non-seulement de ceux qui habitaient Rome, mais

encore de ceux qui, originaires d'Italie ou des provinces, étaient seulement venus à Rome pour leurs études. Les mêmes priviléges existaient pour les étudiants des écoles des provinces. Ils étaient tous dispensés d'accepter des tutelles, des curatelles ou des charges publiques.

« Proinde qui studiorum causâ Romæ sunt, præcipue civilium, debent excusari, quia tantum temporis causâ Romæ agunt, studii cura distracti. Et ita cum divo patre suo imperator Antoninus Aug. Cereali a censibus et aliis rescripsit[1]. »

Nous avons de plus, au sujet de ces immunités, une Constitution de Dioclétien et Maximien, qui s'occupe des étudiants de la ville de Béryte, qui, comme on le verra plus loin, avait une école de droit florissante.

« Quum vos affirmetis liberalibus studiis operam dare, maxime circa juris professionem, consistendo in civitate Berytiorum provinciæ Phœnices, providendum utilitati publicæ et spei vestræ decernimus, ut singuli usque ad vicesimum quintum annum ætatis suæ studiis non avocentur[2]. »

Ainsi, pour les étudiants de Béryte, la dispense n'était pas absolue : l'empereur ne l'accordait qu'à ceux qui étaient âgés de moins de vingt-cinq ans. Il n'aimait pas, paraît-il, les étudiants de profession.

Pour jouir des immunités, les étudiants comme les professeurs devaient se déclarer auprès de l'autorité compétente, qui, d'après certains auteurs, se trouvait être un employé du *præfectus urbis ;* d'après d'autres, le *praetor tutelaris*[3]. Cette déclaration s'appelait aussi *professio :* de sorte que Spartien a pu dire que Papinien « cum Severo sub Scævola professum esse[4]. »

---

[1] Vaticana Fragmenta, § 204.
[2] C. 1, Cod. 10, 49, Qui. æt. se excus.
[3] Bremer, op. cit., p. 16.
[4] Spartien, Caracalla, 8.

50. En ce qui concerne les studiosi, nous pouvons encore ajouter qu'ils ne se bornaient pas à suivre les leçons des docentes. La lecture et l'étude des ouvrages de droit, qui avaient la plupart l'édit prétorien pour objet, devint pour eux un mode d'instruction juridique, qui prit toujours plus d'importance à mesure que la littérature du droit se développait. Une grande partie de ce qui autrefois ne pouvait être connu que par l'enseigement oral, le juris studiosus le trouvait dans les livres de son maître, par lesquels il devait commencer pour passer ensuite aux autres œuvres juridiques. Au temps de l'existence des deux grandes écoles des Proculiens et des Sabiniens, à l'étude des livres de son professeur immédiat, le studiosus joignait encore celle des œuvres des précédents chefs de l'École ; de sorte qu'il pouvait les appeler tous avec raison ses præceptores, comme le fait si souvent Gaius à l'endroit des Sabiniens [1].

Les studiosi, de plus, s'initiaient aussi à la pratique des affaires en fréquentant les stationes jus publice respondentium, en prenant part aux disputationes qui y avaient lieu, et en observant les réponses données par les jurisconsultes. De plus, les élèves de docentes qui étaient eux-mêmes praticiens prenaient une certaine part aux affaires soumises à leurs maîtres, en ce sens que ceux-ci se déchargeaient sur eux de la partie mécanique de leurs opérations, en leur confiant la rédaction des actes, des formules, des réponses écrites [2].

Enfin, les studiosi complétaient leur instruction juridique, lorsqu'ils se proposaient d'arriver plus tard aux hautes fonctions de l'État, en assistant de leurs connaissances scientifiques, en qualité d'assessores ou consiliarii, les magistrats ou les juges.

[1] V. supra, chap. I, p. 23, note 2.
[2] Puchta, op. cit., § 96.

2º *Assessores.*

51. Pour comprendre l'importance qu'avait cette espèce de stage judiciaire, il faut remarquer que, si l'étude scientifique du droit n'était pas une condition légalement fixée pour l'obtention des magistratures, pas même pour la préture[1], cependant, en fait, ces fonctions furent exercées par la plupart des grands jurisconsultes dont les noms nous sont parvenus[2]. Ainsi, déjà du temps de la République, Sextus Ælius Catus, M. Porcius Cato, P. Cornelius Scipio Nasica, Q. Mucius Scævola, P. Rutilius Rufus, Aquilius Gallus, Servius Sulpicius Rufus, Alfenus Varus, et autres, avaient été, les uns préteurs, les autres consuls, quelques-uns préteur et consul. De même, dans la période que nous étudions en ce moment, pendant les premiers siècles de l'Empire, nous rencontrons les jurisconsultes célèbres dans les plus hautes dignités. Labéon fut préteur sous Auguste et aurait été consul s'il l'avait voulu[3]. Capiton, Nerva, Sabinus, Pegasus, Celsus, Priscus, Julien exercèrent aussi l'une ou l'autre de ces fonctions. D'autres, comme Papinien, Ulpien, Paul, furent même préfets du prétoire, ou gouverneurs de provinces comme Cassius Longinus en Syrie, Javolenus Priscus en Afrique, Volusius Mæcianus en Égypte, etc. « Rome était une cité de jurisconsultes, a dit avec raison M. Giraud ; il ne fallait rien moins que des provinces et des royaumes pour payer leurs honoraires[4]. » Ajoutons, quoique ce fait appartienne à une époque postérieure à la période de l'histoire de l'enseignement du droit que nous étudions maintenant, que sous les empe-

[1] Giraud, op. cit., p. 179.
[2] Pothier, Præf. Pandect. Notices biographiques.
[3] L. 2, § 47, D. 1, 2, De orig. jur.
[4] Giraud, op. cit., p. 165.

reurs chétiens la condition d'avoir fait des études de droit dans les écoles gouvernementales fut imposée pour l'obtention des charges de l'État.

C'est pour se préparer à ces hautes fonctions que les juris studiosi, au sortir des écoles, se consacraient à de nouvelles études, des études qu'on pourrait presque appeler professionnelles, en fonctionnant comme conseils des magistrats eux-mêmes. Ils recevaient alors le nom d'*assessores*, à côté duquel ils portaient cependant encore celui de studiosi, comme le montre ce texte de Paul : « officium assessoris quo juris studiosi partibus suis funguntur [1].» C'est ainsi qu'Ulpien fut assesseur d'un préteur[2], puis figura dans le consilium du préfet du prétoire Papinien, en même temps que Paul[3], avant de devenir lui-même præfectus annonæ et præfectus prætorio[4].

52. L'institution des *consilia* avait pris un grand développement sous l'Empire. Déjà au temps de la libre Répupublique les magistrats, les préteurs, les juges eux-mêmes pouvaient se faire assister, dans l'exercice de leurs fonctions respectives, par des jurisconsultes auxquels ils étaient libres d'en référer pour avoir leurs avis. Lorsque les empereurs eurent concentré en leurs propres mains toutes les magistratures, ils s'entourèrent également de consilia. Ainsi Suétone nous raconte qu'Auguste « sibi instituit consilia sortiri semestria, cum quibus de negotiis ad frequentem senatum referendis tractaret [5]. » Ses successeurs eurent tous des consilia [6]. Adrien s'entourait de nombreux jurisconsultes, comme on l'a vu plus haut[7]. A l'exemple

---

[1] L. 1, D. 1, 22, De off. ass.
[2] L. 9, § 3, D. 4, 2, De eo quod met. caus.
[3] Spartien, Niger, 7.
[4] Ortolan, op. cit., p. 288.
[5] Suétone, Auguste, 35.
[6] Suétone, Tibère, 55.
[7] V. suprà, chap. IV, 1º, p. 50, texte et note 3.

des empereurs, les magistrats eurent leurs conseils, d'abord facultatifs, puis obligatoires. Au commencement du IIIe siècle, chaque magistrat ayant pouvoir judiciaire devait avoir autour de lui un ou plusieurs assesseurs : ainsi, des préteurs, des consuls, des gouverneurs de provinces, des préfets du prétoire, et même des judices ordinarii[1].

Les assesseurs touchaient un traitement de l'État, comme les employés subalternes[2], bien qu'ils fussent choisis par les magistrats. Car c'était à ces derniers eux-mêmes que les juris studiosi s'adressaient pour faire partie de leurs consilia[3]. Il y avait même, paraît-il, à Rome des agences qui mettaient les magistrats en rapport avec les jeunes jurisconsultes cherchant une position comme assesseurs. C'est du moins ce que semble dire Ulpien: «Facilius quod Græci ἑρμηνευτιχον (interpretativum s. interpretis honorarium) appellant, peti apud eos poterit, si quis forte conditionis, vel amicitiæ, vel assessuræ, vel cujus alterius hujusce modi proxeneta fuit; sunt enim hujus modi hominum, ut in tam magna civitate, officinæ[4].»

53. Les fonctions des assesseurs étaient ainsi déterminées par Paul dans un livre s'occupant spécialement de ceux-ci : *liber singularis de officio assessorum* :

«Omne officium assessoris quo juris studiosi partibus suis funguntur, in his fere causis constat: in cognitionibus, postulationibus, libellis, edictis, decretis, epistolis[5].»

Ainsi sa tâche consistait à assister le magistrat dans ses audiences, pour la conceptio formularum et la rédaction des actes qui devaient émaner de lui, tels que libelli,

---

[1] Rudorff, op. cit., t. II, § 12, p. 49; Accarias, op. cit., p. 43.
[2] C. 2, § 19, Cod. 1, 27, De off. præf. præt. Afric.
[3] Bremer, op. cit., p. 37.
[4] L. 3, D. 50, 14, De proxen.
[5] L. 1, D. 1, 22, De off. ass.

edicta, epistolæ, et à lui donner des avis d'après lesquels le magistrat rendait sa décision.

L'assesseur était responsable de ses erreurs de droit s'il en commettait. « Dolus debet jus dicentis puniri ; nam si assessoris imprudentia jus aliter dictum sit quam oportuit, non debet hoc magistratui officere, sed ipsi assessori[1]. » Cette responsabilité, il est vrai, ne devait pas s'apprécier bien sévèrement : il est, en effet, probable que l'assesseur partageait la condition favorable faite au juge lui-même, dont les manquements étaient punis ex æquo et bono, comme nous l'apprend Gaius : « Si judex litem suam fecerit, non propriè ex maleficio obligatus videtur ; sed quia neque ex contractu obligatus est, et utique peccasse aliquid intelligitur, licet per imprudentiam, ideo videtur quasi ex maleficio teneri in factum actione, et in quantum de ea re æquum religioni judicantis visum fuerit, pœnam sustinebit[2]. »

Néanmoins cette responsabilité a dû paraître menaçante aux assesseurs. Car on les vit souvent, dans des cas embarrassants, recourir aux lumières de leurs anciens maîtres ou d'autres jurisconsultes en renom, et leur demander leur avis. On trouve notamment une lettre de Nesennius Apollinaris à Paul, dans laquelle, après avoir exposé le sujet du procès, il lui demande « quid ei justum videatur[3]. » De même, « Africanus libro XX Epistolarum apud Julianum quærit putatque, sumtum præstandum[4]. » De même encore, on voit par ses libri Epistolarum, recueil de lettres écrites en qualité d'assesseur[5], que Proculus demandait souvent conseil à son grand-père ; voici notam-

---

[1] L. 2, D. 2, 2, Quod quisq. juris.
[2] L. 6, D. 50, 13, Dè extr. cogn.
[3] L. 34, D. 3, 5, De neg. gest.
[4] L. 39, D. 30, De leg. et fid. (1)
[5] Bremer, op. cit., p. 41.

ment un extrait d'une de ces lettres et de la réponse : « Ne-
pos Proculo suo salutem. Ab eo qui ita dotem promisit :
« quum commodum erit dotis filiæ meæ tibi erunt aurei
centum », putasne, protinus nuptiis factis dotem peti posse ?
Proculus : quum dotem quis ita promisit, existimo...[1] »

C'est pour faciliter la tâche des assesseurs, en leur donnant des modèles pour les actes divers qu'ils avaient à rédiger, que Paul, auteur, on l'a déjà dit, d'un traité sur les
fonctions des assesseurs en général, écrivit aussi des traités spéciaux sur chacune d'elles ; ainsi : liber singularis
de conceptione formularum, liber singularis libellorum [2],
liber singularis de cognitionibus, enfin libri ter decretorum[3].
Callistrate, au temps de Caracalla, écrivit aussi de Cognitionibus libri VI, ouvrage souvent cité au Digeste[4]. Enfin, les
ouvrages les plus nombreux de ce genre étaient les libri
Epistolarum : on en connaît en effet de Labéon, de Proculus,
de Celsus, de Javolenus, de Neratius Priscus, de Pomponius et d'Africain [5]. Nous n'entrerons pas dans plus de détails à ce sujet : un plus long examen serait étranger au
point de vue sous lequel nous avons dû parler des assessores, c'est-à-dire au point de vue de l'instruction juridique
dont les fonctions d'assesseur étaient un complément.

54. Aussi, pour terminer cette matière, ne ferons-nous
plus qu'une seule observation, à savoir que les fonctions
des assessores n'absorbaient pas nécessairement toute leur
activité. Car il était recommandé aux magistrats de ne pas
trop se décharger sur eux du soin de leurs fonctions, « præsides, non per assessores, sed per se subscribant libellis » ;
et une peine sévère frappait les contrevenants, « quodsi

---

[1] L. 125, D. 50, 16, De verb. signif.
[2] L. 20, D. 44, 1, De excep. præscr.; L. 11, D. 50, 7, De leg.
[3] Rudorff, op. cit., t. II, § 59, Rem.; et t. I, § 75.
[4] Notamment l. 5, D. 50, 18, D. extr. cogn.
[5] Bremer, loc. cit.

quis assessori subscriptionem inconsultis nobis permise-
rit, mox assessor qui subscripsit exilio puniatur. Præsidis
vero nomen ad nos referri jubemus, ut in eum severius
vindicetur [1].» Aussi vit-on les assesseurs cumuler ces
fonctions avec la profession d'avocat.

Naturellement, un juris studiosus ne pouvait pas se
charger comme avocat d'une affaire destinée à paraître
devant la juridiction du magistrat dont il était l'assesseur.
C'est ce que Paul nous fait remarquer: «Consiliario, eo
tempore quo assidet, negotia tractare in suum quidem
auditorium nullo modo concessum est, in alienum autem
non prohibetur [2].»

Ce cumul des deux occupations dura pendant fort longtemps, comme le montre un rescrit de l'empereur Léon à
Vivien, préfet du prétoire en 460: « Nemini licere sancimus,
aliquem sub assidendi colore statutis centum quinquaginta
advocatis, quos sibi eminentissima præfectura in consilium
assumserit aggregare [3].» Enfin, Justinien vint défendre
d'une façon absolue aux assesseurs d'être avocats pendant
la durée de leurs fonctions d'assesseurs. «Nemo, dit-il,
audeat in uno eodemque tempore tam advocatione uti,
quam consiliarii cujuscumque magistratus curam arri-
pere; post consiliarii sollicitudinem depositam, liceat ei
ad munus advocationis reverti...[4]»

CHAPITRE IX.

LES PROFESSEURS CONNUS.

55. Il nous reste, pour terminer l'étude de la période de
l'histoire de l'enseignement du droit chez les Romains,

[1] C. 2, Cod. 1, 51, De ass. et dom.
[2] L. 5, D. 1, 22, De off. ass.
[3] L. 11, pr. Cod. 2, 7, De adv. div.
[4] C. 14, pr. Cod. 1, 51, De ass. et dom.

dont nous nous occupons en ce moment, à parler des jurisconsultes dont les noms ont été rendus célèbres par la part qu'ils ont prise à cet enseignement, ce qui nous amènera à étudier les deux fameuses écoles des Proculiens et des Sabiniens, et à dire quelques mots des écoles des provinces. Nous arriverons ainsi à constater que c'est à juste titre que M. Giraud a pu dire que presque tous les jurisconsultes célèbres ont passé par le professorat[1].

Et d'abord, voyons quels sont les jurisconsultes qui nous sont individuellement connus comme ayant enseigné le droit.

1° *Labéon, Sabinus, Cassius.*

56. Nous avons déjà parlé d'Antistius Labeo *qui juris disciplinam principali studio exercuit*[2]. Le caractère particulier de son activité, on le voit encore par Pomponius, qui dit de lui : « plurium studiis operam dedit[3] », consistait précisément en ce que, à la différence des jurisconsultes qui le précédèrent, son propre maître Trebatius par exemple, qui étaient surtout des praticiens et ne s'occupaient qu'accessoirement d'*instituere discipulos*, lui, au contraire, fit de l'enseignement son but principal. Il professait pendant six mois, et pendant les six autres mois de l'année il écrivait sur le droit; à ce que dit Pomponius, le nombre de ses ouvrages fut considérable, « quadringenta volumina. » Ce chiffre a paru tellement énorme que beaucoup d'auteurs, à l'exemple de Cujas, lisent quadraginta au lieu de quadringenta[4] ; mais, M. Accarias l'a fait observer avec raison, le chiffre de quatre cents même n'a rien

---

[1] Giraud, op. cit., p. 300.
[2] Aulu-Gelle, 13, 10.
[3] L. 2, § 47, D. 1, 2, De orig. jur.
[4] Giraud, op. cit., p. 305.

d'absolument étonnant pour qui songe que *volumen* désignait seulement un rouleau de parchemin et que les livres de droit des Romains paraissent avoir été beaucoup plus brefs que les nôtres[1]. Les plus connus des livres de Labéon sont les libri Posteriorum, les libri Probabilium, les Commentarii ad legem XII tabularum, les libri epistolarum, les libri responsorum, et les Commentarii de jure pontificio[2]. La plupart de ces ouvrages étaient encore entre les mains de tous les jurisconsultes au temps de Pomponius et d'Adrien : aussi nous sont-ils connus surtout par les citations qu'en font les auteurs de cette époque. Toutefois, deux livres de Labéon sont directement cités au Digeste : les libri ad edictum prætoris urbani, et les libri ad edictum prætoris peregrini[3].

Quant aux détails qui nous sont parvenus sur la vie, le caractère et les doctrines de Labéon, nous en parlerons plus bas lorsque nous nous occuperons des deux grandes Écoles de droit et que nous aurons à établir un parallèle entre leurs deux chefs. Pour le moment, nous revenons aux jurisconsultes qui, abstraction faite de leur qualité de membres de l'une ou de l'autre école, nous sont individuellement connus comme professeurs de droit ; et à ce titre nous citerons immédiatement après Labéon, Massurius Sabinus.

57. Sabinus vécut sous Tibère et Néron, et fut à cette époque à la tête de l'école de Capiton, à laquelle il donna son nom. Quoique disciple de ce dernier, il osa, sous l'influence des idées nouvelles que Labéon avait propagées, abandonner en certains cas l'opinion de son maître ; en sorte que, au dire de Pomponius, il augmenta encore le nombre des controverses débattues entre les deux Éco-

---

[1] Accarias, op. cit., p. 42, note 2.
[2] Rudorff, op. cit., t. I, § 70.
[3] L. 19, D. 50, 16, De verb. sign.; L. 9, § 4, D 4, 3, De dolo. malo.

les[1]. Sabinus est l'exemple d'un jurisconsulte qui par la seule puissance de la science et sans aucun autre secours obtint la plus grande considération. En effet, quoique sans fortune et vivant exclusivement de l'enseignement, il fut reçu dans l'ordre des chevaliers, et obtint de Tibère le jus respondendi. Il paraîtrait même qu'il fut le premier jurisconsulte à qui ce droit fut accordé, bien qu'Auguste déjà l'eût créé en principe[2].

On connaît quelques ouvrages de Sabinus : des Commentarii de indigenis[3], des libri responsorum[4], des libri ad edictum prætoris urbani[5], etc. Son œuvre principale, Libri tres juris civilis, servit, jusque dans les derniers temps de l'époque classique, de manuel aux élèves et de guide aux écrivains des deux écoles ; il fut même commenté par eux, ce qui est la preuve de sa grande célébrité : on connaît notamment des libri ad Sabinum de Pomponius, de Paul et d'Ulpien[6].

58. Caius ou Gäius[7] Cassius Longinus, consul sous Tibère, exilé par Néron, rappelé par Vespasien et mort sous son règne, était élève de Sabinus[8] et fut après lui à la tête de l'école des Sabiniens. Pline-le-Jeune l'appelait « Cassianæ scholæ princeps et parens[9], » et Tacite disait dans ses Annales que « præminebat ceteros peritia legum[10]. »

---

[1] L. 2, § 47, D. 1, 2, De orig. jur.

[2] Pothier, Præf. Pand., 1, 3, 29.

[3] Aulu-Gelle, 4, 9.

[4] L. 4, pr. D. 14, 2, Ad leg. Rhod.

[5] L. 18, D. 38, 1, De oper. lib.

[6] Rudorff, op. cit., § 66.

[7] Schweppe, op. cit., § 90. Le nom s'écrivait des deux façons. « Quæ scribuntur aliter quam enuntiantur. Nam et Gaius C littera notatur ; nec Gneius eam litteram in prænominis nota accipit, qua sonat. » Quintilien, Instit. Orat., 1, 7, 28.

[8] L. 19, § 2, D. 4, 8, De recep. qui arbit.

[9] Pline, Epist., 7, 24.

[10] Tacite, Annales, 12, 12.

Il écrivit des Libri ou commentarii de jure civili cités au Digeste par Ulpien et Javolenus[1], et enseigna le droit dans les stationes. On connaît comme ses élèves un commentateur de son ouvrage de droit civil[2], et Pomponius, qui l'appelle « Gaius noster[3]. »

Nous voyons, en effet, dans les textes l'expression *noster* donnée par un élève à son maître, tout comme elle était employée par les sujets pour désigner l'empereur ou par les esclaves pour nommer leurs maîtres[4]. Mais cette expression n'était employée qu'à l'égard d'une personne vivante : ainsi notamment l'empereur mort n'était plus appelé noster, mais divus. C'est ce qui explique pourquoi Paul, élève de Scævola, le cite dans certains écrits par les mots Scævola noster[5], et dans d'autres par le nom Scævola seul ; et « cette interprétation, ajoute l'auteur qui l'a imaginée, est confirmée par ce fait qu'en réalité il est prouvé que beaucoup de ses écrits de la première espèce comptent parmi les premiers ouvrages de Paul, tandis que les Responsa, dans lesquels Scævola n'est cité que par son nom, sont à ranger parmi les derniers en date[6]. » Outre Scævola, nous trouvons dans nos sources d'autres maîtres qualifiés noster par leurs élèves, notamment : Salvius Julianus par Mæcianus et par Terentius Clemens[7], Vindius Verus par Mæcianus[8], Scævola par Tryphoninus[9] ; Gaius Cassius Longinus par Pomponius[10].

---

[1] L. 7, § 3, D. 7, 1, De usuf.; L. 78, D. 46, 3, De solut.

[2] L. 7, § 3, D. 7, 1, De usuf.

[3] L. 39, D. 45, 3, De stip. serv.

[4] Pothier, Præf. Pand., 2, 1, 68.

[5] L. 27, § 2, D. 2, 14, De pactis.

[6] Fitting, Alter der Schriften der römischen Juristen, Basel 1860, p. 2 et p. 25, note 47.

[7] V. infra 2º, nº 60.

[8] L. 32, § 4, D. 35, 2, Ad leg. Falc.

[9] L. 12, § 1, D. 20, 5, De distr. pign.

[10] V. note 3, supra.

On a soutenu, il est vrai, que le Gaius dont parle Pomponius n'est pas Gaius Cassius, mais Gaius l'auteur des Institutes, sous prétexte que le mot noster exprime exclusivement l'idée de cœtaneus, contemporain [1]. Mais l'opinion contraire est préférable, attendu qu'à l'époque à laquelle Pomponius a écrit son Enchiridion duquel est extrait le texte du Digeste où on lit le Gaius noster, époque qui se place sous le règne d'Adrien à la fin de la carrière de Pomponius, Gaius débutait à peine dans la science du droit, et cela, comme on le verra plus loin, dans un lieu bien éloigné de Rome ; « or il est impossible, ainsi que l'a dit M. Glasson, que Pomponius, très-vieux à l'époque où Gaius écrivait ses Institutes, s'il n'était pas déjà mort, ait donné à un débutant le nom respectable de noster. » On peut donc affirmer que la citation de Pomponius se rapporte, non à Gaius, l'auteur des Institutes, mais à Gaius Cassius Longinus [2].

2° *Javolenus, Julien, Pomponius, Mœcianus, Scævola.*

59. Javolenus Priscus enseigna le droit sous Vespasien et jusqu'à Antonin-le-Pieux. Il fut le maître d'Aburnius Valens et de Salvius Julianus, qui nous le dit lui-même : « ego cum meminissem Javolenum præceptorem meum et in Africa et in Syria servos suos manumisisse [3]. » Nous avons vu déjà plus haut qu'il dut aussi répondre dans les stationes jus publice respondentium. C'est ce que de plus Pline-le-Jeune nous atteste aussi, en racontant une distraction échappée à ce jurisconsulte, au sujet de laquelle il ajoute: « Interest tamen Priscus officiis, adhibetur consiliis atque

---

[1] Schweppe, op. cit., § 90; Dernburg, op. cit., p. 103.

[2] Glasson, op. cit., p. 26; Ortolan, op. cit., p. 314, note 3; Bremer, op. cit., p. 33.

[3] L. 5, D. 40, 2, De man. vind.

etiam jus civile publice respondet [1].» Javolenus écrivit
aussi plusieurs livres, notamment des libri Epistolarum qui
sont cités au Digeste.

60. Nous arrivons ensuite à Salvius Julianus, l'élève de
Javolenus, le grand-père de l'empereur Didius Julianus,
qui jouit comme jurisconsulte d'une autorité tout exceptionnelle auprès de ses contemporains. Aussi fut-il préteur,
consul, præfectus urbi, membre du conseil de Marc-Aurèle et de Verus qui l'appellent « amicus noster [2], » puis
d'Adrien, et fut-il chargé par ce dernier de la rédaction de
l'édit prétorien, qui devint alors l'Édit perpétuel. Il écrivit un grand nombre d'ouvrages dans lesquels les rédacteurs du Digeste ont abondamment puisé : Digestorum libri
XC, libri ad Minucium Natalem, libri ad Urseium Ferocem,
liber singularis de ambiguitate, etc. Salvius fut également
professeur de droit [3]. Au nombre de ses élèves furent notamment Mæcianus et Terentius Clemens, qui tous deux
l'appellent Julianus noster [4]. Salvius Julianus paraît avoir
été aussi le maître d'Africain, qui le consulta ensuite souvent et relata ses réponses dans ses propres ouvrages. «Africanus libro XX epistolarum apud Julianum quærit...» « Et
Julianus Sexto Cecilio Africano respondit...» «...idque et
Julianum agitasse Africanus refert [5].»

61. Contemporain de Salvius, Sextus Pomponius fut
comme lui de l'école Sabinienne : cela résulte de l'énumération même qu'il donne des chefs des deux écoles et
de ce qu'il appelle Cassius « Gaius noster. » Son activité
littéraire semble indiquer qu'il enseigna aussi le droit ora-

---

[1] Pline, Lettre à Romanus, 6, 15.

[2] L. 17, pr. D. 37, 14, De jur. patr.

[3] Glasson, op. cit., p. 26; Puchta, op. cit., § 99.

[4] L. 30, § 7, D. 35, 2, Ad leg. Fal.; L. 65, § 1, D. 36, 1, Ad Sen. Treb.

[5] L. 39, pr. D. 30, De leg. et fid. (1); L. 3, § 4, D. 25, 3, De agnosc.;
L. 45, pr. D. 19, 1, De act. empti.

lement. On possède, en effet, de lui un grand nombre d'ouvrages parmi lesquels plusieurs destinés à l'enseignement :
libri ad Q. Mucium, libri ad Sabinum, libri epistolarum,
libri ad edictum, libri stipulationum, liber regularum,
enfin libri enchiridii, et le liber singularis enchiridii duquel est extraite la loi 2 de Origine juris au Digeste [1].

62. L. Volusius Mæcianus, élève de Salvius Julien et de
Vindius Verus [2], vécut sous Antonin-le-Pieux et Marc-Aurèle [3], et fut aussi, selon toute vraisemblance, professeur de
droit [4]. Car il fut le précepteur de Marc-Aurèle, « qui stu-
diit et juri audiens L. Volusium Mæcianum [5], » d'où l'on
peut conclure qu'il dut s'être fait une réputation dès le
règne d'Antonin. C'est pour l'instruction de Marc-Aurèle
qu'il écrivit la monographie connue sous le nom d'Assis
distributio.

63. De la même époque il faut citer encore Q. Cerbidius
(ou Servidius) Scævola, qui déjà sous Antonin-le-Pieux *de
jure respondebat* [6], et qui fut le conseiller favori de Marc-
Aurèle. « Habuit enim secum præfectos, quorum et auctoritate et periculo semper jus dictavit : usus autem est
Scævola præcipue juris perito [7]. » Son enseignement du
droit fut suivi par de nombreux élèves [8]. Tryphonius notamment, qui l'appelle Scævola noster [9], est à ranger parmi
eux ; il en est de même de Papinien et de l'empereur Septime Sévère : « Papinianus, nous dit en effet Spartien,
amicissimum fuisse imperatori Severo memoriæ traditur,

[1] Bremer, op. cit., p. 50.
[2] L. 30, § 7, et L. 32, § 4, D. 35, 2, Ad. leg. Falc.
[3] L. 42, D. 40, 5, De fid. leg.
[4] Rudorff, op. cit., § 69.
[5] Capitolin, Marc, 3.
[6] L. 13, § 1, D. 34, 1, De alim. leg.
[7] Capitolin, Marc, 11.
[8] Pothier, Præf. Pand., 2, 1, 68.
[9] L. 12, § 1, D. 20, 5, De distr. pign.; L. 19, pr. D. 49, 17, De castr. pec.

eumque cum Sevéro professum sub Scævola[1].» Paul aussi
fréquenta comme élève l'auditorium de Scævola : cela semble
bien résulter du récit qu'il fait d'une de ses disputationes :
« cum quidem filiam ex asse heredem scripsisset, et...,
quæreretur an recte exheredatus videretur, Scævola respondit : « non videri, » et in disputando adjiciebat ideo
non[2] »... De divers fragments d'Ulpien dans lesquels il
rapporte des responsa de Scævola, on peut aussi conclure
qu'il fut son élève : car en énonçant les opinions de Scævola il ne cite jamais aucun ouvrage où elles auraient été
renfermées[3] ; il semble donc qu'il les avait entendues de
la bouche même·du jurisconsulte, ce qui s'accorde très-
bien avec les expressions (ait, respondit) dont se servent
les textes en question.

3° *Gaius*.

64. C'est aussi sous Adrien[4], Antonin-le-Pieux[5] et Marc-
Aurèle[6] que vécut Gaius, l'auteur des Institutes, qui professa également dans une école de droit et se voua même
exclusivement à l'enseignement[7].

Son nom a soulevé une forte controverse, provenant de
ce que jamais il n'est cité dans les œuvres de ses contemporains. Un certain nombre d'auteurs prétendent que Gaius
n'est qu'un prénom ; et de cette circonstance, jointe au fait
que ce nom n'est jamais cité par les contemporains, bien

[1] Spartien, Carac., 8.

[2] L. 19, D. 28, 2, De lib. et post.

[3] L., 17, D. 12, 1, De reb. cred.; L. 33, pr. D. 41, 1, De acq. rei dom.;
L. 22, pr. D. 36, Ad Sen. Treb.

[4] L. 7, pr. D. 34, 5, De reb. dub.

[5] Gaius, Instit., I, 7, 53, 74, 102.

[6] Gaius, Instit., II, 195, où il donne à Antonin le nom de *divus*, ce qui
ne se faisait que pour les empereurs décédés; et L. 9, D. 38, 17, Ad Sen.
Treb., où il est dit, à propos du SC. Orphitien, qui est de Marc-Aurèle:
«principis nostri oratione cavetur. »

[7] Puchta, op. cit., § 99; Bremer, op. cit., p. 63.

que certainement ils eussent connu ce jurisconsulte et aient même mis, au dire de ces auteurs, ses écrits à profit (notamment dans les fragments d'Ulpien on rencontre plus d'un texte ayant, d'après eux, une grande ressemblance avec des textes des Institutes de Gaius et semblant bien en avoir été extraits), de ces deux faits, dis-je, ils ont tiré la conséquence que Gaius était connu encore sous un autre nom qui était seul cité à l'origine et qui n'a cessé d'être employé que par la suite des temps[1]. D'autres veulent que la suppression du nom principal date des élèves immédiats de Gaius, qui furent les premiers acheteurs de ses livres, et qui, à la manière des étudiants, auraient nommé habituellement leur maître par son prénom, comme un ami nomme son ami[2]! D'autres auteurs enfin admettent que Gaius était ici un nom de famille, ce qui, il est vrai, était exceptionnel sous la République, mais non dans les temps postérieurs ; c'est pourquoi, disent-ils, le nom a toujours été écrit en entier et non en abrégé par la seule initiale, comme l'étaient les prénoms. Cette dernière opinion me paraît préférable, attendu que si Gaius avait eu un autre nom, il me semblerait bien étonnant que Justinien, habituellement si prolixe, ne l'eût pas indiqué[3].

Il est d'ailleurs facile d'expliquer pourquoi Gaius, en admettant qu'il ait été connu de ses contemporains, n'a pas été cité par eux. En effet, cet oubli qui eût été inconcevable vis-à-vis d'un jurisconsulte jouissant d'une autorité considérable, ne l'est pas vis-à-vis d'un simple savant, duquel on pouvait bien apprendre beaucoup de choses, mais dont la citation n'aurait eu aucune influence pratique. Or Gaius a été un obscur jurisconsulte, passant sa vie à écrire et à donner des leçons de droit, ne jouissant d'au-

---

[1] Puchta, loc. cit.; Hugo, op. cit., p. 804; Rudorff, op. cit., § 68.

[2] Dernburg, op. cit., p. 97.

[3] Schweppe, op. cit., § 90; Glasson, op. cit., p. 4.

cune autorité devant les tribunaux ; nous ne le voyons recueillir aucun des honneurs, aucune des dignités qui venaient
trouver le jurisconsulte en faveur auprès de l'empereur ou
du peuple. Il n'avait notamment, d'après nous, pas obtenu
le jus respondendi : aucun texte ne nous dit qu'il ait reçu
cette dictinction, et le peu de crédit dont il jouissait auprès
de ses contemporains est inconciliable avec son obtention ;
d'ailleurs, parmi ses écrits variés, nous ne trouvons ni Responsa ni Quæstiones comme dans les œuvres des jurisconsultes qui avaient le jus ; au contraire, nous avons de
Gaius un liber de casibus qui réunit des espèces intéres-
santes : mais ces espèces ou bien sont fictives, ou bien, si
elles se sont présentées dans la pratique, c'est qu'elles ont
été résolues par d'autres jurisconsultes, ce qui montre
bien que le livre lui-même était un ouvrage de pur enseignement. On a objecté, il est vrai, pour soutenir l'opinion
contraire, que Justinien, par les Constitutions Deo auctore
et Tanta, prescrivit aux rédacteurs des Pandectes de n'en
emprunter les matériaux qu'aux jurisconsultes « quibus
auctoritatem conscribendarum interpretandarumque legum
sacratissimi principes præbuerunt [1], » et que Gaius est
fréquemment cité au Digeste. Mais cet argument, qui est
très-sérieux, peut être écarté par cette considération que les
écrits de Gaius avaient obtenu force de loi depuis la loi
des citations, dont le texte montre bien, par l'insistance
avec laquelle on appuie sur le nom de Gaius, qu'avant
cette époque Gaius ne jouissait pas de la même autorité
que les grands jurisconsultes [2]. « Papiniani, Pauli, Gaii,
Ulpiani atque Modestini scripta universa firmamus ; *ita
ut Gaium,* quæ Paulum, Ulpianum et cæteros *comitetur
auctoritas,* lectionesque ex omni ejus opere recitentur [3]. »

[1] C. 1, § 4, et C. 2, § 20, Cod. 1, 17, De veter. jur. enucl.
[2] Hugo, op. cit., p. 801.
[3] C. 3, Code Théodosien, 1, 4, De resp. prud.

Depuis cette époque, Gaius était donc mis au rang de ces prudentes quibus auctoritas conscribendarum legum imperatores præbuerant, et l'on comprend que les rédacteurs du Digeste aient pu emprunter des textes à Gaius, tout en respectant les ordres de Justinien [1].

65. Mais la considération qui est à mes yeux la principale pour expliquer pourquoi le nom de Gaius n'est prononcé par aucun de ses contemporains ou successeurs immédiats, c'est qu'il a pu leur être inconnu, étant provincial. Il est vrai que Gaius ne nous indique pas lui-même, comme le fait Ulpien dont nous parlerons plus loin, le lieu de sa naissance : mais on admet néanmoins généralement qu'il était originaire de l'Asie-Mineure. On le conclut de son nom même Γαιος, de sa parfaite connaissance des lois grecques, notamment celles de Solon et celles des Galates, qu'il compare souvent aux lois romaines [2], de l'habitude qu'il a de nous expliquer les termes techniques latins à l'aide des mots grecs correspondants (en voici des exemples : « Vis major quam Græci θεου βιαν appellant, » « quod nos venenum appellamus Græci φαρμακον dicunt, » « Novalis est terra præcisa, quæ anno cessavit, quam Græci νεασιν vocant [3]»), de la méthode même, historique et claire, qui distingue les écrits de Gaius et surtout les Institutes, enfin de cette circonstance qu'il a soin de parler de la concession du jus italicum à Troas, Béryte et Dyrrachium, sans s'occuper d'autres villes, tandis que Paul, dans le texte suivant du Digeste, énumère toutes les villes de l'Empire jouissant de ce bénéfice, comme l'aurait fait tout autre auteur écrivant à Rome [4]. On peut ajouter encore que Gaius

---

[1] Glasson, op. cit., p. 103; Bremer, op. cit., p. 65.

[2] L. 13, D. 10, 1, Fin. reg.; L. 4, D. 47, 22, De colleg. et corp.; Instit. Gaius, I, 55 et 193.

[3] L. 25, § 6, D. 19, 2, loc. cond.; L. 236, pr. et L. 30, D. 50, 16, De V. S.

[4] L. 7 et 8, D. 50, 15, De cens.

s'occupa spécialement du droit provincial, qu'il écrivit sur l'Édit provincial un ouvrage en trois livres ; enfin, que fréquemment même dans ses Institutes il prend soin de faire remarquer les différences entre le droit des Romains et celui des provinces grecques [1].

Après avoir vu le jour en Asie-Mineure et avoir été nourri des lettres et des lois des Grecs, Gaius vint compléter à Rome son éducation juridique en fréquentant l'école des Sabiniens, où il eut peut-être pour maître Javolenus ou Julien. C'est ce qui résulte de la manière même dont il parle des mœurs romaines, des détails précis qu'il donne sur la religion romaine, les flamines, les reges sacrorum, la confarreatio [2], de la connaissance qu'il a des usages de Rome [3], des sociétés qui y sont autorisées [4], des produits qui s'y consomment, des choses qui y font l'objet des transactions (fundus Tusculanus, homo Stichus, Triticum Africum, Tyria purpura, vinum Campanum [5]). Ce n'est qu'à Rome même qu'il a pu connaître ainsi les détails de la vie romaine.

Mais si Gaius a passsé une partie de sa vie à Rome, ce n'est pas à dire qu'il y ait habité, écrit ses ouvrages et enseigné le droit.

On l'a pourtant soutenu en invoquant les exemples dont il se sert dans ses démonstrations, tels que ceux-ci : « Si inter eos qui Romæ sunt, talis fiat stipulatio : hodie Carthagini dare spondes. » « Si quis ita stipulatus fuerit : decem milia Ephesi dare spondes... Romæ pure sic intenderit.» « Curator constituitur distrahendorum bonorum gratia vel

---

[1] Inst. Gaius, III, 96 et 134.
[2] Gaius, Instit., I, 112.
[3] L. 233, § 1, D. 50, 16, De V. S.
[4] L. 1, pr. D. 3, 4, Quod. cuj. univ.
[5] L. 17, pr. D. 35, 1, De cond. et dem.; L. 74, D. 45, 1, De V. O.

a prætore, vel in provinciis a Præside[1]. » On s'appuie encore sur un exemple de condition que Gaius emploie souvent : « si navis ex Asia venerit[2] » ; or, dit-on, Gaius n'aurait pas pu s'exprimer comme il le fait ici et dans les phrases précitées s'il n'avait écrit à Rome. — Mais cette argumentation n'est pas concluante ; les exemples en question étaient, en effet, des exemples usuels, presque stéréotypés, que tous les jurisconsultes employaient[3], et qu'on a appelés avec raison des exemples classiques[4] : il n'y a donc rien d'étonnant à ce que Gaius les ait employés et à ce qu'il n'ait pas cité la ville dans laquelle il professait, mais la ville dont il enseignait le droit, et vers laquelle convergeaient naturellement toutes les idées, « patria legum, omnisque jurisprudentiæ sedes. » — On a invoqué aussi cette circonstance que Gaius, dans les commencements de ses Institutes, cite toujours le præses provinciæ en même temps que le prætor, tandis que dans les dernières parties il ne s'occupe plus que du préteur. Or, dit-on, si Gaius avait vécu en province, on comprendrait qu'il eût parlé du préteur dans les commencements et ne l'ait plus cité dans la suite, afin de s'occuper exclusivement du præses qu'il avait sous les yeux ; mais l'inverse, qui a lieu précisément, n'aurait pas pu se produire si Gaius avait enseigné en province[5]. — Mais cet argument encore n'est pas probant. Gaius, quoiqu'en province, enseignait le droit romain, il avait donc à s'occuper avant tout du préteur, et s'il parle aussi des Præsides, c'est uniquement parce qu'il sait qu'il enseigne à des provinciaux et qu'il leur est utile

---

[1] L. 141, § 4, D. 45, 1, De V. O.; Dernburg, op. cit., p. 93; Instit., IV, 53; Bremer, op. cit., p. 81, note 369; L. 1. pr. D. 3, 4, Quod. cuj. univ.

[2] L. 33, D. 28, 5, De hered. instit.; L. 72, D. 46, 1, De fidej.

[3] Ainsi notamment Ulpien emploie l'exemple « Si navis ex Asia venerit » dans la L. 13, D. 46, 7, Judic. solvi.

[4] Glasson, op. cit., p. 14.

[5] Dernburg, op. cit., p. 85 et 88.

en signalant les caractères et les pouvoirs différents des deux magistratures.

Tout nous prouve, au contraire, que Gaius écrivit et enseigna en Asie. Indépendamment des arguments cités déjà plus haut, on peut encore se fonder sur ce que Gaius paraît avoir ignoré l'existence de diverses décisions impériales qui venaient d'être rendues au moment où il écrivait. Ainsi, dans le premier livre des Institutes, il nous dit que : « sub curatoribus sunt minores vigintiquinque annorum, majores eversores et insani [1], » et pourtant Marc-Aurèle avait décidé « ut omnes adulti curatores acciperent, non redditis causis [2]. » De même il nous parle de curateurs nommés par les consuls [3], alors pourtant que Marc-Aurèle avait enlevé à ces derniers le droit de faire ces nominations, et l'avait réservé au prætor pupillaris [4]. Or de pareilles omissions seraient incompréhensibles de la part d'un jurisconsulte habitant la capitale, tandis qu'on peut les expliquer par l'éloignement et la difficulté des publications lorsqu'elles sont le fait d'un habitant des provinces. — Gaius nous montre encore d'une autre façon lui-même qu'il écrivait en province. Je lis en effet au § 7 du l. II des Institutes : « Sed in provinciali solo placet plerisque solum religiosum non fieri (sc. mortuo inferendo) ; quia in eo solo dominium populi romani est vel Cæsaris ; *nos* autem possessionem tantum et usumfructum habere videmur. » Ce *nos autem* n'est-il pas des plus convaincants ? — Enfin, comme dernier argument servant à déterminer la province qu'habita Gaius, on peut invoquer ce fait que Gaius ne se borne pas à faire ressortir les différences entre le droit des Romains et celui des peregrini en général, mais qu'il parle

[1] Instit Gaius, I, 198, texte de l'Épitome du Bréviaire d'Alaric.
[2] Capitol., Marc, 16.
[3] Instit. Gaius, I, 200.
[4] § 3, Instit. Justin., 1, 20, De Atil. tut.; Capitol., Marc, 10.

spécialement de certaines lois de peregreni, celles des Galates et des Bithyniens. « Apud peregrinos non similiter ut apud nos in tutela sunt feminæ, sed tamen plerumque quasi in tutela sunt; ut ecce lex Bithynorum, si quid mulier contrahat maritum auctorem esse jubet aut filium ejus puberem [1]; » « fere nulli alii sunt homines, qui talem in filios suos habent potestatem qualem nos habemus : nec me præterit Galatorum gentem credere, in potestate parentium liberos esse [2]. » Cette insistance à ne parler que des lois de certains peuples et à ne citer jamais celles des provinces de l'Est semble bien démontrer que l'Asie ne fut pas seulement la patrie de Gaius, mais qu'il y vécut également.

On va même jusqu'à vouloir préciser la province. Mommsen soutient qu'il naquit à Troas, en se fondant sur un passage du commentaire de Gaius sur la loi Julia et Papia Poppea, dans lequel il cite quelques villes jouissant du jus italicum et en tête Troas [3]. Cette opinion est assez généralement admise. Mais il n'en est pas de même d'une autre opinion du même auteur, savoir que c'est aussi à Troas que Gaius enseigna et écrivit. D'autres auteurs repoussent cette idée, parce que Troas n'est pas connu pour avoir eu une école de droit; et ils prétendent que Gaius enseigna à Béryte, en se fondant sur ce que cette ville est citée immédiatement après Troas dans le texte invoqué par Mommsen [4]. Il faut reconnaître que l'argument ne paraît pas bien concluant, surtout si l'on se demande ce que fit alors Gaius dans la troisième ville citée par le texte en question : Dyrrachium [5]. Comme on trouve à chacune des

---

[1] Instit. Gaius, I, 193.

[2] Instit. Gaius, I, 55.

[3] Mommsen, Jahrbuch des gemeinen deutschen Rechts, 3 v., 1859.

[4] Bremer, op. cit., p. 81.

[5] L. 7, D. 50, 15, De cens. V. supra p. 92, texte et note 4.

deux premières un rapport avec la vie de Gaius, il semble bien qu'il devrait en être de même de la troisième. Peut-être y mourut-il — dirait un plaisant. Aussi vaut-il mieux, à mon avis, ne pas vouloir argumenter du texte dont il s'agit, et reconnaître, comme le fait M. Glasson, qu'on ignore quelle partie de l'Asie a été la patrie de Gaius.

D'ailleurs ce fait n'en reste pas moins établi que c'est en Asie que ce jurisconsulte a vécu et qu'il a écrit et publié ses ouvrages : Institutiones, libri ad legem XII tabularum, libri rerum quotidianarum, libri ad legem Juliam et Papiam, libri ad S. C. Orfitianum et Tertullianum, libri ad edictum provinciale, etc. ; c'est là aussi qu'il a obscurément enseigné le droit, ignoré des grands jurisconsultes contemporains. Sa réputation ne s'établit que plus tard, lorsque ses livres eurent eu le temps de se répandre. Mais alors elle fut considérable : ses Institutiones notamment jouirent d'un tel crédit que jusqu'à Justinien ce fut par l'étude de ce livre que débutait l'enseignement du droit dans les écoles[1] ; les libri septem rerum quotidianarum acquirent aussi une grande célébrité et furent appelés alors *libri septem aureorum*[2]. On peut dire que c'est dès le IVe siècle que Gaius avait acquis cette popularité ; elle fut encore augmentée par la loi des citations (426), qui vint rendre ses écrits obligatoires. Malgré cela, ces derniers, avant la découverte faite par Niebuhr et Gœschen, dont l'histoire est trop connue pour avoir besoin d'être rappelée, ces écrits, dis-je, ne nous étaient connus que par les emprunts qui leur avaient été faits, notamment par les compilateurs de la Collatio legum Mosaicarum et Romanarum, puis par les rédacteurs du Bréviaire d'Alaric, ensuite par Boëce, le ministre de Théodoric, dans son

---

[1] Ortolan, op. cit., p. 316; V. infra, chap. IV.
[2] Schweppe, op. cit., § 90.

commentaire sur les Topiques de Cicéron, enfin par les commissaires de Justinien qui composèrent les Pandectes. Heureusement que le palimpseste de Vérone est venu nous révéler l'œuvre la plus célèbre du jurisconsulte, les Institutes. Comme il en a été question plus haut déjà, nous pouvons quitter maintenant Gaius et poursuivre notre étude biographique des professeurs de droit.

4° Papinien, Venuleius Saturninus, Tryphoninus.

66. Arrivons au règne de Septime Sevère (193) pour rencontrer Æmilius Papinianus, celui de tous les jurisconsultes romains qui fut le plus comblé d'honneurs, dont les décisions respectées eurent le plus d'autorité, dont les ouvrages servirent le plus à tous ceux qui cultivèrent la science du droit. Un contemporain déjà l'appelait « juris asylum et doctrinæ legalis thesaurum, » et plus tard Cujas enthousiasmé voulait lui élever des autels : « si jus, dit-il, piumque christianis esset, illius aram opima imbueret hostia. » Sévère, dont il avait été le compagnon d'études, l'éleva à la dignité de préfet du prétoire. Mais remarquable autant par l'intégrité de son caractère que par ses connaissances, Papinien fut, dit-on, tué sur l'ordre de Caracalla, pour avoir osé ne pas vouloir glorifier le meurtre de Géta et s'être écrié qu'accuser un innocent assassiné, c'est commettre un second assassinat : « aliud est parricidium accusare innocentem occisum[1]. » Sa mort ne fit que rendre plus vraies ces belles paroles : « quæ facta lædunt pietatem, existimationem, verecundiam nostram, et ut generaliter dixerim, contra bonos mores fiunt, nec facere nos posse credendum est[2]. » Cette citation est extraite des libri Quæs-

[1] Spartien, Carac., 8.
[2] L. 15, D. 28, 7, De cond. inst.

tionum, qui, avec les libri responsorum, sont les œuvres
principales de Papinien, qui établirent sa renommée et
furent l'objet de commentaires intitulés « Notæ » même de
la part de ses contemporains, tels que Marcien, Paul,
Ulpien. Inutile de rappeler que la loi des citations vint en
quelque sorte placer Papinien au-dessus de tous les autres
jurisconsultes, en donnant à son opinion la prépondérance
en cas de partage.

Papinien paraît s'être consacré aussi à l'enseignement.
On peut le conclure de ce qu'il écrivit des libri definitio-
num et des libri responsorum[1]. On se fonde aussi sur une
citation de Lampride : « Pomponius legum peritissimus,
Alfenus, Africanus, Florentinus, Martianus, Callistratus,
Hermogenes, Venuleius, Tryphoninus, Mæcianus, Celsus,
Proculus, Modestinus, hi omnes juris professores discipuli
fuere splendidissimi Papiniani, et Alexandri imperatoris
familiares et socii[2]. » Cette énumération des élèves de Papinien est évidemment remplie d'erreurs : Alfenus, Celsus,
Africanus, Pomponius, Proculus ont vécu avant Papinien
et n'ont pas pu être ses élèves. Le texte en question n'est
néanmoins pas à rejeter : car il n'en est pas moins la
preuve d'un fait que le biographe n'a pas pu inventer, à
savoir que Papinien enseigna le droit et eut une série
d'élèves, quels qu'ils fussent, peu importe[3].

67. Contemporains de Papinien, sinon même ses élèves,
Venuleius Saturninus et Claudius Tryphoninus enseignè-
rent également le droit, comme on l'a vu plus haut. Nous
ne connaissons rien de leur biographie. Tout au plus sait-
on que ce dernier fut avec Papinien membre du Consilium
Principis[4]. On a déjà mentionné ci-dessus leurs libri dis-

[1] Rudorff, op. cit., § 74.
[2] Lampride, Alex. Sev., 68.
[3] Bremer, op. cit., p. 62.
[4] L. 50, D. 49, 14, De jure fisci.

putationum. Le premier écrivit en outre des Notæ ad Scævolam, et le second des libri de Actionibus et interdictis,
et des libri de officio proconsulis et de publicis judiciis [1].

5º *Paul, Marcien, Florentin.*

68. Plus célèbre que les précédents, Julius Paulus, de
Padoue, membre du consilium de Septime Sévère[2], assesseur du préfet du prétoire Papinien[3], préfet lui-même sous
Alexandre Sévère, était élève de Q. Cervidius Scævola et enseigna lui-même le droit. C'est ce que prouvent un certain
nombre de ses ouvrages, qui devaient certainement servir
à l'enseignement, notamment ses libri Institutionum, ses
libri regularum et le liber singularis regularum. L'énumération de ses autres ouvrages si nombreux ne me semble
pas rentrer dans le cadre de cette étude, puisqu'ils n'ont
pas eu un but directement doctrinal. D'autres circonstances
encore nous montrent que Paul, à côté de ses occupations
multiples, d'assesseur notamment et même d'avocat[4], se
consacrait aussi à l'enseignement. En effet, à l'époque impériale, une des expressions usuelles par laquelle les élèves
s'adressaient à leurs maîtres, était celle de « domine[5] » ;
ainsi, par exemple, dans le Satyricon de Pétrone un en-
fant s'exprime ainsi : « rogo, domine, ubi est asturco, » et
de même Marc-Aurèle, dans une lettre à son maître Cornelius Fronto, lui dit : « have mi domine magister. » Or nous
trouvons précisément que Paul est plusieurs fois appelé

---

[1] Rudorff, § 77.

[2] L. 38, pr. D. 4, 4, De min.

[3] L. 40, D. 12, 1, De reb. cred.

[4] L. 78, § 6, D. 32, De leg. et fid. (3); « Cum vir ita legasset « quæ uxoris,
causa parata sunt ei do lego » ego apud prætorem petebam. »

[5] Bremer, op. cit., p. 31.

domine par des jurisconsultes : ainsi, dans la l. 22 pr. ad legem Falcidiam[1], se trouve relatée une lettre de Nesennius Apollinaris à Julius Paulus, qui commence par ces mots : « Ex facto, domine, species ejus modi incidit... ; » ne pouvons-nous pas conclure de là qu'Apollinaris était un élève de Paul ? D'autre part on sait que souvent les responsa des jurisconsultes n'étaient pas adressés à des particuliers les consultant au sujet de leurs procès, mais bien à leurs propres studiosi[2] : or, dans le liber quæstionum de Paul, dont le Digeste nous a conservé un grand nombre de fragments, les personnes qui posaient les questions sont généralement nommées, et il se trouve que c'étaient toujours les mêmes, Latinus Largus, ou Nesennius Apollinaris ou Licinius Rufus[3] : de là encore on peut.conclure avec vraisemblance qu'ils furent les élèves de Paul.

69. A la même époque que Paul appartiennent deux autres professeurs de droit : Ælius Martianus et Florentinus[4]. Leur enseignement nous est attesté par l'existence même de leurs libri Institutionum, rédigés d'après le plan de ceux de Gaius, et qui sont employés par Justinien dans le Digeste et dans les Institutes. D'ailleurs, quant à Marcien, nous avons de plus au Digeste un texte tiré de son liber singularis de delatoribus, dans lequel il nous dit lui-même qu'il enseigne le droit : « Quid enim, si servus quis dicatur, quasi ex ancilla natus, quæ ante quinquennium mortua est, quare non liceat probare liberam

---

[1] L. 22, pr. D. 35, 2, Ad leg. Falc.

[2] Puchta, § 103, note *g*.

[3] L. 56, D. 21, 1, De æd. ed.; L. 83, D. 30, De leg. et fid. (1); L. 30, § 1, D. 44, 3, De div. temp. præscr.; L. 34, D. 3, 5, Neg. gest.; L. 32, D. 27, 1, De excus.; L. 41, D. 48, 1, De re jud.; L. 4, D. 40, 13, Quib. ad lib.

[4] C. 4, Cod. 4, 21, De fid. instr.; C. 8, Cod. 3, 28, De inoff.

fuisse (hoc enim et pro mortua est)? Et Marcellus libro quinto de officio consulis scripsit, posse; ego quoque in auditorio publice idem secutus sum[1].»

6° *Ulpien, Modestin.*

70. Un autre contemporain de Paul, aussi illustre que lui, Domitius Ulpianus, était originaire de Tyr, en Phénicie[2]; en même temps que Paul assesseur de Papinien, il fut, à la mort de ce dernier, banni par Caracalla; rappelé par Alexandre Sévère, il fut revêtu de diverses dignités, et enfin nommé préfet du prétoire : c'est comme tel qu'il mourut en 228, assassiné par les prétoriens, qui lui infligeaient ainsi le même sort qu'il avait, dit-on, fait subir à ses prédécesseurs[3]. Ulpien était élève de Scævola, dont il nous rapporte de nombreuses réponses. Plus tard il enseigna lui-même le droit et publia divers livres destinés à l'enseignement, tels que libri Institutionum, libri opinionum, libri regularum. Il écrivit, en outre, un grand nombre d'autres ouvrages que nous n'avons pas à citer ici, puisque nous ne citons ici Ulpien que comme professeur de droit.

71. Passons donc immédiatement à celui qu'Ulpien lui-même nomme son élève, et qui lui succéda dans la carrière de l'enseignement : « Herennio Modestino, studioso meo, dit-il, de Dalmatia consulenti rescripsi[4].» Herennius Modestin n'obtint pas les hautes dignités dont avait été revêtu son maître : il fut néanmoins præfectus vigilum et consul. Il nous est indiqué comme professeur de

---

[1] L. 1, § 4, D. 40, 15, De stat. def.
[2] Il le dit lui-même, L. 1, pr. D. 50, 15, De cens.
[3] V. les auteurs cités par Mainz, op. cit., § 70, note 28.
[4] L. 52, § 20, D. 47, 2, De furt.

droit par Arcadius Charesius : « Mixta munera decaprotiæ et icosaprotiæ, ut Modestinus et notando et disputando bene et optima ratione decrevit[1] ; » et Capitolin, d'autre part, nous dit que Maxime, qui fut plus tard empereur, était son élève[2]. On a de lui une série d'ouvrages pour l'école, notamment : libri regularum, libri de enucleandis casibus, libri responsorum, libri differentiarum. Ses réponses paraissent avoir joui de beaucoup de considération, comme le montre le rescrit suivant de l'empereur Gordien, adressé à Sabinianus : « Ad exhibendum actione non tantum eum, qui possidet, sed etiam eum teneri, qui dolo fecit quominus exhiberet, merito tibi a non contemnendæ auctoritatis jurisconsulto Modestino responsum est[3]. » Aussi ses ouvrages sont-ils fréquemment cités au Digeste[4].

Avec Modestin nous terminons l'énumération des principaux jurisconsultes qui nous sont individuellement connus pour avoir enseigné le droit à l'époque classique, et nous remontons aux premiers temps de l'Empire, maintenant, afin de rechercher les origines et les caractères des deux grandes Écoles juridiques entre lesquelles se sont partagés la plupart des jurisconsultes dont nous venons de parler.

---

[1] L. 18, § 26, D. 50, 4, De muner.
[2] Capitolin, Max. jun., 1.
[3] C. 5, Cod. 3, 42, Ad exhib.
[4] Rudorff, op. cit., § 76; Pothier, Præf. Pand., 2, 1, 84.

CHAPITRE X.

LES PROCULIENS ET LES SABINIENS.

1º *Leurs Écoles.*

72. Disons immédiatement qu'à la Schola sabiniana ou cassiana[1], et à la Schola proculiana ou pegasiana[2], à ces deux grandes Écoles scientifiques du droit, à ces deux grandes tendances juridiques, qui sont quelque chose d'analogue aux sectes philosophiques de la Grèce ou des temps modernes et contemporains, se rattachaient d'après nous deux grandes Écoles de droit sensu stricto, des établissements d'enseignement semblables aux Stationes dont parle Aulu-Gelle. Ainsi, lorsque Gaius oppose à nostra schola, diversa schola, et à nostri præceptores, diversæ scholæ auctores, le mot « schola nostra » ne désigne pas uniquement l'une des sectes juridiques, mais encore la statio elle-même dans laquelle il a reçu l'enseignement des Sabiniens, par opposition à l'autre statio existant en même temps, celle des Proculiens, « diversa statio. »

Sans donner clairement cette interprétation, divers auteurs ont fait remarquer que les controverses agitées entre les deux partis n'étaient pas transmises autant par les écrits que par la parole ou même par un véritable enseignement. Ainsi, M. Ortolan nous dit : « Il y avait deux écoles ou sectes : sur diverses questions controversées, on

---

[1] Pline, Epist., 7, 24.

[2] Le nom de schola pegasiana ne se trouve pas chez les auteurs latins; ce sont les auteurs modernes qui l'ont créé, ayant attribué ce sens aux mots Pegasianum jus d'un scholiaste, mots qui ne faisaient pourtant que désigner les ouvrages de Pegasus. Hugo, op. cit., p. 757 et 760, note 5; Mainz, op. cit., § 67, note 94.

professait telle solution dans l'une, et telle autre solution
dans l'autre ; les divers disciples, plus tard sectateurs ou
professeurs à leur tour, s'en transmettaient la doctrine[1]. »
Mais ce sont MM. Schrader et Bremer, en Allemagne, qui
ont fait le pas le plus décisif en admettant que les deux
partis scientifiques se reliaient à deux différents établissements d'instruction, à deux écoles ou stationes[2].

Cette opinion, admise aussi par Hugo[3], me paraît être
conforme à la vérité. En effet, il ne me semble pas qu'on
puisse expliquer la formation même des deux grandes Écoles
(en prenant ce mot dans le sens de secte juridique) autrement que par un enseignement proprement dit donné
par leurs fondateurs, puisque l'on sait que les dissidences
qui séparaient ces derniers étaient surtout personnelles et
que l'opposition de caractère ou de génie qui a existé entre
eux ne subsista pas entre Sabinus et Proculus, leurs successeurs. La longue durée des deux partis me paraît corrélative avec la persistance d'écoles proprement dites où
les représentants les plus illustres de chacun d'eux expo-
sèrent successivement la science du droit en l'interprétant
selon la méthode et l'esprit qui caractérisaient leur parti.

Si ces écoles n'avaient pas existé, comment expliquerait-
on la *successio* de jurisconsultes dont parle sans cesse Pomponius dans son fragment sur l'histoire du droit romain[4] ?

Il nous annonce, en effet, l'énumération des grands jurisconsultes de la manière suivante : « Post originem juris et
processum cognitum, consequens est, ut de magistratuum
nominibus et origine cognoscamus quia... Post hoc dein de
auctorum *successione* dicemus, quod constare non.... »

---

[1] Ortolan, op. cit., p, 291.

[2] Schrader, Heidelberger Jahrbücher, 1823, p. 979 ; Bremer, op. cit.,
p. 68 et suiv.

[3] Hugo, op. cit., p. 760.

[4] L. 2, §§ 13, 35 et 47, D. 1, 2, De orig. jur

Puis il cite les magistrats et les jurisconsultes de la République, sans employer pour ces derniers le mot *succedere*. Enfin il aborde les deux écoles, et c'est là que tout à coup le mot *succedere* apparaît et est prodigué. « Post Tuberonem maximæ auctoritatis fuerunt Ateius Capito.... et Antistius Labeo.... Hi duo primum veluti diversas sectas fecerunt.... Et ita Ateio Capitoni Massurius Sabinus *successit*, Labeoni Nerva....; Sabino *successit* Cajus Cassius Longinus... Nervæ *successit* Proculus....; Cassio Cælius Sabinus *successit*, Proculo Pegasus....; Cælio Sabino Priscus Javolenus, Pegaso Celsus; patri Celso Celsus filius et Priscus Neratius....; Javoleno Prisco Aburnus Valens et Tuscianus, item Salvius Julianus. »

Comment expliquer ce mot *successit?* J'emprunte à ce sujet les paroles suivantes de M. Bremer[1] :

« Ce mot *succedere* ne doit évidemment servir à désigner ni l'entrée dans le conseil impérial, ni l'obtention du titre de jurisconsulte patenté et gratifié du *jus respondendi*. Pomponius voudrait-il peut-être nous dire seulement que le jurisconsulte désigné comme successeur était l'élève du précédent? mais il semble bien incroyable que tous ces jurisconsultes n'aient jamais eu qu'un seul élève. — On propose une autre explication : les juristes indiqués comme successeurs doivent avoir été les uns après les autres les représentants de l'une ou de l'autre secte. Mais si maintenant on demande à quoi on reconnaissait ces représentants, et que l'on réponde que c'était à leurs talents plus remarquables, on pourra objecter qu'il serait de nouveau très-choquant que ce soit toujours un seul qui ait eu cette vertu. D'ailleurs, même abstraction faite de cette objection, l'explication proposée n'est certes pas exacte : car un jurisconsulte déterminé est toujours cité comme successeur de tel

---

[1] Bremer, op. cit., p. 69.

autre jurisconsulte déterminé, et cette circonstance se rencontre relativement à chaque école. Il s'agit donc ici d'une succession qui n'est pas purement scientifique, mais qui existe aussi par rapport au temps, qui doit nécessairement avoir une autre base que la relation de l'élève au maître. — D'après mon opinion, on ne doit et on ne peut douter que Pomponius ait voulu désigner les jurisconsultes qui ont paru les uns après les autres comme professeurs de droit dans l'une ou l'autre école. Nommer tous les juristes en général n'était pas du tout le but de Pomponius. De même que pour le temps de la République il ne cite que ceux qui avaient acquis une réputation par leurs écrits, de même pour les temps qui ont suivi la naissance des deux écoles il n'énumère que ceux qui ont été *præceptores* dans la *statio* de Sabinus ou dans celle de Proculus. »

Cette interprétation est toute naturelle, et la difficulté même qu'on éprouve à expliquer autrement le mot *successit* est un argument en faveur du système d'après lequel aux deux *Scholæ Sabiniana et Proculiana* se rattachaient deux écoles de droit *sensu stricto*. Toutefois, je crois devoir faire une restriction à l'explication proposée, qui, bien que juste en général, me semble un peu trop absolue. J'admets bien que les différents jurisconsultes, Sabiniens et Proculiens, indiqués par Pomponius aient successivement enseigné le droit; mais je ne puis croire qu'ils aient été chacun à son époque les seuls Sabiniens et Proculiens qui se soient occupés de l'enseignement. Au moment du brillant développement que prit la science du droit à l'époque classique, les professeurs de droit ont nécessairement été fort nombreux; le texte d'Aulu-Gelle que l'on connaît nous en donne la preuve. Or ces professeurs n'ont pas pu être étrangers à la grande scission scientifique dont nous nous occupons en ce moment: ils ont dû être, la plupart, soit Proculiens, soit Sabiniens. Si donc j'admets, comme l'auteur précité, que la succession dont parle Pomponius était relative à l'enseignement, je ne puis cependant croire qu'il n'y ait eu d'autres professeurs de droit dans les écoles sabinienne et proculienne, pendant une durée de deux siècles, que ceux indiqués par Pomponius. A mes yeux, le texte ne fait qu'indiquer les professeurs qui eurent le plus de succès et de réputation, ceux que leurs contemporains même reconnaissaient comme les représentants de l'école, comme les successeurs de Labéon et de Capiton; et il ne me semble pas qu'il exclue l'existence d'un plus grand nombre de professeurs, dont les noms nous sont, il est vrai, inconnus, et qui enseignaient dans la station illustrée par les premiers maîtres ou même dans des stations différentes.

Ceci posé, voyons comment les deux écoles se fondèrent et ce qui les séparait[1].

2° *Labéon et Capiton.*

73. C'est au siècle d'Auguste que vécurent les deux fondateurs, Labéon et Capiton, morts l'un et l'autre sous Tibère, entre lesquels il y eut un contraste à la fois politique et scientifique qu'on peut très-bien faire ressortir brièvement en joignant les parallèles que Tacite et Pomponius ont établis, le premier sous le rapport politique, le second au point de vue scientifique.

« Capito Ateius, avo centurione Syllano, patre prætorio, principem in civitate locum studiis civilibus adsecutus est. Consulatum ei adceleraverat Augustus, ut Labeonem iisdem artibus præcellentem dignatione ejus magistratus anteiret. Namque illa ætas duo pacis decora simul tulit : sed Labeo incorrupta libertate, et ob id fama celebratior, Ca-

---

[1] Sur cette matière, Mainz, op. cit., § 67.

pitonis obsequium dominantibus magis probabatur ; illi,
quod præturam intra stetit, commendatio ex injuria, huic,
quod consulatum adeptus est, odium ex invidia oriebatur[1].»
« Hi duo primum veluti diversas sectas fecerunt; nam Capito in his, quæ ei tradita fuerant perseverabat; Labeo ingenii qualitate et fiducia doctrinæ, qui et ceteris operibus
sapientæ operam dederat, plurimum innovare instituit[2]. »

74. Labéon, fils du jurisconsulte Quintus, qui, après la
défaite de la République à Philippes, était mort comme
Brutus et Cassius, nourri des doctrines stoïciennes et
fidèle aux principes républicains, refusa le consulat que lui
offrait Auguste ; peut-être est-ce à cause de cela qu'Horace,
le courtisan du prince, ne craignait pas de le traiter d' «insanior inter sanos[3]. » Capiton, plus jeune que lui, appartenant à une famille récemment élevée par les guerres civiles et l'Empire, dépassa Labéon dans la carrière des
honneurs, grâce à sa complaisance vis-à-vis du pouvoir,
complaisance qui alla même jusqu'à la bassesse, puisque
Tacite a pu dire : « Capito insignitior infamia fuit, quod
humani divinique juris sciens egregium publicum et bonas
domi artes dehonestavisset[4]. »

Il est curieux de voir comment Capiton appréciait lui-
même son rival : « Agitabat hominem, disait-il dans une
lettre rapportée par Aulu-Gelle, libertas quædam nimia et
vecors ; usque eo ut, Divo Augusto jam principe et rempublicam obtinente, ratum tamen pensumque nihil haberet, nisi quod justum sanctumque in romanis antiquitatibus legisset[5]. » Voilà l'homme politique jugé.

Or Labéon porta dans la science du droit la même in-

1 Tacite, Annal., 3, 75.
2 Pomponius, L. 2, § 47, D. 1, 2, De orig. jur.
3 Horace, Satires, 1, 3.
4 Tacite, Annal., 3, 70.
5 Aulu-Gelle, 13, 12.

dépendance qui le guidait en politique : « Idem scilicet li-
bertatis animum, nous dit Pothier, qui in rebus politicis
Labeonem fecerat antiquitatis tenacissimum, in jus expo-
nendo multa ipsi nova suaserat. Ita conciliandus videtur
Gellius cum Pomponio [1].» D'ailleurs, ses connaissances
étaient beaucoup plus étendues que celles de la plupart
des jurisconsultes de son temps et de Capiton notamment :
en effet, éléve de Trébatius, il avait en outre suivi les leçons
et écouté les réponses de tous les jurisconsultes alors en
renom ; de plus, « ceterarum quoque bonarum artium non
expers fuit : et in grammaticam sese atque dialecticam lit-
terasque antiquiores altioresque penetraverat ; Latinarum
quoque vocum origines rationesque percalluerat : eaque
scientia præcipue ad enodandos plerosque juris laqueos
utebatur [2]. » Avec un savoir aussi étendu, il n'est pas
étonnant que Labéon soit sorti souvent des voies battues,
qu'il ait cherché, en se guidant par les lumières de la philosophie et en passant toutes choses au creuset de sa logique, à pénétrer la nature des différentes institutions, et
qu'il n'ait pas craint d'en tirer les conclusions qui devaient
en dériver, ces conséquences dussent-elles même être en
contradiction avec la tradition. Aussi, quoique disciple de
Trébatius, n'en différait-il pas moins souvent d'opinion
avec lui, comme nous l'indiquent Aulu-Gelle et différents
textes du Digeste [3]. Il se montrait franchement novateur
dans la science.

Capiton, au contraire, quoique doué d'une grande érudition, soumettait son jugement à l'autorité des anciens.

---

[1] Pothier, note 2 sur le § 47. Pandectes, 1, 2, De orig. jur.

[2] Aulu-Gelle, 13, 10.

[3] Aulu-Gelle, 4, 2; L. 1, § 41, D. 16, 3, De pos. vel. cont.; L. 1, § 2,
D. 18, 6, De peri. et comm. rei vend.; L. 29, pr. L. 100, §§ 1 et 3, D. 32,
De leg. et fid. (3)

Élève du seul Ofilius, il suivait avec tenacité les opinions qu'il avait recueillies de son maître : « in his quæ ei tradita fuerant perseverabat. »

3° *La scission scientifique des deux écoles.*

75. Les différences de méthode entre les deux maîtres, dont l'un partait de la logique, l'autre de l'autorité, les vues différentes qu'ils apportaient dans l'interprétation des questions juridiques, les dissidences de leurs enseignements sur une foule de détails, quelquefois sur des théories entières, produisirent entre leurs écoles respectives une séparation, une scission passionnée peut-être, même à ne la considérer que dans les disciples immédiats. Les controverses nées entre les maîtres se transmirent aux élèves, et loin de s'atténuer après leur mort, ne firent qu'augmenter, le temps et l'étude faisant surgir de nouvelles questions, puisque Pomponius nous dit que « Sabinus et Nerva adhuc eas dissensiones auxerunt. »

76. Mais ce n'est pas à dire que les différences caractéristiques qui séparaient Labéon et Capiton se fussent maintenues à titre de tradition sacrée, lorsque les écoliers furent devenus jurisconsultes, lorsque les disciples eurent succédé aux maîtres.

Ainsi d'abord les dissidences politiques entre les deux chefs ne sont pas restées des signes distinctifs des Sabiniens et des Proculiens. — Nous voyons notamment que Nerva, le premier successeur de Labéon, vécut dans l'intimité périlleuse de Tibère : « Cocceius Nerva continuus principis, » dit de lui Tacite[1]. De même Pégasus, un autre Proculien, fut præfectus urbi et consul sous Vespasien[2];

---

[1] Tacite, Annales, 6, 26; de même L. 2, § 47, D. 1, 2, De orig. jur.
[2] § 5, Instit. Justin., 2, 23, De fid. hed.

et Juvénal nous le présente même sous des couleurs assez défavorables, puisqu'il dit de lui : « Interpres legum sanctissimus ; omnia quanquam Temporibus diris tractanda putabat inermi Justitia [1]. » — Au contraire, Cassius Longinus, de qui les Sabiniens prirent le nom de Cassiens, fut un homme d'une grande fermeté ; son indépendance lui valut même l'honneur d'être poursuivi par Néron [2].

D'autre part, la persistance des deux écoles ne repose pas sur le renouvellement continuel des différences qui, dans la manière d'entendre et d'interpréter le droit, séparaient Labéon et Capiton ; et il serait inexact d'envisager comme caractères opposés des deux écoles ce qui a été dit des opinions respectives de leurs fondateurs [3]. Aussi vouloir chercher un point de division radical, sous le rapport de la science, entre les deux écoles, un principe général de désaccord, une espèce de théorie différente pour chacune d'elles, qui pût rendre constamment raison de la diversité de leurs décisions particulières sur différentes questions de détail, c'est chercher ce qui me paraît ne pas avoir existé. Cela a été tenté cependant à plusieurs reprises : il existe même une monographie sur ce sujet, publiée à Leipzig en 1750, sous le titre : « De principali causa dissensionum inter Labeonem et Capitonem horumque sectatores, » par Hommel, qui a voulu faire des Cassiens les représentants du droit strict que les Proculiens auraient cherché à faire fléchir devant l'équité ; d'autres ont prétendu que c'est le caractère philosophique de l'enseignement qui séparait les deux éoles, l'une d'elles rejetant, l'autre appelant à son secours les lumières de la philosophie stoïcienne pour l'interprétation du droit ; enfin d'autres auteurs ont imaginé de dire que les Proculiens étaient

---

[1] Juvénal, Satire 4, v. 79, 80 et 81.
[2] Suétone, Néron, 37.
[3] Pothier, Præf. Pand., 2, 2, 1.

novateurs hardis, les Sabiniens défenseurs acharnés de la tradition. — Tous ces systèmes me semblent devoir être écartés [1]. « C'est une erreur, dit avec raison M. Ortolan, que de vouloir appliquer radicalement aux deux écoles entières l'opposition de caractère ou de génie qui a existé entre les deux jurisconsultes primitifs auxquels elles se rattachent.»

77. En effet, dans chaque école, les hommes ont succédé aux hommes, et les caractères se sont modifiés, de sorte que, dans cette recherche de la vérité, qui est le but des uns et des autres, la philosophie, l'équité, l'innovation se trouvent tantôt d'un côté, tantôt de l'autre. L'influence considérable qu'exerça Labéon, en communiquant à la science du droit un mouvement nouveau, en l'ouvrant à l'influence des autres sciences, en la vivifiant au contact de la philosophie et de l'histoire, en la précisant et l'éclairant par l'étude de la philologie, cette influence, dis-je, ne manqua pas de s'exercer également sur les disciples de Capiton. Aussi, si les dissidences existèrent toujours, si les controverses se renouvelèrent, si leur nombre grandit même si bien qu'il en existait encore au temps de Justinien qui les trancha législativement [2], l'opinion néanmoins du maître ne fut pas toujours une barrière infranchissable et l'on vit plus d'une fois les jurisconsultes d'une école, sur certaines questions, abandonner le système de leur propre maître et se rallier à celui de l'école adverse [3]. Ainsi, pour citer quelques exemples, Gaius nous rapporte un cas où Cassius approuvait une opinion de Labéon, tandis que Proculus suivait celle d'Ofilius, le maître de Capiton [4]; de même on voit Proculus, abandonnant l'avis de Nerva, se

<hr>

[1] En ce sens Accarias, op. cit., p. 47.

[2] Mackeldey, op. cit., § 72.

[3] Mainz, op. cit., § 67; Pothier, Præf. Pand., 2, 2, 6.

[4] Gaius, Instit., III, 140; de même II, 218.

ranger à l'affirmative admise par Cassius, au sujet de l'usufruit des créances [1]; de même encore Ulpien nous montre
Celsus adoptant une opinion de Sabinus [2]; enfin, comme
dernier exemple, mentionnons Julien, qui se range à l'avis
de Labéon au sujet de l'ordre d'institution de l'heres sine
parte [3], et Javolenus, qui, dans une Epistola, déclare ap-
prouver une solution de Proculus en matières de legs [4].

L'enseignement distribué dans les écoles n'avait donc
pas un caractère sectaire et exclusif, puisque la critique et
le travail personnels de chaque jurisconsulte et l'indépendance de jugement inséparable de la vraie science n'étaient
pas choses bannies. Par suite, il est vrai de dire que ce ne
sont pas les écoles qui ont fait les controverses [5]; mais il
n'en est pas moins vrai aussi que ce ne sont pas les controverses qui ont fait les écoles. Ce qui a fait les écoles,
c'est, on l'a vu déjà, l'opposition des deux fondateurs, la
divergence de leurs sentiments politiques, la différence
dans le point de départ de leurs opinions juridiques et,
par suite, de leur enseignement; ce qui a maintenu leur
séparation, c'est la réunion de deux causes : d'une part, il
est vrai, la transmission par l'enseignement des solutions
opposées sur les questions controversées, solutions basées
sur des méthodes différentes [6]; mais d'autre part, et surtout, une sorte de piété vis-à-vis des maîtres dont on ne
pouvait plus défendre les opinions, et le besoin qu'éprou-
vent toujours les commençants de se rattacher à une autorité reconnue et de se mettre sous la protection de son
nom [7].

[1] L. 3, D. 7, 5, De usuf. car. rer.
[2] L. 9, § 13, D. 38, 5, De hered. inst.
[3] L. 20, § 1, D. 38, 5, De hered. inst.
[4] L. 11 et 64, D. 38, 5, De hered. inst.
[5] Puchta, op. cit., § 98.
[6] Pothier, Præf. Pand., 2, 2, 2.
[7] Puchta, loc. cit.

4° Les principaux jurisconsultes de chaque école.

78. C'est ainsi que, se reliant les uns aux autres, les élèves remplaçant les maîtres et enseignant à leur tour, se succédèrent ces jurisconsultes Sabiniens et Proculiens que Pomponius nous énumère.

Les successeurs de Labéon furent Nerva le père, Proculus, Nerva le fils, Pégasus, Juventius Celsus, Celsus le fils, Neratius Priscus. — Ceux de Capiton furent Massurius Sabinus, Gaius Cassius Longinus, Cælius Sabinus, Priscus Javolenus, Aburnius Valens, Tuscianus et Salvius Julianus.

D'après l'opinion que nous avons admise plus haut, tous ces jurisconsultes, à côté d'autres moins renommés et restés par suite inconnus, auraient successivement professé le droit. Peut-être même l'ont-ils fait dans l'une ou l'autre des stationes illustrées par Labéon et Capiton ; car, on le se rappelle, nous avons adopté l'opinion de M. Schrader[1], d'après laquelle aux deux grandes sectes juridiques se rattachaient des établissements d'instruction, des écoles proprement dites, dans lesquelles pendant plusieurs générations les élèves prirent la place des maîtres et distribuèrent à leur tour un enseignement, qui de l'une à l'autre variait sur plusieurs points de doctrine, mais non sur les principes généraux de la science [2].

Cette conclusion est confirmée par les résultats que nous avons constatés lorsque nous recherchions quels jurisconsultes nous étaient personnellement connus comme professeurs de droit. En effet, nous avons vu que Massurius Sabinus, Cassius Longinus, Javolenus et Julien enseignè-

[1] Schrader, Heidelberger Jahrbücher, 1823, p. 979.
[2] Accarias, op. cit., p. 47.

rent le droit[1] : il en est de même de Labéon, dont Nerva et Proculus, par exemple, étaient les élèves. Que Proculus a également professé, cela semble bien résulter de la circonstance même que son nom a été donné à l'école; d'ailleurs, Urseius Ferox est indiqué comme son élève[2]. Enfin Neratius Priscus se fait connaître comme *docens* par ses *Regulæ*, et comme *respondens* par ses *Responsa*. Or, si tous ces jurisconsultes, dont la vie et les œuvres nous sont connues au moins par les citations du Digeste, ont enseigné le droit, pourquoi n'admettrait-on pas que les autres Sabiniens ou Proculiens énumérés par Pomponius, Cælius Sabinus, Valens, Tuscianus, Nerva et Celsius, aient été également professeurs de droit, alors portant que nous n'avons sur eux aucun renseignement et qu'il n'existe aucun texte de leurs écrits qui vienne dire le contraire?

70. Ajoutons qu'à l'énumération que donne Pomponius il n'y a guère d'autre jurisconsulte postérieur à ajouter. C'est qu'en effet déjà au temps de Pomponius et des Antonins, la scission entre les deux écoles commençait à s'affaiblir ; au IIIe siècle, sous l'influence absorbante des grands jurisconsultes tels que Paul, Papinien, Ulpien, elle disparut complétement[3]. Le dernier jurisconsulte qui nous soit connu comme se rattachant aux Sabiniens, c'est Gaius, que Pomponius ne nomme pas, parce qu'il a pu ignorer même son existence, Gaius ayant vécu et enseigné en province. On se rappelle, en effet, que c'est l'Asie qui fut la patrie de Gaius ; que les auteurs ont même essayé de préciser la ville qu'il habita, les uns prétendant que c'est Troas, les autres que c'est Béryte, qui était dotée d'une école de droit florissante, ainsi que nous allons le voir.

---

[1] V. supra, ch. IX, 1º et 2º.
[2] L. 27, § 1, D. 9, 2, Ad leg. Aquil.; L. 11, § 2, D. 39, 3, De aqua.
[3] Giraud, op. cit., p. 313.

CHAPITRE XI.

LES ÉCOLES DE DROIT DES PROVINCES.

80. Ce n'est pas seulement à Rome qu'il y avait des *stationes jus publice docentium aut respondentium*. Il y en avait aussi dans plusieurs villes de province. Ulpien nous le dit implicitement, puisqu'il décide que les gouverneurs ne doivent point accueillir les demandes judiciaires des professeurs ayant pour objet les honoraires[1]. Modestin nous cite même une différence entre la condition des professeurs de droit de Rome et celle des professeurs des provinces, savoir la dispense de tutelle qui est accordée aux premiers, tandis qu'elle est refusée aux seconds[2].

Les *juris civilis professores* des provinces, comme ceux de Rome, ne se bornaient probablement pas à l'enseignement doctrinal, mais ils donnaient aussi des *responsa*. Mommsen, il est vrai, a soutenu le contraire, en confondant ces *responsa* avec le *jus respondendi*. Or, même quant au *jus respondendi*, l'assertion que ce *jus* n'aurait appartenu qu'à des jurisconsultes de Rome n'est pas parfaitement justifiée, puisque Fronton nous dit : « Plurimi sunt in Senatu Cirtenses clarissimi viri : et habemus virum consularem jus publice respondentem[3]. » Mais fût-il prouvé que le *jus respondendi* était borné à Rome, cela ne prouverait pas que les professeurs des provinces n'eussent pas pu *jus publice respondere*, puisque, comme on l'a vu plus haut, ce sont là deux choses non identiques.

81. Les écoles provinciales qui nous sont les mieux connues étaient établies à Béryte, colonie phénicienne

---

[1] L. 1, § 5, D. 50, 15, De extr. cogn.

[2] L. 6, § 12, D. 27, 1, De excus.

[3] Fronto, Epist. ad. amic., 2, 10.

fondée par Auguste, à Alexandrie en Égypte, à Césarée en Cappadoce, et à Athènes.

L'école de Béryte paraît avoir existé déjà à l'époque de Marc-Aurèle ; on l'a conclu d'un texte de Cervidius Scævola dans lequel ce jurisconsulte cite consécutivement à titre d'exemples Rome et Béryte. « Qui Romæ mutuam acceperat pecuniam solvendam in provincia per menses tres, eamque ibi dari... § 1. Callimachus mutuam pecuniam nauticam accepit a Sticho servi Seii, in provincia Syria, civitate Beryto, usque Brentesium, idque creditum esse in omnes navigii dies ducentos sub pignoribus et hypothecis, mercibus a Beryto comparatis et Brentesium perferendis, et quas Brentesio empturus esset et per navem Beryto invecturus ; conventumque inter eos, ut...[1] » Plus tard il est question de l'école de droit de Béryte dans la Constitution de Dioclétien et Maximien relative aux immunités des étudiants, qui a été citée plus haut, et qui se place entre les années 285 et 305[2]. Et même avant Dioclétien, nous voyons Grégoire Thaumaturge, qui fut évêque de Césarée en 248, mentionner Béryte et son école de droit : « πολις ρωμαικωτερα πως και των νομων τουτων εἶναι πίστευθεισα παιδευτηριον » ; et comme il parle du temps de sa jeunesse, il faut que l'école de droit ait déjà existé aux environs de l'an 200. Aussi a-t-on pu en induire qu'elle avait été fondée, sinon par Auguste, peut-être du moins par Adrien, qui la dota d'un bel *auditorium* orné de colonnes et de fresques[3]. Au IIIe siècle cette école était déjà célèbre, vu qu'on accordait des immunités à ses étudiants, et sa renommée ne fit que grandir, puisqu'au siècle suivant nous voyons Libanius, le rhéteur grec d'Antioche, se plaindre de ce que la rhétorique et l'éloquence soient délaissées pour l'étude de la langue

[1] L. 122, D. 45, 1, De V. O.

[2] V. supra, chap. VIII, 1º, nº 49.

[3] Rudorff, § 112, texte et note 4.

latine et du droit romain, dont la connaissance est la voie sûre qui conduit aux richesses et aux honneurs. C'est de son époque que nous connaissons un professeur de Béryte, Leontius, cité par Justinien comme haut dignitaire de l'État[1]. Ajoutons enfin que l'importance de l'école de Béryte a dû subsister encore au temps de Justinien, puisque Dorothée et Anatole, deux des rédacteurs du Digeste, y étaient professeurs, et que Justinien lui-même, au § 7 de la Constitution *Omnem*, appelle Béryte : « pulcherrima civitas quam et legum nutricem bene quis apellet[2]. » Mais la ville de Béryte ayant souffert d'un tremblement de terre en 554 et peu après d'un incendie, l'école de droit tomba en décadence : elle fut alors transférée à Sidon, où elle subsista jusqu'à l'invasion arabe en 634[3].

Sur les écoles d'Alexandrie et de Césarée nous n'avons pas de renseignements. Tout au plus Grégoire Thaumaturge nous dit-il qu'il commença à étudier le latin et le droit romain en Cappadoce, avant d'arriver à Béryte : or on peut supposer avec raison, puisqu'aucune autre école asiatique n'est connue, que l'école de Cappadoce en question n'est autre que celle de Césarée, qui dut, par conséquent, exister aux environs de l'an 200. Mais au temps de Justinien les écoles de droit d'Alexandrie et de Césarée n'étaient pas bien florissantes, puisque cet empereur en ordonna la fermeture en décidant que l'enseignement du droit ne serait plus donné que dans les villes royales, « et non in aliis locis quæ a majoribus tale non meruerint privilegium : quia audivimus etiam in Alexandria splendidissima civitate, et in Cæsarensium, et in aliis quosdam homines

---

[1] § 9, C. Tanta, 2, Cod. 2, 17, De vet. jur. enuc.

[2] § 7, C. Omnem Digestorum Proemia.

[3] Rudorff, op. cit., § 112, note 19, et Bouillet, Diction. d'hist., vᵒ Béryte.

imperitos devagari, et doctrinam discipulis adulterinam tradere[1]. »

De l'école d'Athènes nous ne connaissons que son existence[2].

D'ailleurs, on voit par les termes dont se sert Justinien : « *et in aliis* », que les quatre écoles dont nous venons de parler n'étaient pas les seules. De même, les expressions qu'emploie Modestin en nous parlant des professeurs de droit « εν επαρχια » permettent de croire que des écoles étaient ouvertes dans les villes-résidences des gouverneurs. Aussi a-t-on supposé qu'il y en avait une notamment à Carthage[3], qui, jusqu'à l'invasion des Vandales, fut la seconde ville de l'Ouest, centre des études de grammaire et de rhétorique, qu'Apulée a appelée « Carthago provinciæ nostræ magistra venerabilis, Carthago Africæ musa cœlestis, Carthago camena togatorum[4]. »

Ce n'est là, bien qu'on puisse facilement l'admettre, qu'une hypothèse, car les textes sur les Écoles des provinces nous font défaut ; on est réduit en cette matière aux suppositions, et les auteurs peuvent donner libre cours à leur imagination.

82. C'est ainsi qu'on a aussi supposé avec quelque vraisemblance que quelques-uns des jurisconsultes célèbres de Rome, originaires des provinces, ont dû commencer par enseigner dans quelque école de droit des provinces. C'était, en effet, chose fréquente que des maîtres de toutes sortes vinssent des provinces, et surtout des provinces grecques, s'établir à Rome ; les grammairiens notamment y venaient en telle foule que, pour employer les expressions de Cicéron, on pouvait dire :

---

[1] § 7, C. Omnem Digestorum Proemia.

[2] V. les textes cités par Bremer, op. cit., note 319.

[3] Bremer, op. cit., p. 83 et suiv.

[4] Apulée, Florides, 4, 20.

« influxit non quidam e Græcia rivulus in Urbem, sed abundantissimus amnis illarum disciplinarum et artium[1]. » De même Strabon nous dit que Rome était remplie de savants de Tarse et d'Alexandrie. Il est donc permis de croire que les jurisconsultes de province avaient aussi des représentants dans la capitale. Et, de fait, on a soutenu que plusieurs des jurisconsultes classiques non-seulement étaient originaires de province, mais encore y avaient enseigné le droit pendant une partie de leur vie[2]. Quoique cette proposition ne soit point établie sur des faits certains, vu le manque de documents biographiques sur les jurisconsultes romains, et qu'elle soit uniquement le résultat de la combinaison de textes par eux-mêmes sans signification, elle a une assez grande vraisemblance.

Ulpien, par exemple, d'après **M.** Bremer, originaire de Tyr, comme il nous le dit lui-même dans plusieurs textes[3], vécut longtemps en province : cela se voit par la connaissance même qu'il en a, la fréquence avec laquelle dans ses écrits il parle de l'Égypte, de l'Arabie, de l'Asie-Mineure et surtout de la Syrie[4]; enfin, par ce fait même que quelques-uns de ses ouvrages sont écrits pour les provinciaux ou tout au moins pour leurs administrateurs : « *libri de officio proconsulis, de officio curatoris rei publicæ, de officio quæstoris*[5]. » M. Bremer veut même que ce soit à Béryte qu'Ulpien enseigna, parce que cette ville est nommée par lui immédiatement après Tyr sa patrie, dans l'énumération

---

[1] Cicéron, République, 2, 19.

[2] Bremer, loc. cit.

[3] L. 1, pr. D. 50, 15, De cens.; L. 70, D. 45, 1, De V. O.; L. 11, pr. D. 32, De leg. et fid. (3); L. 1, § 6, D. 45, 1, De V. O.

[4] L. 9 et 10, D. 47, 11, De extr. crim.; D. 55, § 5, D. 32, De leg. et fid. (3); L. 4, § 5, D. 1, 6, De off. proc.; L. 7, §§ 6 et 14, D. 48, 22, De interd.; L. 3, pr. D. 50, 15, De cens.

[5] Rudorff, op. cit., § 74.

des villes ayant eu le *jus italicum*[1] ; c'est là aussi, dit-il, qu'il a pu connaître les Institutes de Gaius, qu'il paraît avoir eu sous les yeux en rédigeant son *liber singularis regularum*.

Papinien était également originaire de Syrie, puisqu'il était, au dire de Spartien, allié de l'empereur Sévère par la seconde femme de celui-ci, qui était native d'Émèse. Ses écrits sont aussi fréquemment rédigés en vue des affaires provinciales ; et ce qu'il y a de bien significatif, c'est qu'un de ses écrits a été rédigé en langue grecque, ouvrage dont il nous est resté un fragment intitulé : εκ του αστυνομιχου μονοβιβλον του Ραπινιανου[2], traitant des fonctions des édiles municipaux : or, si Papinien a pu écrire un livre sur les devoirs de pareils fonctionnaires, ne serait-ce pas parce qu'il a pu les observer de près, parce qu'il a passé une partie de sa vie en province ; peut-être même, dit M. Bremer, est-ce en Syrie à Béryte qu'il a commencé à enseigner : plusieurs textes viennent à l'appui de cette conjecture.

Modestin paraît avoir de même passé une partie de sa vie dans une province de l'Est : il nous en fournit plusieurs indices. Ainsi, dans son *liber Pandectarum*, en énumérant les degrés de parenté, il indique aussi les noms grecs[3], et plus loin il cite des testaments et autres actes grecs[4]. De plus il a écrit un livre en grec, intitulé dans le Digeste *liber excusationum*, mais dont le vrai titre était : παρατησις επιτροπης και κουρατοριας, et qui était dédié à un Grec Ιγνατιω Δεξτρω, ce qui indique bien que le livre était fait pour des provinciaux, et les extraits conservés au Digeste semblent montrer de plus qu'il a aussi été rédigé en province[5] ;

---

[1] Rudorff, op. cit., § 74.

[2] Rudorff, op. cit., § 73.

[3] L. 4, § 6, D. 38, 10, De grad.

[4] L. 34, §§ 1 et 7, D. 30, De leg et fid. (1); L. 10, D. 50, 12, De pollicit.

[5] L. 22, pr. §§ 3, 4 et 5, D. 26, 5, De test.; L. 6, §§ 7 11 et 12, D. 27, 1, De excus.

mais dans quelle province, c'est ce qu'il nous est imposible de reconnaître : peut-être en Syrie ou en Asie-Mineure[1].

Par des considérations analogues, l'auteur précité cherche à établir aussi que d'autres jurisconsultes encore, Q. Cervidius Scævola, Salvius Julianus, Tertullianus, Marcianus, Tryphoninus, sont au moins d'origine provinciale, si même ils n'ont passé leur vie en province[2].

[1] L. 6, §§ 2, 9 et 15, D. 27, 1, De excus.
[2] Bremer, op. cit., p. 90 et suiv.

TROISIÈME PARTIE.

Les Écoles publiques impériales.

CHAPITRE PREMIER.

CARACTÈRE GOUVERNEMENTAL DES ÉCOLES.

83. A côté de l'enseignement privé du droit, tel que nous venons de l'étudier à l'époque classique, vint se placer plus tard, pour le moins aux temps du Bas-Empire, un enseignement officiel, c'est-à-dire distribué sous la direction de l'autorité par des maîtres nommés et payés par elle, dans des écoles ouvertes et surveillées par elle.

L'époque à laquelle se reporte cette innovation ne peut pas être précisée. On sait combien l'histoire générale du Bas-Empire est remplie d'obscurités. La branche spéciale que nous en étudions n'est pas mieux partagée.

Néanmoins il est permis d'affirmer que les Écoles de droit n'ont été officiellement organisées que fort tardivement: l'absence de documents en est un indice à peu près certain. D'autre part, nous pouvons tirer la même conclusion du célèbre Édit de Dioclétien sur les Maxima (fin du IIIe siècle), restitué d'après des inscriptions trouvées en Syrie et en Égypte[1].

Dans cet édit éminemment curieux à consulter pour

---

[1] Reproduit dans l'ouvrage de Haubold : «Antiquitatis romanæ monumenta legalia extra libros juris romani sparsa»; édition Spangenberg, Berlin 1830.

toutes les sciences et surtout pour la science économique, après avoir fixé le maximum du prix de toutes les denrées alimentaires et de tous les objets nécessaires à la vie, après avoir aussi déterminé le maximum des salaires de toutes les professions, l'empereur s'occupe encore des honoraires des professeurs des arts libéraux, et fixe un maximum mensuel dans les termes suivants qu'il est important de faire connaître :

Pedagogo in singulis pueris menstruos	denarios	quinquaginta.
Magistro instituto litterarum in singulis pueris menstruos. . . .	»	quinquaginta.
Calculatori in singulis pueris menstruos	»	septuaginta.
Notario in singulis pueris menstruos	»	septuaginta [quinque.
Librario sive antiquario in singulis discipulis menstruos	»	quinquaginta.
Grammatico græco sive Latino et geometræ in singulis discipulis menstruos	»	ducentos.
Oratori sive sofistæ in singulis discipulis menstruos	»	ducentos.
Avocato sive jurisperito :		
In postulatione	»	ducentos [quinquaginta.
In cognitione	»	mille.
Architecto magistro per singulos pueros menstruos	»	centum.

Remarquons les termes dont se sert la Constitution. Dans les sept premières dispositions et dans la neuvième, le salaire est fixé à tant par élève pour les maîtres des différentes sciences. Dans la huitième, au contraire, il est

question des avocats et des jurisconsultes, et l'on ne fixe
plus de salaire à tant par élève. Cela est étrange, car dans
cette dernière aussi il s'agit évidemment d'un salaire pour
un enseignement, puisque la disposition en question se retrouve au milieu de plusieurs autres qui concernent l'enseignement. Comment expliquer qu'ici le salaire soit fixé d'une
façon toute particulière, à deux cent cinquante deniers
pour la postulatio, c'est-à-dire l'introdution d'une instance,
et à mille pour la cognitio, c'est-à-dire la conduite d'un
procès? Rien ne permet de résoudre l'énigme que contient
l'édit: toutes les conjectures sont donc possibles. Toutefois
deux faits ressortent de ce texte. D'une part il nous indique quelle était, à l'époque de Dioclétien, la rétribution du
travail juridique ; or, le denier valant alors environ qua-
rante-trois centimes, et le chiffre indiqué chaque fois par
la Constitution étant un maximum, on peut conclure que
le salaire dont il s'agit, en prenant comme moyenne la
moitié de ce chiffre, était de soixante francs environ pour
la postulatio et de deux cents environ pour la cognitio[1].
D'autre part enfin, il en ressort la confirmation de ce que
nous disions au commencement de ce chapitre, à savoir
que l'enseignement du droit n'a été organisé officiellement
que fort tard, puisqu'à l'époque de Dioclétien il n'est question que de l'enseignement privé, alors pourtant que l'Édit
de rerum pretiis passe en revue toutes les branches de
l'enseignement des écoles, et fixe le maximum des salaires
des professeurs.

[1] Qu'on ne croie pas que ces chiffres fussent bien élevés. Un coup d'œil
jeté sur les autres parties de l'Édit montre que toutes choses étaient à
cette époque d'un prix excessif (un sextarium ou demi-litre d'huile coû-
tait 5 francs environ, le sextarium de miel 9 francs, la journée d'un
ouvrier à la campagne 11 francs, la journée d'un tailleur de marbre
25 francs, etc.), et témoigne de l'affreuse misère dans laquelle la décadence de l'Empire avait précipité les classes inférieures de la société
romaine.

84. On est fondé à croire que Rome, suivant toute probabilité, eut avant Constantinople une école publique impériale où se faisaient ce que l'on appelait les *studia liberalia*. Une Constitution de l'an 370, que nous aurons à analyser plus loin à l'occasion de la discipline des études, ne parle, en effet, que des *studiosi* de Rome. Mais les documents sur l'organisation de cette école et sur les diverses branches de l'enseignement qui y était donné nous manquent[1]. Ce n'est que pour l'époque qui suit la fondation de l'école de Constantinople que nous trouvons des indications dans les Constitutions de Constantin, Julien, Gratien, Valens et Valentinien Ier, Théodose II et Valentinien III, et enfin Justinien.

Nous aurons à rechercher d'abord ce qu'étaient les écoles de droit impériales pendant la période antéjustinienne; ensuite nous examinerons les changements qu'y introduisit Justinien.

Le caractère officiel, gouvernemental des nouvelles écoles de droit du Bas-Empire ressort de la nature même des Constitutions impériales qui les régissent. Elles entrent, en effet, comme on verra, dans les détails les plus minutieux de la discipline scolaire : elles créent une surveillance, vexatoire quelquefois et puérile, à la fois sur les maîtres et sur les élèves, et prononcent des peines graves pour des faits que le droit commun ne qualifie pas même de délits. La Constitution même qui organise l'école de Constantinople nous en fournit un exemple.

85. C'est en l'an 425 que fut créée cette école par Théodose II et Valentinien III[2]. Leur constitution débute par des prohibitions. Défense est faite à tous autres que les professeurs publics, enseignant dans l'École impériale,

---

[1] Savigny, op. cit., ch. 6.
[2] C. 3, Cod. Théodosien, 14, 9, De stud. lib. urb. Rom. et Const.

intra Capitolii auditorium, de professer publiquement ; il ne leur est permis de se vouer à l'instruction d'élèves qu'à huis-clos et dans leur propre demeure ; s'ils contreviennent à la défense, ils sont notés d'infamie et expulsés de la ville où ils ont osé désobéir aux ordres impériaux [1]. Voici d'ailleurs le texte :

« Universos, qui usurpantes sibi nomina magistrorum in publicis magistrationibus cellulisque collectos undecunque discipulos circumferre consueverunt, ab ostentatione vulgari præcipimus amoveri, ita ut, si quis eorum, post emissos divinæ sanctionis afflatus, quæ prohibemus atque damnamus iterum forte tentaverit, non solum ejus quam meretur infamiæ notam subeat, verum etiam pellendum se ex ipsa, ubi versatur illicite, urbe cognoscat. Illos vero, qui intra plurimorum domos eadem exercere privatim studia consueverant, si ipsis tantummodo discipulis vacare maluerint quos intra parietes domesticos docent, nulla hujusmodi interminatione prohibemus.»

Vient ensuite, dans la Constitution dont il s'agit, l'organisation de l'école nouvelle, qui devra posséder dix grammairiens et trois rhéteurs pour l'enseignement de l'éloquence romaine, dix grammairiens et cinq sophistes pour la littérature grecque, un professeur *qui philosophiæ arcana rimetur*, et enfin deux professeurs *qui juris ac legum formulas pandant.*

L'auditorium des *studia liberalia* était établi sous les portiques du Capitole [2] ; chaque professeur avait son *exedra*, « ita ut, disait la Constitution, unicuique loca specialiter deputata assignari faciat tui sublimitas (scl. Præfecti Urbi), ne discipuli sibi invicem possent obstrepere vel magistri, neve linguarum confusio permixta vel vocum aures quorumdam aut mentes a studio litterarum avertat. » Dans les mêmes bâtiments se trouvaient à la disposition de tous les bibliothèques grecques et latines, à la garde desquelles étaient préposés sept conservateurs appelés *antiquarii* [1].

Attribuant aux professeurs nommés par lui la mission et le monopole de faire des leçons publiques « *in auditorio suo* », Théodose leur défend par contre de se livrer accessoirement à aucun enseignement quelconque. « Sin autem, ajoute-t-il, ex eorum numero fuerint qui videntur intra Capitolii auditorium constituti, hi omnibus modis privatarum ædium studia sibi interdicta esse cognoscant, scituri, quod si adversus cœlestia statuta facientes fuerint deprehensi, nihil penitus ex illis privilegis consequentur quæ his, qui in Capitolio tantum docere præcepti sunt, merito deferentur. » On le voit, une peine est établie contre le professeur qui transgresse la défense de donner des leçons particulières ; et cette peine est grave : elle entraîne la déchéance des divers priviléges que les Constitutions impériales accordaient aux professeurs.

CHAPITRE II.

PRIVILÉGES ACCORDÉS AU PROFESSORAT.

86. Ces priviléges consistaient dans des dispenses et dans des dignités.

Les dispenses étaient établies par la Constitution de Constantin de l'an 321, dont il a été fait mention déjà plus haut, et qui assurait en outre aux professeurs une protection très-efficace contre toutes injures ou vexations par l'établissement de peines sévères contre ceux qui s'en rendraient coupables. Voici cette partie de la Constitution :

[1] C. 2, Cod. Théod., 14, 9, De stud. lib.

« Medicos, grammaticos et professores alios litterarum
immunes esse cum rebus quas in civitatibus suis possident
præcipimus et honores fungi : in jus etiam vocari eos , vel
pati injuriam prohibemus : ita, ut si quis eos vexaverit,
centum millia nummorum ærario inferat, a magistratibus
vel quinquennalibus exacta, ne ipsi hanc pœnam susti-
neant. Servus etiam si injuria fecerit, flagellis debeat a suo
domino verberari, coram eo cui fecerat injuriam : vel si
dominus consensit viginti millia nummorum fisci inferat...
Quoniam gravissimis dignitatibus vel parentes, vel domini,
vel tutores esse non debeant. Fungi eos honoribus volentes
permittimus, invitos non cogemus. »

Quant à cette partie de la Constitution de Constantin
qui est relative aux dispenses de charges publiques, le
texte en a été cité plus haut. Ajoutons ici le texte d'une
Constitution d'Honorius et d'Arcadius de l'an 414 qui vint
ordonner de même que :

« Nulla municipali, nulla curialium collatione, nulla se-
natoria vel glebali descriptione vexentur, seu indepta ad-
ministratione, seu accepta testimoniali meruerint missio-
nem ; sint ab omni functione, omnibusque muneribus
publicis immunes, nec eorum domus ubicunque positæ
militem seu judicem hospitandum, quæ omnia filiis etiam
eorum et conjugibus illibata præcipimus custodiri[1]. »

87. Quant aux dignités conférées aux professeurs « *qui
videntur intra Capitolii auditorium constituti* », elles résultaient d'une Constitution de Théodose et de Valentinien,
également de l'an 425[2], qui conférait à six professeurs
désignés la « *comitiva primi Ordinis* » :

« Grammaticos gæcos Helladium et Syrianum ; Latinum
Theophilum ; Sophistas Martianum et Maximum , et Juris-

---

[1] C. 16, Cod. Théod., 13, 3, De medicis.
[2] C. un., Cod. Théod., 6, 21, De prof. qui in U. C. doc. ex leg. mer.
comit.; Commentaire de Jacques Godefroy sur ce texte.

peritum Leontium placuit honorari codicillis Ordinis primi jam nunc ex nostra majestate perceptis: ita ut eorum qui sunt ex Vicariis dignitate potiantur.»

La *Comitas* était la dignité de *comes :* il y en avait plusieurs espèces différentes, notamment la *comitiva consistoriana*, c'est-à-dire la dignité de membre du conseil impérial ou *sacrum consistorium* [1]; la *comitiva utriusque ærarii nostri*, c'est-à-dire la qualité de comte des largesses impériales et du trésor privé [2]; la *comitiva dispositionum et rerum privatarum* [3]. La *comitiva* était d'ailleurs purement honorifique: « *honoraria comitiva dignitas*, dit une Constitution d'Arcadius et d'Honorius [4]. Elle comportait même des degrés comme nos ordres honorifiques: il y avait la *comitiva primi ordinis*, et la *comitiva secundi ordinis* [5]. C'est la première que Théodose confère à six professeurs dénommés, parmi lesquels un professeur de droit.

La même Constitution décide qu'à l'avenir tous les professeurs pourront obtenir la *comitiva*, lorsqu'ils auront satisfait à certaines conditions: l'une, d'avoir enseigné pendant vingt ans *in auditorio professorum;* l'autre, d'avoir été nommés professeurs par l'autorité compétente.

« Qua in re quicumque alii ad id doctrinæ genus, quod unusquisque profitetur, ordin... dentur, si laudabilem in se probis moribus vitam esse monstraverunt, in docendi peritiam facundiamque dicendi, interpretandi subtilitatem, copiamque disserendi se habere patefecerint, et Cœtu amplissimo judicante digni fuerint æstimati, qui in memo-

---

[1] C. 8, Cod. Justinien, 2, 7, De adv. div. jud.; C. 8, Cod. Just., 12, 19, De proxim. sacror.

[2] C. 1, Cod. 12, 6, De quæst et magist.

[3] C. 4, Cod. 12, 19, De proxim. sacror.

[4] C. 47, Cod. 10, 31, De decur. et fil.

[5] C. 11, Cod. 10, 52, De prof. et med.; C. 1, Cod. 12, 11, De com. et trib.; C. 1 et 2, Cod. 12, 12, De com. rei. mel.

rato auditorio Professorum funguntur officio, his quoque quum ad vigenti annos observatione jugi ac sedulo docendi labore pervenerint, hisdem quibus prædicti viri dignitatibus perfruantur. »

Comme on le voit, la dignité de *Comes*, ainsi que les dispenses des charges publiques dont il a été parlé plus haut, ne concernaient que les professeurs de l'École publique de l'État, nommés par l'État.

CHAPITRE III.

NOMINATION DES PROFESSEURS. DÉCADENCE DU PROFESSORAT.

88. Le mode de nomination est indiqué également par la Constitution qu'on vient de lire. C'est au Sénat qu'incombe l'élection des professeurs ; cela résulte d'une part des mots : « *Cœtu amplissimo judicante* », et d'autre part des mots « *ordin…. dentur* », que Jacques Godefroy complète ainsi : « *ordini prodentur.* » D'ailleurs il en était déjà ainsi longtemps avant Théodose. Nous trouvons, en effet, dans une Constitution de Julien l'Apostat de l'an 362 le passage suivant :

« Magistros studiorum, doctoresque excellere oportet moribus primum, docendi facundiaque ; sed quia singulis civitatibus adesse ipse non possum jubeo : quisque docere vult, non repente nec temere prosiliat ad hoc munus, sed judicio ordinis probatus decretum Curialium mereatur Optimorum conspirante consensu ; hoc enim decretum ad me tractandum referatur, ut altiore quodam honore nostro judicio studiis civilibus accedat [1]. »

Ainsi c'est le Sénat qui nommait les professeurs, et pour

---

[1] C. 11, Cod. Théod., 23, 3, De med. et prof.

qu'on pût être nommé il fallait satisfaire à certaines conditions de moralité et de savoir, laissées à l'appréciation du *Cœtus amplissimus*. La nomination était ensuite confirmée par l'empereur, qui, sous prétexte d'honorer par son intervention le corps enseignant, se réservait ainsi la haute direction des écoles publiques.

Malgré ces formalités compliquées, dont l'accomplissement aurait dû, ce semble, laisser des traces écrites, nous ne connaissons le nom d'aucun autre professeur de cette époque antérieure à Justinien, si ce n'est celui de ce Leontius rappelé par Théodose et à qui il confère la *comitiva primi ordinis*, et celui d'Appelles, l'un des membres de la commission de rédaction du Code Théodosien, « *vir disertissimus et scolasticus*[1]. »

L'absence de tous renseignements au sujet des professeurs s'explique d'ailleurs par la décadence de la science du droit et, par suite, le peu de réputation des professeurs et des jurisconsultes. Théodose lui-même s'étonne de la pauvreté, de la rareté des esprits versés dans une pleine connaissance du droit civil, « *tam pauci raroque extiterint, qui plena juris civilis scientia ditarentur.* » C'est à peine, ajoute-t-il, si, après avoir tristement pâli dans les veilles, un ou deux arrivent à une doctrine solide et complète : « *in tanto lucubrationum tristi pallore vix unus aut alter receperit soliditatem perfectæ doctrinæ*[2]. »

89. C'est qu'en effet les beaux temps de la jurisprudence romaine étaient passés. Depuis Alexandre Sévère (222-234) la série brillante des jurisconsultes nous apparaît brusquement interrompue : au vif éclat qu'avait jeté la science du droit succède tout à coup et pour ainsi dire sans transition une profonde obscurité[3]. Les magistrats, les juges,

---

[1] C. 5, Cod. Théod. 1, 1, De constit. prin. et ed.

[2] Cod. Théod. pr. et § 1, De Theod. Cod. auctoritate.

[3] Mackeldey, op. cit , § 58; Mainz, op. cit., § 70.

les plaideurs, leurs défenseurs, les étudiants ne vivent plus que sur le passé, et même, au lieu de recourir aux sources originales, ils ne font plus que s'appuyer sur les auteurs de l'époque classique. L'étude du droit ne produit plus que des hommes ordinaires, sans originalité, se bornant à suivre les écrits laissés par leurs prédécesseurs et les Constitutions impériales, à en compter comme autorités les dispositions les plus usuelles ; tout au plus à en compléter textuellement certains extraits dans un but de pratique ou d'actualité, comme le fit Aurélius Arcadius Charisius, *magister libellorum*, dans ses *libri de officio præfecti prætorii, de testibus et de muneribus civilibus*, et Hermogénien, l'auteur d'un *Juris epitome* (dont plus de quatre-vingt-dix fragments sont cités au Digeste), et qui peut avoir été également l'éditeur du *Codex Hermogenianus*[1].

Les causes de cette décadence du droit se déduisent facilement du caractère même de l'époque. En effet, si déjà sous les empereurs qui précédèrent Alexandre Sévère, la science juridique dut son éclat à la nature même du droit civil, qui conservait seul à ses adeptes quelque indépendance au milieu de l'asservissement de tous et qui était la seule branche de la vie publique où la vieille Rome, libre et fière, se retrouvât encore, on comprend que cette supériorité isolée ne pouvait se maintenir au milieu de la décadence universelle, et qu'au moment où la jurisprudence parvenait à sa plus grande élévation, les progrès et la vie durent cesser pour elle brusquement[2]. Ajoutons qu'à partir de la proclamation du christianisme comme religion d'État, l'étude du droit eut un rival dangereux dans la théologie nouvelle, qui plus que le droit maintenant ouvrait la

---

[1] Puchta, op. cit., § 135; Mackeldey, op. cit., § 63.
[2] Savigny, op. cit., ch. 1.

voie des honneurs. Enfin c'est aussi dans l'autorité donnée
aux réponses des jurisconsultes classiques qu'est à mes
yeux l'une des causes de la décadence[1] : la première mesure funeste a été le rescrit d'Adrien ; la dernière, celle qui
a complété et constaté le fâcheux résultat de ce principe
vicieux de la force de loi attribuée à des sentences doctri-
nales, la dernière mesure, disons-nous, est la loi des cita-
tations de Théodose et de Valentinien. Dans cet esprit d'asservissement à ce qui avait été dit par les anciens maîtres,
provoqué par Adrien, les difficultés de l'interprétation juridique réduite à un combat de citations devaient être considérables en présence du grand nombre des maîtres et
de leurs écrits. Aussi la Constitution de Théodose était-elle
dictée par les besoins de la situation[2]. Mais elle n'arrêta
pas pour cela la décadence de la science : l'étude du droit
fut comme auparavant une gymnastique de la mémoire,
et l'immense accumulation de livres, la montagne de Constitutions impériales, pour emprunter les expressions de
Théodose, continuèrent à fermer d'un rempart d'obscurités et de ténèbres l'accès de la connaissance du droit civil à l'esprit humain : « Copia immensa librorum, moles
Constitutionum divalium quæ velut sub crassæ demersa
caliginis et obscuritatis vallo, sui notitiam humanis ingeniis intercludit[3]. »

Qu'on en juge par le tableau suivant des études de droit
avant Justinien, qui nous a été conservé par la Constitution
Omnem.

---

[1] Mackeldey, op. cit., § 59 in fine.
[2] Ortolan, op. cit., p. 396.
[3] Cod. Théod., § 1, De Cod. Theod. auctoritate.

CHAPITRE IV.

PROGRAMMME DES ÉTUDES AVANT JUSTINIEN.

90. L'étude du droit dans les écoles publiques de l'État s'étendait sur quatre années.

Au commencement de la première année on enseignait aux étudiants les Institutes de Gaius. Suivant quelle méthode, et d'après quels manuscrits, c'est ce qu'on ignore. Mais on peut, d'après un texte de Justinien, présumer que l'on n'employait pas les Institutes telles que Gaius les avait publiées, divisées en quatre commentaires, et telles que le palimpseste nous les a fait connaître. Voici, en effet, ce que dit Justinien au sujet de l'enseignement avant lui : « Nihil aliud, nisi *sex* tantummodo libros accipiebant... in his *sex* libriis Gaii nostri institutiones et libri singulares *quatuor*, primus de illa vetere re uxoria, secundus... » Ainsi six livres formaient l'objet de l'enseignement ; sur les six il y avait quatre *libri singulares:* ne restaient donc que deux livres pour les Institutes de Gaius. Or on ne peut pas admettre que l'on n'ait enseigné que les deux premiers livres des vraies Institutes et qu'on n'ait jamais fait connaître aux étudiants les matières des deux autres livres, qui ne figurent nulle part ailleurs dans le programme. Par suite on pourrait admettre que l'enseignement portait, non sur le texte même des quatre commentaires, mais sur un résumé des Institutes, un *Epitome Gaii* distribué en deux livres, analogue à celui que nous a transmis la *lex Romana Visigothorum* ou Bréviaire d'Alaric [1].

Après Gaius venaient quatre livres de l'édit prétorien, les *libri singulares de dote* (que Justinien appelle *illa vetus*

[1] Dernburg, op. cit., p. 118 à 132.

res uxoria), *de tutelis*, *de testamentis* et *de legatis ;* ceux précisément qui avaient fait la matière du célèbre ouvrage de Massurius Sabinus sur l'édit prétorien intitulé « *libri tres de jure civili,* » si souvent commenté par ses successeurs qu'on a pu croire qu'il avait été lui-même la base de l'enseignement avant les Institutes de Gaius ; conjecture qui d'ailleurs ne repose sur aucun texte[1]. Ces livres, au dire de Justinien, n'étaient pas enseignés d'après l'ordre de l'Édit, ni même en totalité : « hoc opus, dit-il, non secundum Edicti prætoris ordinationem legentibus tradebatur : libros nec totos accipiebant, sed multas partes eorum quasi supervacuas præteribant[2]. »

La seconde année était exclusivement consacrée à l'étude de l'édit prétorien. On commençait par la *prima pars legum* d'après l'édit, partie qu'on n'avait pas étudiée dans la première année, bien qu'on y eût étudié des parties postérieures, ce que Justinien ne manque pas de relever comme illogique et monstrueux. « In secundo autem anno, dit-il, præpostera ordinatione habita, prima pars legum tradebatur, quibusdam certis titulis ab ea exceptis ; quum erat enorme post Institutiones aliud legere, quam quod in legibus et primum positum est, et istam nuncupationem meruerit. » Venait ensuite l'étude de la *pars secunda de judiciis*, et de la *pars tertia de rebus*, au moyen de lectures faites sur des titres extraits de ces parties.

Dans une troisième année, les étudiants apprenaient ce qui pendant la précédente année ne leur avait pas été exposé de l'un ou l'autre volume sur les instances judiciaires et les choses. Après quoi ils abordaient l'étude des *Responsa* de Papinien, ce qui était pour eux l'occasion d'une grande fête scolaire. Au dire de Justinien, cette étude n'aurait

---

[1] Hugo, op. cit., p. 955; Schweppe, op. cit., § 87.

[2] Constitution Omnem, § 1, Dig. Proœm.

porté que sur quelques-uns des livres dont se compose
l'ouvrage de Papinien : « pauca, dit-il, ex multis et bre-
vissima ex amplissimis, ut adhuc sitientes ab iis recede-
rent. »

Enfin, dans une quatrième année, les étudiants étudiaient à part soi les ouvrages de Paul. Il n'y avait plus
alors aucun cours, aucune lecture ; l'enseignement des
professeurs se bornait aux trois premières années : dans
la quatrième, les élèves « *per semet ipsos recitabant Responsa Papiniani.* »

91. Tel était le plan de l'enseignement du droit à la fin
du Ve siècle ou au commencement du VIe. On remarque
que les Constitutions impériales n'y trouvaient aucune
place, ce qui semble à juste titre extraordinaire. Aussi des
auteurs pensent-ils que la durée des études comprenait
une cinquième année oubliée par Justinien dans la Constitution *Omnem*, et qui aurait été consacrée à l'examen
des Décisions impériales[1]. D'autres pensent que c'était
à dessein que les Constitutions n'étaient pas l'objet de l'enseignement ordinaire, afin qu'elles fissent l'objet de leçons
payables séparément.

Quoi qu'il en soit, ajoutons immédiatement que cet enseignement ainsi organisé était l'objet de vives critiques
de la part de Justinien. Il le trouvait trop mesquin et trop
insignifiant en comparaison des monuments innombrables
de la science du droit, accompagné d'ailleurs d'une foule
de choses inutiles, hors d'usage ou inaccessibles aux étudiants. « Ex tanta legum multitudine quæ in librorum quidem duo millia, versuum autem tricies centena extende-
batur, nihil aliud nisi sex tantummodo libros, et ipsos
confusos et jura utilia in se perraro habentes, a voce magistra studiosi accipiebant, ceteris jam desuetis, jam om-

___

[1] Schweppe, op. cit., § 129.

nibus inviis. » Il lui reproche aussi le manque d'ordre et de méthode : « passim tradebatur et quasi per saturam collectum, et utile cum inutilibus mixtum, maxima parte inutilibus deputata. » Plus loin il s'attaque spécialement au programme de quatrième année : « His igitur solis a professoribus traditis, Pauliana responsa per semet ipsos recitabant, neque hæc in solidum, sed per imperfectum et jam quodammodo male consuetum inconsonsequentiæ cursum. » Enfin, terminant sa critique, il fait remarquer l'insuffisance de l'enseignement « ex tam immensa legum multitudine vix versuum sexaginta millia eos suæ notionis perlegere, omnibus aliis deviis et incognitis constitutis, et tunc tantummodo ex aliqua minima parte recitandis, quoties vel judiciorum usus hoc fieri cœgerit, vel ipsi magistri legum aliquid ex his perlegere festinabatis, ut si vobis aliquid amplius discipulorum peritia » ; et il annonce ensuite les changements qu'on va introduire : « Nos vero tantam penuriam legum invenientes, et hoc miserrimum judicantes legitimos thesauros volentibus aperimus, quibus per vestram prudentiam quodammodo erogatis, ditissimi legum oratores efficiantur discipuli. »

Mais avant d'aborder l'examen des réformes de Justinien, qui, on le verra, sont moins importantes qu'il ne l'annonce et dont le système est à peu près basé sur l'ancien programme qu'il ne fait que charger davantage, revenons encore en arrière, et occupons-nous un peu des étudiants de la période du Bas-Empire antérieure à Justinien.

CHAPITRE V.

LES ÉTUDIANTS AVANT JUSTINIEN.

92. Rappelons d'abord les noms qu'ils portaient.
En général on les appelait *studiosi, discipuli, legentes,*

auditores, comme autrefois. Mais, en outre, ils avaient des noms spéciaux qui variaient selon l'année des études qu'ils traversaient.

Pendant la première année on les qualifiait *Dupondii*. C'était là une expression triviale employée habituellement pour désigner les choses de peu de valeur : *res dupondii* [1]. Elle conservait ici son sens ironique, appliquée aux étudiants du double as probablement parce que, la matière des testaments leur étant expliquée pendant cette première année, ils avaient à étudier le cas où l'hérédité doit être divisée en deux as afin que la répartition en *unciæ* soit plus facile [2]. — Pendant la seconde année, consacrée à l'étude de l'Édit prétorien, les étudiants portaient le nom d'*Edictales*, qu'ils échangeaient contre celui de *Papinianistæ* lorsqu'en abordant les *Responsa* de Papinien ils fêtaient leur entrée dans la troisième année. — Pendant la quatrième année enfin, ils étaient appelés *Lytæ*, λυται, probablement parce qu'ils n'étaient plus astreints à suivre des cours et que leur travail était exclusivement personnel [3]; d'autres auteurs donnent une autre signification au mot *lytæ*, en l'assimilant, non pas à *soluti*, mais à *solutores* : il indiquerait donc d'après eux que les étudiants sont initiés à la solution des difficultés, qu'ils peuvent déjà résoudre quelques difficultés, « *a nodis legumque œnigmatibus solvendis* [4]. » — Peut-être que l'expression de *Prolytæ* était déjà alors employée pour désigner les étudiants qui avaient terminé leur quatrième année et par suite leurs études.

93. L'entrée dans les écoles publiques était réglementée de façon à permettre d'exercer sur les étudiants une surveillance active qui devait même être rigoureuse, si la

---

[1] Schweppe, op. cit., § 129.
[2] § 8, Instit. Justin., II, 14, De her. inst.
[3] Puchta, op. cit., § 139 in fine.
[4] Schweppe, op. cit., § 129; Giraud, op. cit., p. 434.

Constitution de Valentinien qui l'a organisée était exactement observée dans la pratique[1].

A son entrée, l'étudiant doit produire devant les magistrats du cens, gardiens officiels des mœurs et de l'honnêteté de la société, un certificat émanant des juges de la province d'où il est originaire, énonçant ses noms, son lieu de naissance, les noms, profession et dignités de ses parents: « Quicunque ad urbem discendi cupiditate veniunt, primitus ad magistrum censûs, provincialium judicum, a quibus copia est danda veniundi, ejus modi litteras proferant, ut oppida hominem et natales et merita teneantur. »

Cette première formalité une fois remplie, les étudiants avaient à en accomplir une autre : c'était de déclarer à quel genre d'études ils voulaient se consacrer. Cette « *professio* » se faisait probablement devant les mêmes magistrats auxquels étaient remis les certificats d'origine[2] : « Deinde ut statim profiteantur introitu quibus potissimum studiis operam navare proponant. »

Enfin ils devaient en même temps indiquer les personnes chez lesquelles ils allaient habiter, afin que l'administration sût toujours où les trouver et pût facilement surveiller leurs faits et gestes : « Tertio ut hospitia eorum sollicite censualium norit officium, quo ei rei impertient curam, quam se adseruerint expetisse. »

CHAPITRE VI.

LA DISCIPLINE SCOLAIRE AVANT JUSTINIEN.

94. Pendant la durée des études, les étudiants sont soumis à une discipline permanente, à une police sévère.

Injonction leur est donnée de se produire dans leurs

---

[1] C. 1, Cod. Théod., 14, 9, De stud. liber.

[2] Commentaire de Jacques Godefroy sur le texte précité.

réunions, tels qu'ils doivent être, d'éviter de se faire une réputation honteuse ou déshonnête, de fuir les associations tenues pour voisines du crime : « Idem immineant censuales, ut singuli eorum tales se in conventibus præbeant, quales esse debeant qui turpem inhonestamque famam, et consociationes quas proximas putamus esse criminibus fugiendas æstimant. » En outre on leur recommande de ne pas fréquenter trop assidûment les spectacles et de fuir les liaisons vulgaires et passagères : « neve spectacula frequentius adeant, aut adpetant vulgo intempestiva conjugia.»

Et il ne faudrait pas croire que ce soient là de simples recommandations, des conseils amicaux. Loin de là, la répression suit la négligence à suivre les recommandations ; et les empereurs n'y vont pas de main morte. Les *Censuales* ont mission de punir sévèrement les coupables, de les faire publiquement battre de verges, puis de les embarquer aussitôt et de les renvoyer dans leur pays : « Quinetiam tribuimus potestatem, ut si quis de his non ita in Urbe se gesserit, quemadmodum liberalium rerum dignitas poscit, publice verberis adfectus, statimque navigio superpositus abjiciatur Urbe, domumque redeat. »

Ces mesures rigoureuses firent de l'école de Rome une école renommée pour sa tranquillité et sa discipline, puisque vers la fin du IVe siècle nous voyons saint Augustin s'éloigner de Carthage à cause de la licence effrénée des étudiants (Apud Carthaginem, dit-il, fœda est et intemperans licentia scholasticorum. Multa injuriosa faciunt, mira hebetudine et punienda legibus, nisi consuetudo patrona sit), et, malgré la douleur de sa mère, venir étudier à Rome, « quod audierat quietius Roma studere adolescentes, et ordinatiore disciplinæ coertione sedare. »

95. Ajoutons que les empereurs tenaient à ce que les étudiants commençassent de bonne heure leurs études, et qu'ils les conduisissent rapidement à bonne fin. Comme

nous l'avons déjà remarqué plus haut, il paraît qu'ils n'aimaient pas les étudiants de profession. En effet, nous voyons encore Valentinien, dans la Constitution que nous venons d'analyser, décider que les étudiants ne pourront rester à Rome que jusqu'à l'âge de vingt ans, et que ceux qui, malgré la prohibition impériale, y prolongeraient leur séjour, se verraient exposés à retourner chez eux par les soins de l'autorité préfectorale. « His sane, qui sedulo operam professionibus navant, usque ad vicesimum ætatis suæ annum Romæ liceat commorari : post id vero tempus, qui neglexerit sponte sua remeari, sollicitudine Præfecturæ, etiam impurius, ad patriam revertatur. »

Toutes ces mesures de police n'avaient d'ailleurs été prescrites originairement que pour l'école de Rome. C'est une Constitution des empereurs Valentinien Ier, Valens et Gratien, qui les avait établies en l'an 370, bien avant la fondation de l'école de Constantinople. On ne sait si cette décision impériale a été plus tard rendue applicable à cette dernière école par Théodose II et Valentinien III : le Code Théodosien ne nous en dit rien et Justinien ne nous renseigne non plus à ce sujet, bien qu'il s'occupe aussi de la discipline scolaire, comme on va le voir.

Nous arrivons, en effet, à l'examen des réformes que Justinien introduisit dans l'enseignement du droit, par une Constitution de l'an 533 adressée aux professeurs de droit et connue, d'après ses premiers mots, sous le nom de Constitution *Omnem*, ou *ad Antecessores*.

CHAPITRE VII.

LA CONSTITUTION OMNEM OU AD ANTECESSORES, DE JUSTINIEN.

96. La Constitution *Omnem* était destinée à régir les trois grandes écoles de l'Empire, Constantinople, Béryte

et Rome; et elle supprimait, comme on se le rappelle, les écoles d'Alexandrie, de Césarée et des autres villes de province. Peut-être cependant cette suppression n'eut-elle qu'une portée restreinte, et les trois villes privilégiées n'eurent-elles le monopole que du haut enseignement scientifique, tandis que l'enseignement secondaire ou pratique était exercé dans les provinces comme auparavant; cela pourrait s'induire du petit nombre de professeurs de droit autorisé dans chacune des grandes Académies[1]. Quoi qu'il en soit, la Constitution décidait que :

« Si quidam ausi fuerunt in posterum extra Urbes regias et Berytensium metropolam hoc facere (scil. docere) denarum librarum auri plectantur, et rejiciantur ab ea civitate in qua non leges docent, sed in leges committunt. »

Remarquons ces expressions *Urbes regiæ:* elles ne peuvent s'entendre que de Rome et de Constantinople. Justinien semble donc disposer pour Rome, qui pourtant à cette époque était au pouvoir des Ostrogoths et ne fut reconquise qu'en 554. Mais il faut attribuer cette locution irréfléchie à la théorie encore confuse du nouvel ordre de choses introduit par la chute de l'Empire d'Occident. On sait, en effet, que les empereurs d'Orient ont fait à l'égard des territoires envahis par les Barbares ce que font certains princes déchus considérant les faits comme non avenus et leur droit prétendu comme subsistant toujours. Voilà pourquoi, dans les lois de Justinien, notamment dans l'intitulé du titre du Code *de studiis liberalibus*[2] (qui ne contient d'ailleurs qu'une loi empruntée au Code Théodosien, et dont les dispositions sur les écoles de droit ne concernent que Constantinople) et dans la Constitution *Omnem,* Rome continue à être mentionnée comme si elle était tou-

---

[1] Giraud, op. cit., p. 300.
[2] Cod. Justin., 11, 18.

jours encore l'*Urbs regia*, dont les institutions et les priviléges ont servi de type à ceux de Constantinople. Au reste,
la Constitution, dans son ensemble, ne dispose que pour
Constantinople et Béryte ; Rome n'y figure que nominale-
ment, pour l'honneur des prétentions impériales, comme
réserve de l'avenir.

97. Ce n'est pas à dire que l'invasion des Barbares eût
fait perdre à Rome son école de droit[1], comme on l'a af-
firmé à tort selon nous[2]. Cassiodore, le ministre et
favori de Théodoric et puis d'Athalaric, nous rapporte
en effet une ordonnance datant de la fin du règne de ce second prince (mort en 534), et qui est relative à la *schola
liberalium artium* de Rome. Or elle mentionne à la fois
des maîtres de grammaire et d'éloquence et des professeurs
de droit. Cette ordonnance avait pour but de réprimer des
abus relatifs au paiement des professeurs, abus qui se
commettaient lors de l'installation des nouveaux maîtres
que l'on dépouillait quelquefois de leur traitement. Aussi
Athalaric décide-t-il « ut successor scholæ liberalium litterarum, tam grammaticus quam orator, nec non et juris ex-
positor, commoda sui decessoris ab iis quorum interest
sine aliqua immixtione percipiat[3]. » On a voulu conclure
de ce texte que l'école de Rome n'avait que trois professeurs. Mais cette interprétation est inexacte ; la manière
naturelle et qui me paraît évidente de traduire ce texte est
celle-ci : « Chaque nouveau professeur, soit de grammaire,
soit d'éloquence, soit de droit, recevra.... » ; leur nombre
reste donc indéterminé. D'ailleurs, l'ordonnance d'Athalaric, où figurent aussi les mots « *doctores eloquentiæ, gram-
maticorum schola* », montre elle-même qu'il y avait plusieurs

[1] Savigny, op. cit., ch. 6.
[2] Giraud, op. cit., p. 432.
[3] Cassiodore, Var. 9, 21.

professeurs de chaque science. Il semble de plus qu'on y enseignait aussi la médecine [1].

Vingt ans plus tard, lorsque l'Italie lui eut été reconquise, Justinien confirma l'école de Rome et maintint aux professeurs les traitements qui leur avaient été alloués par Théodoric et Athalaric. « Annonam etiam, quam et Theodoricus dare solitus erat, et nos etiam Romanis indulsimus, in posterum etiam dari præcipimus : sicut etiam annonas, quæ grammaticis ac oratoribus, vel etiam medicis, vel jurisperitis antea dari solitum erat, et in posterum suam professionem scilicet exercentibus erogari præcipimus, quatenus juvenes liberalibus studiis eruditi per nostram rempublicam floreant [2]. »

98. Revenons, après cette digression, à la Constitution *Omnem*. Elle est adressée à huit professeurs de droit de Constantinople et de Béryte : Théophile, Dorothée, Théodore, Isidore, Anatole, Thalléolace, Cratinus et Salaminius. Il résulte de là que le nombre autrefois fixé par Théodose des chaires de droit avait été modifié : au lieu de deux professeurs, il y en avait quatre par école [3].

Cependant, en l'année suivante, 534, nous trouvons au *Codex repetitæ prælectionis* la Constitution de Théodose II, qui créa deux chaires de droit à Constantinople, rappelée par Justinien, sans addition ni observation quelconque sur ce chiffre de deux [4]. « L'explication, dit M. Ortolan, ne serait-elle pas dans cette considération que, durant les travaux pour l'œuvre législative de Justinien, les quatre professeurs Théophile, Dorothée, Anatole et Cratinus, ayant été appelés auprès de l'empereur (in nostro palatio

---

[1] V. la Pragmatique ci-après citée.

[2] Pragmatica Sanctio Justiniani collectens varia capitula, cap. 22, au Corpus, à la suite des Novelles, de l'Édit et des Constitutions de Tibère.

[3] Savigny, op. cit., ch. 6, note 11; Giraud, op. cit., p. 433.

[4] C. un., Cod. Justin., 11, 19, de stud. lib.

introductis.... ad nos deduximus) et étant occupés à cette
œuvre, il avait fallu les faire suppléer dans l'enseignement
par quatre autres professeurs [1]?»

CHAPITRE VIII.

LES PROFESSEURS SOUS JUSTINIEN.

99. Justinien, dans la Constitution *Omnem*, ne se sert
plus du vieux mot latin *professores*, mais du mot *Anteces-*
sores, souvenir du mot grec εξηγεομαι[2], et qui, étymologi-
quement, s'appliquait à toutes les sciences, mais par l'usage
se restreignit au droit. Ailleurs il se sert aussi des expressions : «*Juris interpres constitutus*», «*Magister legum*»,
«*Juris Doctor*», «*Leges discipulis tradens*», «*Optimam le-*
gum gubernationem extendens», «*Legitimœ scientiœ consti-*
tutus professor.»

A côté des noms techniques, les professeurs de droit
recevaient diverses qualifications honorifiques. La Constitution *Omnem* les appelle *Illustres*, titre qui, dans la hié-
rarchie impériale, venait immédiatement après le rang de
Nobilissimi, qui était réservé aux princes de la famille impériale. L'un des professeurs cités, Salaminius, ne reçoit
pas le titre d'*illustris :* il n'est que *vir disertissimus.* Ajoutons en passant que d'autres fois il appelle divers jurisconsultes *clarissimi*, ce qui les mettait au même rang que
les consulaires, les recteurs, immédiatement après les
Spectabiles (ducs, proconsuls, vicaires), qui eux-mêmes

---

[1] Ortolan, op. cit., p. 466, note 1.
[2] Hugo, op. cit., p. 1008. Le terme d'Antecessores s'est maintenu
longtemps après Justinien, même en France; on le retrouve notamment
dans l'acte de réformation des statuts de la Bazoche, émané de Henri IV.
V. Mortimer d'Ocagne, Les grandes écoles de France.

suivaient les *Illustres* (préfets du prétoire et de la ville, quæstor sacri palatii, etc.). Enfin, les épithètes de *lauda-bilis*, *optimus*, *facundissimus*, *magnificus*, *magnificentis-simus*, et toutes sortes d'éloges hyberboliques leur sont encore prodigués en même temps que les dignités et les faveurs impériales. Ainsi Dorothée, professeur à l'école de Béryte, qui coopéra à la rédaction du Digeste et des Institutes, fut questeur; Cratinus, autre compilateur du Digeste, professeur à Constantinople, fut *comes sacrarum largitionum;* Anatole, professeur à Béryte, dans la Consti-tution *Tanta*, qui l'appelle à la confection des Pandectes, est qualifié «*vir illustris magister ab antiqua stirpe legitima procedens*»; Théophile, professeur à Constantinople, qui prit part aux travaux préparatoires du Codex vetus du Di-geste et des Institutes, et qui fit la paraphrase grecque des Institutes, fut *comes sacri consistorii*. Enfin, comme nous avons été amené à parler des professeurs dont les noms nous sont connus, n'oublions pas de citer un de leurs successeurs à l'École de Constantinople, Julien, l'auteur de l'*Epitome* qui nous est parvenu des Novelles de Justinien en langue latine.

Comme on vient de le voir, les professeurs de droit en exercicè à l'époque de Justinien prirent une grande part à la rédaction des œuvres législatives de cet empereur, la plus grande part après Tribonien, le conseiller intime de Justinien, qui fut lui-même jurisconsulte, célèbre surtout par sa bibliothèque, mais qui n'enseigna pas le droit. Ce sont les compilations de Justinien qui ont alors remplacé dans les écoles de Constantinople et de Béryte les textes de l'enseignement, qui se composaient autrefois des mo-numents de la jurisprudence classique de Rome. En 554 elles vinrent aussi, à Rome, prendre la place des œuvres classiques, des Codes grégorien, hermogénien et théodo-sien, ainsi que de l'édit de Théodoric, qui probablement y faisaient le fonds de l'enseignement[1]. L'école de droit de Rome reçut alors aussi le programme prescrit par la Constitution *ad antecessores* de l'an 533, à l'exposition duquel nous arrivons maintenant.

CHAPITRE IX.

PROGRAMME DES ÉTUDES DE JUSTINIEN.

100. Les études de droit, d'après la volonté de Justinien, devaient s'étendre sur cinq années.

PREMIÈRE ANNÉE. L'enseignement commençait par le nouveau livre d'Institutiones dont Justinien avait ordonné la rédaction au cours même de la compilation du Digeste[2].

C'est à Tribonien, son inspirateur, et à Théophile et Dorothée, tous deux professeurs de droit, l'un à Constantinople, l'autre à Béryte, que l'empereur avait confié la mission de rédiger à nouveau, d'après le plan des ouvrages de ce genre, un traité élémentaire «*legitimœ scientiœ prima Elementa*» destiné à faire le fonds de l'enseignement des écoles. Depuis la découverte des Instituts de Gaius on a pu constater la grande ressemblance qu'ont avec elles les Instituts de Justinien : même division, même ordre de matières, et, qui plus est, beaucoup de passages identiques et qui ont dû, par conséquent, être tout simplement copiés par les commissaires impériaux dans l'œuvre de Gaius.

Il est évidemment inutile de développer le plan des Institutes, de les soumettre à une analyse détaillée, bien que cela rentre dans notre sujet, puisque les Institutes ont été écrites pour l'enseignement. Ajoutons seulement une re-

[1] Ortolan I, p. 473.
[2] Instit. Proemium, C. Imper. maj.

marque sur le caractère particulier qui les distingue des autres *libri Institutionum* antérieurs. L'œuvre de Justinien est à la fois une œuvre didactique et une décision impériale législative. C'est ce qui ressort du texte suivant de la Constitution Δεδωκεν :

« Quam sane legitimi operis partem compositam obtulerunt nobis, et nos universam considerantes et examinantes, recte se habere et secundum nostram judicavimus mentem, et nostrum quoque esse hunc librum pronunciavimus, et hoc quoque nostrarum Constitutionum vim habere, ex iis, quæ in proemiis libri disseruimus, omnibus declaravimus [1]. »

Ailleurs Justinien nous dit encore :

« Legimus et cognovimus, et plenissimum nostrarum constitutionum robur eis accomodavimus [2]. »

Par suite il se peut que dans leur rédaction il se soit glissé des choses n'ayant rien à faire dans un livre d'enseignement, à savoir des règles de droit nouvelles, créées en passant et jetées dans les Institutes sans qu'aucun autre texte législatif fût venu les sanctionner [3]. Ce sont elles peut-être qui aujourd'hui encore peuvent être reconnues aux mots *definimus, concedimus* et autres que nous lisons quelquefois dans les Institutes et que les auteurs ont tant de difficultés à expliquer.

C'est ce double caractère des Institutes que M. Dupin a parfaitement résumé en disant que l'ouvrage des commissaires de Justinien « est un texte de loi, puisqu'il a été promulgué par le législateur, et c'est en même temps un livre élémentaire, car Justinien a ordonné de le composer précisément pour faciliter l'enseignement et l'étude du droit. C'était tout à la fois le livre des maîtres qui devaient l'en-

---

[1] § 11, Constit. Δεδωκεν, Dig. Proem.

[2] § 6, Constit. Imper. maj. Instit. Proem.

[3] Hugo, op. cit., p. 995.

seigner, et celui des élèves qui devaient l'apprendre. De là tous les efforts des jurisconsultes, docteurs et professeurs pour en interpréter tous les termes et en développer le sens. »

Ajoutons encore que Justinien était très-fier de ses Instilutes, « quæ, disait-il, ex omni pæne veterum Institutionum corpore elimatæ, et ab omnibus turbidis fontibus in unum liquidum stagnum conrivatæ sunt[1] », et il les offre à la jeunesse studieuse en lui faisant remarquer combien elle doit être glorieuse de pouvoir commencer ses études par un livre émané de la splendeur impériale : « Liceat vobis prima legum cunabula non ab antiquis fabulis discere, sed ab imperiali splendore appetere; et tam aures quam animi vestri nihil inutile nihilque perperam positum, sed quod in ipsis rerum obtinet argumentis, accipiant. Et quod priore tempore vix post quadriennium prioribus contingebat, ut tunc constitutiones imperatorias legerent, hoc vos a primordio ingrediamini, digni tanto honore, tantaque reperti felicitate, ut et initium vobis et finis legum eruditionis a voce principali procedat[2]. »

101. Pour terminer la première année des études, l'enseignement des Institutes dut être suivi, « secundum optimam consequentiam » (allusion à l'ordre illogique de l'enseignement antérieur), par celui de cette première partie des lois que les Grecs appelaient πρωτα, comprenant les préliminaires et les livres 1, 2, 3 et 4 des Pandectes.

Deuxième année. Pour commencer les études, le professeur avait le choix entre deux matières, celle des Instances judiciaires (*de Judiciis*, liv. 5 à 11 au Digeste) et celle des Choses (*de Rebus*, liv. 12 à 19 au Digeste). Il expliquait celle dont l'opportunité lui paraissait la plus

---

[1] Constit. Omnem, § 2.
[2] Constit. Imp. maj. Instit. Proem., § 3.

grande ; mais il lui était recommandé de ne s'attacher qu'à celle qu'il choisissait, sans s'occuper du tout de l'autre, et surtout de ne faire aucune coupure ni omission, « quia omnia nova pulchritudine sunt decorata, nullo inutili, nullo desueto in his penitus inveniendo. »

Après cela on abordait quatre livres à choisir parmi les quatorze qui sont relatifs à des spécialités, « *libri singulares* ». Ces quatres livres devaient être l'un des trois qui traitent de la dot (liv. 23, 24, 25, Dig.), l'un des deux qui s'occupent des tutelles et curatelles (liv. 26 et 27, Dig.), l'un des deux relatifs aux testaments (liv. 28 et 29, Dig.) et l'un des sept qui traitent des legs, des fidéicommis et de leurs accessoires (liv. 30 à 36, Dig.) Les autres dix *libri singulares* étaient réservés pour l'enseignement de quatrième année.

Troisième année. Celle des deux matières *de Rebus* ou *de Judiciis* qui n'avait pas été expliquée pendant le cours de l'année précédente devait avant tout être enseignée maintenant.

Puis venaient trois *libri singulares :* le livre sur le gage et les hypothèques (liv. 20, Dig.), le livre sur les intérêts (liv. 22, Dig.) et le livre sur l'édit des édiles, l'action redhibitoire, les évictions et les stipulations du double (liv. 21, Dig.). — Justinien fait remarquer, dans la C. *Omnem*, que ces sujets n'étaient placés que dans la dernière partie de l'Édit, mais qu'il les a avancés afin qu'ils ne fussent pas enseignés trop longtemps après la vente, « *cujus quasi sunt ministræ.* » Ajoutons que ces matières n'étaient pas enseignées antérieurement à Justinien.

L'étude de ces *libri singulares* faisait connaître aux étudiants les œuvres de Papinien. Justinien voulait, en effet, que les élèves ne se bornassent pas, comme autrefois, à réciter les *Responsa* par fragments épars et trop peu nombreux : il entendait, disait-il, qu'ils apprissent à connaître

toute l'œuvre du grand jurisconsulte, telle qu'elle est insérée et distribuée en un ordre brillant dans le Digeste, et
qu'ils retirassent ainsi des leçons remarquables, non-seulement des dix-neuf livres de ses Réponses, mais encore
des trente-sept livres de ses Questions et de son double volume de Définitions.

QUATRIÈME ANNÉE. L'enseignement proprement dit était
terminé avec la troisième année; dans la quatrième il n'y
avait plus de leçons, plus de cours : comme autrefois, les
étudiants poursuivaient maintenant leurs études par des
récitations (*per semet ipsos recitabant; lectitare studebant*).
Ce n'était plus un enseignement, mais ce devait encore
être plus qu'une simple lecture, et l'on peut supposer avec
raison que ces exercices se faisaient en présence des professeurs[1]. L'objet des récitations a été modifié par Justinien. A la place des Réponses de Paul, dont les étudiants
voyaient ainsi autrefois dix-huit livres à peine sur vingt-
trois, et cela partiellement et confusément, l'empereur
veut qu'ils s'étudient à lire fréquemment les dix *libri singulares* restant sur les quatorze dont nous avons parlé ci-
dessus : de cette façon, dit-il, « multo majoris et amplio-
ris prudentiæ ex his thesaurum consecuturi, quam quem
ex Paulinis habebant responsis. »

Au moyen de cette étude, les élèves connaissaient maintenant trente-six livres du Digeste. Pour compléter leur savoir, Justinien veut que pendant cette quatrième année les
professeurs leur exposent encore la matière des quatorze
autres livres formant la sixième et la septième partie du
Digeste, afin que, dit-il, « postea possent eos legere et in
judiciis ostendere. »

CINQUIÈME ANNÉE. Après s'être bien imbus, pendant les
années précédentes, de toute la science ancienne renfer-

---

[1] Schweppe, op. cit., § 130.

mée dans le Digeste, les étudiants devaient enfin' aborder les Constitutions impériales. Mais ce n'était plus du tout alors affaire d'école et d'enseignement. C'était par eux-mêmes et par eux seuls que les étudiants devaient faire cette étude, en lisant et en interprétant le Code « avec atten-tion et subtilité. »

Avec cela ils terminaient l'étude du droit.

CHAPITRE X.

LES ÉTUDIANTS ET LA DISCIPLINE SOUS JUSTINIEN.

102. Justinien, dans la Constitution *Omnem*, s'occupait aussi des noms des étudiants et de la discipline scolaire.

Voyons d'abord ce qu'il dit des noms [1].

Pour la première année il bannit le vieux nom « frivole et ridicule de *Dvpondii* » et décide que les étudiants se nommeront *Justiniani novi*, d'âge en âge et à perpétuité, « *in omne futurum ævum.* » Car, dit-il, dès la première année ceux qui aspirent à la science du droit doivent por-ter son nom, puisqu'on leur met en main immédiatement un livre émané de son autorité : « antea enim dignum anti-qua confusione legum cognomen habebant ; quum autem leges tam clare et dilucide animis eorum tradendæ erant, necesse erat eos et cognomine mutato fulgere. »

Pour la seconde année, Justinien consacre la dénomina-tion d'*Edictales*. Il en est de même, pour la troisième, de celle de *Papinianistæ*, puisque, dit-il, l'étude des œuvres de Papinien a été introduite avec un art merveilleux dans cette troisième année, les débuts du livre sur les hypothèques étant remplis par les leçons du grand Papinien. « Ita et

___

[1] §§ 2, 3, 4 et 5 de la Constit. Omnem.

nomen ex eo habebunt et Papinianistæ vocentur, et ejus reminiscentes lætificentur, et festum diem, quem, quum primum leges ejus accipiebant, celebrare solebant, peragant, et maneat viri sublimi præfectorii Papiniani et per hoc in æternum memoria. » Pour la quatrième année, le surnom de *Lytæ* (licenciés), et pour la cinquième, celui de *Prolytæ*, sont également maintenus.

103. Enfin, Justinien ajoute aux anciennes dispositions quelques règles sur la discipline scolaire.

Il défend tous jeux indignes, de male espèce ou serviles, dont l'effet constitue une injure ; il punit toutes insultes ou mauvaises attitudes vis-à-vis des professeurs ; il prohibe enfin les épreuves imposées aux élèves nouveaux arrivés, et tous méfaits à l'encontre des condisciples.

« Summa interminatione edicimus, ut nemo audeat neque in hac splendidissima civitate, neque in Berytensium pulcherrimo oppido, ex his, qui legitima peragunt studia, indignos et pessimos, imo magis serviles, et quórum effectus injuria est, ludos exercere, et alia crimina vel in ipsos professores, vel in socios suos et maxime in eos, qui rudes ad recitationem legum perveniunt, perpetrare ; quis enim ludos appellet eos, ex quibus crimina oriuntur. Hoc etenim fieri nullo patimur modo, sed optimo ordini in nostris temporibus et hanc partem tradimus, et toti postero transmittimus seculo, quum oportet prius animas, et postea linguas fieri eruditos[1]. »

Sont chargés de tenir la main à l'observation de ces défenses, à Constantinople le préfet de la ville, à Béryte le gouverneur de la Phénicie maritime, ainsi que l'évêque et les professeurs de droit.

104. Avec ces dispositions, Justinien termine l'exposé de sa nouvelle organisation des études de droit.

---

[1] §§ 9 et 10, Constit. Omnem.

On a pu le voir, les étudiants étaient alors plus accablés de travail qu'ils ne le sont dans nos écoles modernes ; et, comme le voulait Justinien, les études organisées par lui étaient certes plus complètes que celles qu'il avait pu faire lui-même dans sa jeunesse. Aussi prétendait-il qu'au bout des cinq années d'étude les étudiants devaient être des jurisconsultes distingués, des praticiens consommés, des hommes hors ligne.

« Nihil iis legitimæ scientiæ deerit, sed omnem ab initio usque ad finem suis animis amplectantur, et, quod pæne in alia nulla evenit arte, quum, etsi vilissimæ sint, omnes tamen infinitæ sunt, hæc sola scientia habeat finem mirabilem in præsenti tempore a nobis sortita. Discipuli igitur, omnibus iis legitimis arcanis reseratis, nihil habeant absconditum, sed omnibus perlectis libris, oratores maximi, et justitiæ satellites inveniantur, et judiciorum optimi tam athletæ, quam gubernatores in omni loco ævoque felices [1]. »

Justinien a-t-il atteint son but? Les étudiants de ses écoles sont-ils devenus les grands hommes qu'il prétendait former? Son plan avait-il l'excellence qu'il lui attribuait lui-même? Il est permis d'en douter ; car, si nous savons qu'après lui comme avant lui les grands jurisconsultes brillèrent par leur absence, nous savons aussi que les Glossateurs, quelques siècles plus tard, doutaient des bons résultats de sa méthode et se réjouissaient de ce que la désuétude eût empêché qu'elle leur fût imposée [2].

105. Mais de pareilles recherches dépasseraient les limites de notre étude, que nous devons arrêter ici, ayant achevé d'exposer le développement de l'enseignement du droit, à travers toute l'histoire du Droit romain.

Après avoir vu la période d'enfantement, ce qu'on pour-

----

[1] §§ 5 et 6, Constit. Omnem.
[2] Schweppe, op. cit., § 130 in fine.

rait appeler l'instruction domestique au temps de Tibérius Coruncanius, nous avons trouvé à l'époque d'Auguste et de ses successeurs un enseignement doctrinal public, des écoles proprement dites, des professeurs pour le droit, comme il y avait antérieurement déjà un enseignement, des écoles, des maîtres pour la littérature et l'éloquence. Sous les empereurs du Bas-Empire, ensuite, nous avons constaté une nouvelle innovation, la transformation des écoles publiques en écoles gouvernementales, tenues sous la surveillance de l'État par des professeurs nommés et salariés par lui. Enfin, nous avons eu à développer les modifications introduites par Justinien, et c'est par là que nous devons clore notre travail, auquel le droit byzantin et son histoire sont naturellement étrangers.

DROIT FRANÇAIS

DROITS ET DES OBLIGATIONS

QUI NAISSENT DU BAIL A LOYER

Prolégomènes.

1. Avant d'entrer en matière, nous croyons devoir présenter quelques explications sur les limites que nous assignons à ce travail. Ce n'est, en effet, ni le contrat de louage en général, ni le bail à loyer dans son ensemble qui en fait l'objet : nous ne voulons traiter que des effets du bail à loyer, c'est-à-dire des obligations que le louage des maisons impose à chaque partie, des droits qui par suite en naissent au profit de la partie adverse et des garanties, enfin, que la loi accorde. pour la protection et l'efficacité de ces droits. Nous n'aurons donc à examiner ni la distinction du bail à loyer et du bail à ferme, ni les conditions d'existence du bail à loyer, ni la capacité requise pour figurer dans ce contrat, ni la manière de le prouver, ni sa durée, ni la théorie de la tacite reconduction. Ces questions, et d'autres encore, qui devraient être abordées dans une étude complète sur le bail à loyer, ne rentrent pas dans le cadre que nous nous traçons ; par suite, notre

étude des deux premières sections du chapitre du Louage des choses au Code civil ne portera que sur une partie des textes compris entre les art. 1713 et 1762 et sur une portion de l'art. 2102 au titre des Priviléges et des Hypothèques.

Ces préliminaires posés, nous pouvons aborder notre sujet, en commençant par les obligations du bailleur.

PREMIÈRE PARTIE.

Des obligations du bailleur.

———

2. Le bail à loyer est un contrat par lequel l'une des parties s'engage, moyennant un prix que l'autre partie s'oblige de payer, à procurer à celle-ci pendant un certain temps la jouissance de tout ou partie d'une maison. Art. 1709 et 1711.

Il résulte de cette définition que l'obligation contractée par le bailleur, par le fait même de la convention, est de faire jouir le locataire des localités louées. Or, pour que le locataire puisse jouir, il faut d'une part qu'il soit mis en possession, d'autre part que cette possession lui soit utile, enfin qu'il y soit maintenu. L'engagement du bailleur se décompose donc en trois obligations principales : celle de délivrer au preneur les lieux loués, celle d'entretenir ces derniers en état de servir à l'usage pour lequel ils ont été loués, enfin celle de garantir le preneur de toute éviction. Art. 1719.

CHAPITRE PREMIER.

DE L'OBLIGATION DE DÉLIVRANCE.

3. Comme, dans le contrat de vente, le vendeur s'oblige envers l'acheteur à lui délivrer la chose vendue, pour la lui faire avoir à titre de propriétaire, de même, dans le bail à loyer, le bailleur contracte envers le locataire l'obli-

gation de le mettre en possession des lieux loués pour qu'il puisse en jouir.

Cette obligation du bailleur n'est pas seulement de la nature du bail, ainsi que pourrait le faire croire à tort l'art. 1719; comme l'a dit Pothier, elle est de son essence, elle en est une nécessité [1]. Tandis que les parties peuvent supprimer à leur guise les deux autres obligations du bailleur, tandis qu'elles peuvent convenir que le bailleur ne sera tenu de faire aucune dépense d'entretien, ou bien qu'il n'encourra aucune responsabilité à raison des obstacles que rencontrerait la jouissance du preneur, elles ne peuvent, au contraire, écarter l'obligation de délivrance : car il est impossible de concevoir un louage de chose, sans qu'il y ait un objet livré au preneur pour qu'il en jouisse. Sans doute, il est permis aux parties de modifier cette obligation, de la rendre plus ou moins onéreuse, d'y ajouter ou d'en retrancher, d'en assurer l'exécution par des clauses spéciales; mais ce qui n'est pas au pouvoir des contractants, c'est de dispenser le bailleur de délivrer, car ce serait détruire le contrat même qu'ils prétendent former [2].

Nous allons examiner successivement la nature de cette obligation, les droits qui en découlent au profit du locataire, enfin les conséquences de son inexécution.

SECTION I.

De la nature de l'obligation de délivrance.

4. Plusieurs des règles qui déterminent la nature et l'étendue des obligations du vendeur relativement à la délivrance s'appliquent aussi à l'obligation de délivrance qui

[1] Pothier, Traité du louage, nº 53, édition Siffrein.
[2] Marcadé, Explication du Code, art. 1720, I.

incombe au bailleur. Celle-ci est en outre régie par des règles spéciales.

Et d'abord remarquons que, comme le vendeur, le bailleur doit délivrer les lieux loués avec tous les accessoires qui en dépendaient au moment de la passation du bail. Ainsi, par exemple, le locataire d'une maison devra recevoir toutes les dépendances non exclues du bail : le bûcher, le cellier, les greniers, la cour, le vestibule, les clefs des portes intérieures et extérieures [1]. De même, s'il s'agit d'une usine, il devra être mis en possession tant des bâtiments que des machines, des agrès, des moteurs qui y sont attachés ; mais, bien entendu, le bailleur, à moins de convention contraire spéciale, n'aura pas à délivrer les approvisionnements qu'il avait faits antérieurement au contrat, alors même qu'il les destinait au roulement de son usine : car ces objets ne sont pas immeubles par destination, et par suite ne sont pas des accessoires des localités louées [2]. D'ailleurs, ce caractère de la délivrance n'est que de la nature et non de l'essence du bail : les parties peuvent convenir que le preneur ne jouira que de tels ou tels accessoires de la chose, et ce n'est qu'en cas de silence de la convention que le locataire a droit à tous les accessoires. « Hæc omnia sic sunt accipienda, dit Ulpien, nisi si quid aliud specialiter actum sit [3]. »

5. D'autre part, les lieux loués doivent être délivrés dans un état tel qu'ils soient propres à l'usage pour lequel ils ont été loués. Par suite, ce n'est pas seulement dans l'état où ils se trouvaient au moment du contrat qu'ils doivent être livrés : le bailleur est tenu, à moins de convention contraire, de les délivrer en bon état de réparations de toute espèce, et par conséquent il doit y faire même les

[1] Pothier, 54.
[2] Troplong, Traité du louage, t. I, n° 160.
[3] L. 19, § 2, D. 19, 2, Loc. cond.

réparations locatives qui sont alors nécessaires. Son obligation est donc plus étendue que celle du vendeur, qui est déchargé en livrant la chose vendue dans l'état où elle se trouvait au moment de la vente. Art. 1720. Cpr. art. 1614.

Ainsi, par exemple, le bailleur d'une maison d'habitation doit la livrer en état d'être habitée commodément : il doit faire notamment tous les travaux nécessaires pour que les fenêtres et les portes ferment bien, que l'eau n'entre pas dans les appartements, que les cheminées ne fument pas, etc. De même, le propriétaire qui loue une usine doit mettre les machines en état de fonctionner ; il doit livrer les transmissions, les conduites d'eau ou de vapeur, tous les appareils et ustensiles en parfait bon état.

Toutefois il ne faut pas oublier que cette obligation encore n'est que de la nature du bail, et qu'il est permis d'y déroger, en convenant, notamment, que le locataire prendra les lieux loués dans l'état où ils se trouvent. Mais une pareille clause ne doit pas se présumer. Aussi déciderons-nous que le propriétaire reste soumis à l'art. 1720, alors même que le locataire a visité les lieux loués ; la connaissance de l'état des lieux par le locataire ne peut pas faire croire qu'il ait consenti à les recevoir tels quels, sans exiger aucune réparation. La loi, en effet, ne peut pas supposer qu'on prenne un immeuble à bail sans le visiter, et cependant elle met à la charge du bailleur toutes les réparations ; si donc le locataire, après avoir vu les lieux, a traité sans exiger expressément la mise en état, c'est que cette convention était inutile, l'art. 1720 l'établissant de plein droit. Pour écarter l'application de ce texte, il faut une convention expresse des parties [1].

6. De ce que les lieux loués doivent être livrés en état

---

[1] Duvergier, continuation de Toullier, 3, Traité du louage, t. I, n° 278 ; Duranton, Cours de droit français, t. XVII, n° 61.

de servir à l'usage pour lequel ils ont été loués, il suit aussi que l'obligation de délivrance, quoique *divisible obligatione*, est *indivisible solutione*. Si donc l'on suppose, par exemple, que le bailleur d'une maison soit décédé laissant plusieurs héritiers, on doit décider que l'un des héritiers ne serait point admis à offrir sa part indivise de la maison louée, ni même la partie qu'il avait reçue en partage, et qu'il pourrait être poursuivi pour le tout, sauf son recours contre ses cohéritiers. C'est qu'en effet celui qui prend à bail une maison entend en jouir en totalité : il n'eût pas loué une partie seulement, et l'on ne pourrait, sans lui porter préjudice, l'obliger à recevoir une partie : le rapport sous lequel les parties ont envisagé l'objet de leur contrat est un obstacle à son exécution partielle [1].

7. Du même principe il résulte encore que c'est au bailleur à lever tous les obstacles que des tiers opposeraient à la mise en possession du preneur, même par simple voie de fait, et sans prétendre aucun droit sur la chose louée.

L'art. 1725, qui décide que le bailleur n'est pas garant des troubles causés par simples voies de fait, semble contraire à notre proposition. Mais en réalité ce texte n'est relatif qu'aux voies de fait survenues pendant la jouissance du preneur et ne concerne nullement celles qui pourraient se produire au moment de son entrée en possession. La différence que nous croyons exister entre celles-ci et les premières se comprend d'ailleurs facilement. Si le bailleur ne répond pas des voies de fait survenues pendant la jouissance seulement, c'est qu'en effectuant la délivrance complète au moment de l'entrée en jouissance, il s'était acquitté de toute son obligation envers le preneur. Au

---

[1] Pothier, Traité des obligations, n° 316.

contraire, lorsqu'il n'y a pas eu mise en possession effective, quelles que soient la cause et la nature des obstacles, le bailleur n'a pas rempli son engagement et le preneur a le droit de se plaindre et de demander au bailleur qu'il écarte tous les empêchements [1].

8. Les frais de la délivrance doivent être supportés par le bailleur, comme ils le sont, dans la vente, par le vendeur. C'est à ses frais, par exemple, que devra se faire l'enlèvement de matériaux placés dans les localités louées et non compris dans le bail [2].

C'est là une conséquence du principe qui met les frais de tout paiement à la charge du débiteur. Art. 1248.

9. Quant à l'époque et au temps où doit se faire la délivrance, il faut suivre la convention ou l'usage des lieux [3].

SECTION II.

Du droit du preneur.

10. De l'obligation de délivrer imposée au bailleur naissent pour le preneur un droit et une action dont il importe de déterminer les caractères.

I. 11. A cet effet, faisons d'abord ressortir les différences principales et incontestées qui existent entre le bail et l'usufruit :

1º Le bailleur est tenu de faire jouir le locataire, de le mettre à même de retirer des localités louées l'utilité en vue de laquelle il a traité ; le propriétaire, au contraire, qui a concédé un droit d'usufruit n'est point tenu de faire

---

[1] Req. rej., 7 juin 1827, Sirey, 37, 5, 970; Civ. rej., 16 mars 1853, Sir., 53, 1, 361; Aubry et Rau, Cours de droit civil, 4º édition, § 366. — Contra : Nîmes, 26 juin 1806, Sir. 2, 2, 156.

[2] Pothier, Louage, 55.

[3] Pothier, 56; Troplong; 168.

jouir l'usufruitier, il doit seulement le laisser jouir[1]. — 2° Le bailleur doit livrer la chose en bon état de toutes réparations; le nu-propriétaire livre dans l'état où la chose se trouve au moment du contrat[2]. — 3° La perte de la maison louée entraîne la résiliation du bail et dispense le locataire du paiement de tout loyer futur; la perte de l'immeuble grevé d'usufruit fait bien cesser aussi l'usufruit, mais n'en laisse pas moins l'usufruitier obligé à payer le prix moyennant lequel il a acquis l'usufruit[3].

12. En droit romain il existait entre le droit du locataire et celui de l'usufruitier une autre différence bien importante : ce dernier était réel, le premier purement personnel. Par suite, les jurisconsultes romains, qui déclaraient les héritiers du bailleur tenus de ses obligations vis-à-vis du locataire[4], n'admettaient pas que le locataire pût se prévaloir de son droit à l'encontre d'un successeur à titre particulier du bailleur. — Si donc par vente ou échange le bailleur transmettait la propriété de sa chose, l'acquéreur n'était pas obligé de maintenir le bail et pouvait expulser le locataire.

« *Emptorem fundi necesse non est stare colono, cui prior dominus locavit*[5]. »

Il est vrai qu'une convention contraire pouvait être faite dans la vente, et le vendeur avait grand intérêt à l'y insérer, car s'il n'était pas stipulé que l'acquéreur serait obligé d'exécuter le bail, le locataire pouvait être expulsé et avait en ce cas contre le bailleur une action en garantie[6]. Par suite de cette clause fréquemment usitée, l'acquéreur

[1] Art. 1719 et 582.
[2] Art. 1720 et 600.
[3] Art. 1722 et 617.
[4] L. 19, § 8, D. 19, 2, Loc. cond.
[5] L. 9, C. 4, 65, Loc. cond.
[6] L. 25, § 1, D. 19, 2, Loc. cond.

succédait aux obligations du bailleur, sans que d'ailleurs cette subrogation changeât la nature du droit du preneur, de personnel le rendît réel. Bien plus, en un cas déterminé la clause était toujours sous-entendue ; en effet, sur le conseil de Papinien, Caracalla décida par un rescrit que l'acquéreur sur vente faite par le fisc serait tenu de maintenir les baux, sans qu'il fût besoin de clause expresse : *atque si hoc ipsum emendo convenisset*, ajoute le texte, ce qui montre bien que la subrogation ici n'était que tacite [1].

13. La même doctrine a été admise dans notre ancien droit français. Tous les auteurs y reconnaissaient que le droit qui naît du bail n'est pas un droit réel, que l'action du preneur est toujours purement personnelle et mobilière.

« Il y a une différence très-grande, dit Pothier, entre le droit d'un locataire et celui d'un usufruitier. Le droit de celui-ci est un droit dans la chose, qu'il conserve, en quelques mains qu'elle passe. Au contraire, le locataire n'ayant aucun droit dans l'héritage qui lui a été loué, si le locateur a vendu ou légué cet héritage à quelqu'un sans le charger de l'entretien du bail qu'il en a fait, cet acheteur, ce légataire ne seront pas obligés de l'entretenir, à moins qu'ils ne l'aient approuvé au moins tacitement. Cela est conforme au principe : *Emptorem....* Le locataire n'a en ce cas qu'une action contre le locateur ou ses héritiers, qui sont tenus de ses dommages-intérêts résultant de l'inexécution de l'obligation du locateur [2]. » — « Vendage ou achat passe louage », disait de même Loysel.

L'usage de la clause de maintien du bail se conserva également dans notre ancien droit. Les cas où cette clause était sous-entendue y furent même multipliés : non-seulement il en était ainsi pour les ventes faites par le fisc, mais

[1] L. 50, D. 49, 14, De jure fisc.
[2] Pothier, 288.

encore pour les ventes sous faculté de rachat dans un temps court ; de même dans les aliénations à titre de donations entre vifs, « parce que, disait Pothier, la reconnaissance que doit le donataire au donateur l'oblige à l'entretien du bail, pour ne pas l'exposer au recours du locataire qui lui en demanderait la garantie [1].»

14. Malgré ces atténuations, la théorie de la personnalité du droit du preneur avait des inconvénients graves, surtout en ce qui concernait les baux ruraux et les baux industriels. Elle nuisait à la location des terres et des usines, parce qu'elle empêchait les preneurs de faire les travaux d'amélioration ou d'embellissement qu'ils eussent faits s'ils n'avaient toujours couru le risque d'éviction.

15. Aussi le Code rural des 28 septembre-6 octobre 1791, titre 1, section 2, établit-il une règle spéciale pour les baux de biens ruraux, en décidant par son art. 2 que : « Dans les baux de six années ou au-dessus, quand il n'y aura pas de clause sur le droit du nouvel acquéreur à titre singulier, la résiliation du bail, en cas de vente du fonds, n'aura lieu que de gré à gré ». Pour les baux de plus de six années, et cela est très-important à noter, puisque c'est pour les baux les plus longs que le droit du preneur semblerait devoir être le plus fort, au contraire, l'ancienne doctrine fut maintenue, c'est-à-dire que le nouvel acquéreur put exiger la résiliation, mais sous la condition nouvelle créée par l'art. 3 « de cultiver lui-même la propriété, de signifier congé au fermier au moins un an à l'avance et de le dédommager au préalable.»

Cette seconde disposition montre bien que la première a pour motif, non pas la volonté de changer la nature du droit du preneur, mais de remédier aux inconvénients qui résultaient, quant à certains baux, de cette nature même.

[1] Pothier, 292 à 296.

On n'a, en effet, osé porter atteinte à l'ancien système que pour le cas où l'innovation favorable aux fermiers ne serait pas par trop nuisible aux acheteurs, c'est-à-dire pour les baux de petite durée. Mais pour les baux de plus de six années les principes anciens devaient rester applicables, sous certaines conditions du moins.

16. Les rédacteurs du Code civil allèrent plus loin que l'Assemblée constituante, en étendant à tous les baux, de quelque durée qu'ils soient, la règle de l'art. 2 du Code rural.

« Si le bailleur, dit l'art. 1743, vend la chose louée, l'acquéreur ne peut expulser le fermier ou le locataire qui a un bail authentique où dont la date est certaine, à moins qu'il ne se soit réservé ce droit par le contrat de bail. »

II. Comment doit-on entendre cette disposition ? Quelle est sa portée ? Le législateur a-t-il voulu abolir le principe duquel découlait la loi Emptorem, ou n'a-t-il voulu faire autre chose que créer une exception à ce principe ? Comme l'a dit M. Duvergier : « Est-ce parce que le droit du preneur est réel que l'acquéreur est obligé de le respecter, ou bien l'acquéreur est-il forcé de maintenir le bail, quoique le droit du preneur ne soit point réel, mais purement personnel ? »

17. Avant d'examiner la controverse qui s'est élevée à ce sujet, remarquons que la question de la nature du droit du locataire présente un grand intérêt à plusieurs points de vue.

Et d'abord, au point de vue de la compétence en matière de bail, s'il est vrai que le droit du locataire soit devenu réel depuis la promulgation du Code civil, il faut décider que le locataire, qui veut actionner le bailleur en exécution du bail, peut le faire, à son choix, soit devant le tribunal de la situation de l'immeuble loué, soit au tribunal du domicile du bailleur ; tandis que si l'on admet

qu'aujourd'hui encore le droit du locataire est purement
personnel, on devra reconnaître que ce dernier est obligé
d'agir devant le tribunal du domicile du bailleur. — D'autre
part, si le droit du locataire est un droit réel immobilier,
il devra être exclu de la masse active de la communauté
légale, tandis qu'il y tombera au contraire s'il ne constitue
qu'un droit de créance personnelle. — Ensuite le preneur,
s'il a un droit réel, pourra, de même que l'usufruitier,
agir de son propre chef et en son propre nom, dans la limite de son droit, au possessoire et au pétitoire contre les
tiers détenteurs des biens loués. Il ne le pourra pas, au
contraire, si le droit dont il est investi n'est que personnel :
tout ce qu'il pourra, ce sera de mettre le bailleur en demeure d'agir lui-même. — De plus, si le droit en question
est réel, le preneur devra être mis en cause dans les procès
où le bien loué est engagé ; autrement le jugement rendu
contre le bailleur serait, quant à lui locataire, « res inter
alios judicata », et ne pourrait lui être opposé. Que si, au
contraire, son droit est purement personnel, le preneur,
alors que le bailleur aura succombé dans un procès relatif
à la propriété, le preneur, disons-nous, quoique n'ayant
pas figuré dans ce procès, ne pourra point, en plaidant à
nouveau et en son propre nom, échapper aux conséquences
du jugement rendu contre le bailleur. — Enfin, si l'on
admet que l'art. 1733 résulte de ce que les rédacteurs du
Code ont voulu attribuer le caractère de réalité au droit
du locataire, on devra décider que l'acquéreur tenu de
respecter le bail n'est pas tenu de l'exécuter, qu'il doit
tolérer la jouissance du locataire, mais qu'il n'est pas
obligé de le faire jouir. Dans le système de la personnalité,
au contraire, on peut soutenir que l'acquéreur est associé
par la loi aux obligations du bailleur, et qu'il est tenu des
réparations et de la garantie d'éviction.

On le voit, l'intérêt que présente la question de la nature

du droit du preneur est très-grand, et c'est ce qui nous
engage à analyser succinctement la controverse fort vive
élevée à ce sujet, bien que le système de la réalité soit à
peu près abandonné aujourd'hui[1]. Exposons d'abord ce
dernier système imaginé par M. Troplong.

18. La doctrine de la réalité du droit du locataire repose
sur l'argumentation suivante :

Le droit romain décidait que le locataire ne peut pas se
prévaloir du bail contre le tiers acquéreur, et cela parce
que son droit n'est qu'un droit purement personnel. Dans
l'ancien droit français le même motif dictait la même solution. Le Code civil aujourd'hui permet, au contraire, au
locataire d'opposer son bail au tiers acquéreur. Pourquoi
le permet-il ? Ce ne peut être que par l'une des deux causes
que voici : ou bien parce que le tiers acquéreur est obligé
personnellement envers le locataire à l'exécution du bail,
ou bien parce que le droit du locataire a cessé d'être purement personnel pour devenir réel, absolu, opposable à
tout le monde. Or l'acquéreur n'est pas personnellement
obligé envers le preneur ; car, d'une part, ce n'est pas lui
qui a conclu le bail ; d'autre part, n'étant que successeur
à titre particulier, il n'a pas succédé à l'obligation personnelle de son auteur qui a consenti le bail ; enfin, il n'a
pas été chargé par une clause de la vente de cette obligation envers le locataire. Par suite, c'est le second motif qui
a dicté l'art. 1743, savoir que le preneur a un droit absolu et réel, qui lui permet de suivre la chose partout où
elle passe.

---

[1] Sur cette question : Ferry, De la nature du droit du preneur, Paris,
Joubert, 1841; Aubry et Rau, § 365; Demolombe, Cours de Code civil,
t. IX, 492; Marcadé, art. 1743, 526, 578 et 595 du Code; Duranton, 4,
73; Toullier, Cours de droit civil, 3, 388 et 6, 435; Duvergier, 1, 28 et 279;
Mourlon, Répétitions sur le Code civil, 3, 766 et suiv.; Pothier, 285 et
suiv. — Troplong, 1, 4 à 20, et 2, 443 à 508.

La réalité qu'implique déjà si manifestement la disposition de l'art. 1743, ressort non moins clairement de l'art. 684 du Code de procédure. Ce texte décide que « les baux qui n'auront pas acquis date certaine avant le commandement pourront être annulés si les créanciers ou l'adjudicataire le demandent. » Il résulte de là qu'au contraire le bail ayant acquis date certaine avant le commandement qui a précédé la saisie de l'immeuble est opposable aux créanciers saisissants. Or la réalité du droit du preneur ressort logiquement de cette proposition pour quiconque se donne la peine de comparer cette nouvelle législation avec notre ancienne jurisprudence. — Dans l'ancien droit français, lorsqu'un immeuble loué était saisi par les créanciers du bailleur, le locataire n'avait sur ceux-ci aucun droit de préférence : son bail s'évanouissait et il n'avait plus que la faculté de concourir avec les autres créanciers du bailleur pour les dommages-intérêts auxquels l'inexécution du bail lui donnait droit. Cette conséquence de la personnalité était bien dure pour le locataire expulsé, d'autant plus que les créanciers saisissants, ne pouvant faire valoir les biens saisis par eux-mêmes, les louaient à leur profit par ce qu'on appelait *bail judiciaire*. « Il y a lieu au bail judiciaire, dit Pothier, même dans le cas auquel l'héritage saisi se trouverait affermé ; car le droit d'un locataire n'étant pas un droit dans la chose, mais un simple droit contre la personne qui lui a fait le bail qui résulte de l'obligation qu'elle a contractée envers lui, ce fermier ne peut avoir d'action pour jouir de l'héritage que contre le saisi, qui, étant dépouillé lui-même par la saisie réelle de la jouissance de cet héritage, ne peut plus l'en faire jouir. Il n'en peut avoir contre les saisissants et opposants, auxquels la saisie réelle donne le droit de jouir de l'héritage saisi en paiement de leurs créances ; car ces créanciers n'ont contracté avec lui au-

176

cune obligation et ne sont pas tenus de celles de leur débiteur. Il ne peut donc lui rester d'autre ressource que de venir avec les autres créanciers à l'ordre pour les dommages-intérêts qui lui sont dus par le saisi pour l'inexécution de son bail. » Toutefois il faut ajouter qu'en pratique, par équité, le fermier, avant l'adjudication du bail judiciaire, était admis à faire convertir son bail en bail judiciaire, et il était même d'usage que le commissaire sommât le fermier ou locataire de déclarer s'il entendait réclamer ou non cette conversion[1]. — Le Code de procédure est venu changer cette législation ; tandis que l'ancien droit voulait que le bail ne fût pas opposable aux créanciers saisissants, l'art. 684 est venu décider que ces derniers sont obligés de respecter le bail à date certaine, et cela pour le tout, sans diminution du droit du preneur, quoique chacun d'eux doive, dans l'espèce, ne recevoir qu'une partie de sa créance. Qu'est-ce à dire, si ce n'est qu'aujourd'hui le locataire a un droit de préférence à l'encontre des autres créanciers du bailleur ?

En résumé donc, le bail confère au locataire un droit de suite (art. 1743 C. c.) et un droit de préférence (art. 684 C. p. c.), c'est-à-dire les deux éléments essentiels et caractéristiques du droit réel. Il faut donc reconnaître que depuis la rédaction du Code le droit du preneur est réel et non plus personnel[2].

19. La doctrine qui vient d'être exposée est aujourd'hui généralement abandonnée, avec raison selon nous. Il nous semble, en effet, préférable de décider qu'aujourd'hui encore, comme en droit romain et dans notre ancienne

---

[1] Pothier, Introduction au titre 21 de la Coutume d'Orléans, nos 51 et suiv. Voir aussi Traité du louage, 305.

[2] La doctrine de M. Troplong n'a été, à mon su, adoptée formellement en jurisprudence que par la Cour de Paris, 24 juin 1858, Sir., 59, 2, 146 ; 29 mars 1860, Sir., 60, 2, 122 ; 8 juillet 1861, Sir., 62, 2, 274.

jurisprudence, le droit du preneur est un droit purement personnel, et, par suite, de lui appliquer toutes les règles concernant les droits personnels, à moins d'une exception formellement établie par la loi, comme celles consacrées par les textes précités.

D'abord, en effet, la définition même du contrat de louage montre bien que les rédacteurs du Code n'ont pas eu l'intention d'introduire dans la nature de ce contrat les innovations qu'on prétend y trouver. Car l'art. 1709 est presque littéralement emprunté à Pothier et est ainsi conçu : « Le louage des choses est un contrat par lequel l'une des parties s'oblige à faire jouir l'autre d'une chose pendant un certain temps et moyennant un certain prix que celle-ci s'oblige de lui payer. » Or ne voit-on pas que le Code, à l'exemple de Pothier, attribue par cette définition même au droit du preneur le caractère de personnalité ? Le droit personnel, en effet, on le sait, établit seulement une relation entre la personne à laquelle le droit appartient et une autre personne qui est obligée envers la première « ad aliquid dandum, faciendum, vel præstandum [1]. » Ces éléments du droit personnel ne se trouvent-ils pas dans le contrat de bail : le preneur à qui le droit appartient, le bailleur qui est obligé envers le preneur, et la chose à laquelle s'applique le droit de l'un par l'entremise de l'obligation corrélative de l'autre ? Comment, dès lors, le législateur aurait-il pu donner une pareille définition, s'il avait, quelques articles plus loin, voulu, par une disposition implicite seulement, renverser son propre système ?

L'argument tiré de l'art. 1743 serait néanmoins probant, si l'historique de la question ne venait donner une autre explication de ce texte. — On a déjà vu plus haut

---

[1] Demolombe, 9, 464.

comment, même en droit romain et dans notre ancien droit, on faisait des exceptions à la règle de la personnalité du droit du locataire. On a vu notamment les dérogations que Pothier apportait au principe que le bail n'oblige pas le tiers acquéreur de la chose louée. Or précisément, à l'occasion de l'une d'elles, Pothier soulève la question de savoir d'où peut naître en ce cas l'obligation dont est tenu l'acquéreur, et loin d'imaginer qu'on puisse invoquer la réalité du droit du preneur, loin d'émettre aucun doute au sujet de la personnalité : « L'acquéreur, dit-il, ne peut être obligé ni du chef de son auteur, puisqu'il ne succède pas à ses obligations, ni de son chef, parce qu'il n'est intervenu aucun contrat entre lui et le fermier. La réponse est que toutes les obligations ne naissent pas des contrats : il y en a qui sont formées par la seule équité naturelle, qui ne permet pas qu'en usant à la rigueur de tout notre droit nous causions à autrui un grand préjudice que nous pourrions lui éviter sine nostro magno compendio[1]. » — C'est le même motif d'équité qui a guidé le législateur de 1791. L'Assemblée constituante crut que l'intérêt de l'agriculture exigeait que les fermiers de biens ruraux eussent plus de garanties de stabilité dans leurs exploitations, et elle décida que les tiers acquéreurs ne pourraient plus désormais expulser les fermiers par baux de moins de six ans. Assurément, si cette disposition avait été la déduction du principe de réalité, elle n'eût pas contenu de distinction entre les baux de biens ruraux et les baux de maisons, ni entre les baux de six ans et les baux de plus longue durée. Et même c'est pour ces derniers plutôt qu'elle aurait empêché l'expulsion, puisque c'est précisément le bail le plus long, et non pas le plus court, qui devrait être la source du droit le plus fort, qui devrait être translatif d'un droit

---

[1] Pothier, 297.

réel. Mais il n'en est rien : le vrai motif qui a inspiré la Constituante, c'est le désir de protéger les fermiers, mais de les protéger sans léser trop les intérêts des acquéreurs, ce qui explique la distinction employée. — Or la modification plus profonde introduite par l'art. 1743 du Code civil fut déterminée par les mêmes considérations qui avaient guidé les législateurs de 1791. Les discussions au Conseil d'État montrent, en effet, qu'on a voulu, non pas substituer une théorie nouvelle à la théorie existante sur la nature des droits qui naissent du bail, mais seulement généraliser l'idée contenue dans le Code rural. On a voulu, M. Jaubert le dit au nom du Tribunat, *compléter la réforme de 1791*. Aussi l'orateur présente-t-il la disposition comme une exception aux règles antérieures, et, pour qu'on ne puisse se méprendre sur ses motifs, il explique que la préférence a été donnée au locataire sur l'acquéreur, non pas à raison du caractère de leurs droits respectifs, mais parce que le bien de l'État, les progrès de l'agriculture, le développement de l'industrie et du commerce, tout notre système politique, en un mot, commandent cette préférence. Au Conseil d'État, M. Tronchet montre également l'intention formelle d'achever ce que la législation intermédiaire avait commencé : « Depuis l'Assemblée constituante, dit-il, la loi Æde et la loi Emptorem ont été abandonnées ; on a pensé cependant que pour prévenir les procès, il convenait de les abroger formellement. » Pas un mot dans la discussion sur cette prétendue théorie nouvelle de la réalité. Au contraire, on y trouve encore formellement reconnues des conséquences directes de la personnalité. Ainsi M. Mouricault, dans son rapport au Tribunat, admet la théorie de Pothier, d'après laquelle le preneur ne peut pas figurer en sa qualité dans les procès où la chose louée se trouve engagée, parce qu'il possède, non pour lui, mais pour le bailleur, et qu'il n'a qu'un droit de créance contre ce der-

nier. — Voilà l'origine de l'art. 1743, sa filiation historique ; c'est la clause par laquelle l'acheteur contractait
autrefois l'obligation personnelle de maintenir le bail,
c'est, disons-nous, cette clause généralisée et législativement écrite aujourd'hui dans toutes les ventes, comme elle
l'était déjà en droit romain dans les ventes faites par le
fisc. C'est la loi elle-même qui impose l'obligation au
nouveau propriétaire de respecter le bail ; c'est elle qui
opère la subrogation, elle qui la sous-entend dans le contrat. « Les auteurs de l'art. 1743, dit avec raison un auteur,
ont voulu que l'aliénation du fonds affermé ne fût consentie,
ou censée consentie, que sous la condition que le tiers
acquéreur y stipulât, ou fût censé y stipuler, l'obligation
personnelle d'exécuter le bail [1]. » Et la cause de cette
obligation imposée par la loi, Pothier nous l'a indiquée
parfaitement : c'est l'équité naturelle, la loi de charité ;
ajoutons encore : l'utilité sociale.

Cette explication historique de l'art. 1743 s'applique aussi
à l'art. 648 du Code de procédure. Si, en effet, la loi veut
que le bail soit opposable aujourd'hui aux créanciers saisissants du bailleur, c'est la conséquence et le développement du même motif d'équité qui faisait décider autrefois
déjà, sans que pour cela le principe de la personnalité fût
détruit, que le locataire avait par préférence droit au bail
judiciaire. La disposition de l'art. 648 est de plus justifiée
par cette considération que l'intérêt même des créanciers
saisissants du bailleur est de laisser au débiteur l'administration de son immeuble et par suite le droit de louer.

Le Code civil vient d'ailleurs prouver combien il est vrai
de chercher le principe de l'art. 1743 ailleurs que dans un
changement de la théorie sur la nature du droit du bailleur. Il nous donne, en effet, une décision qui ne peut

---

[1] Proudhon, Usufruit, t. I, n° 102.

d'aucune façon être expliquée dans le système de la réalité du droit du preneur et qui ne se comprend que si l'on admet que la loi elle-même subroge l'acquéreur dans l'obligation personnelle du bailleur.—Nous parlons de l'art. 595, qui permet à l'usufruitier de jouir par lui-même ou de donner à bail les biens grevés de son droit. A la différence du droit romain, d'après lequel, à l'extinction de l'usufruit, le droit du locataire, à qui l'usufruitier avait cédé la jouissance des biens soumis à l'usufruit, s'éteignait, et le nu-propriétaire pouvait expulser le locataire, n'étant pas tenu des obligations de l'usufruitier, le législateur français décide que le nu-propriétaire ne peut pas expulser le locataire, en tant du moins que le bail n'est pas de plus de neuf années. L'art. 1673 nous offre un cas analogue et plus frappant peut-être, en décidant que le bail consenti par un acquéreur, sous faculté de rachat, subsiste également entre le preneur et le vendeur qui a exercé le réméré, tandis que les droits réels par lui consentis s'éteignent. Or ces deux décisions, il est bien impossible de les expliquer par la réalité du droit du preneur, car précisément si ce droit était réel, il devrait disparaître dans les deux hypothèses en vertu de la règle : *Resoluto jure dantis, resolvitur jus accipientis*. Comment donc, et en vertu de quel raisonnement, le Code a-t-il pu maintenir les baux dans ces différentes circonstances? C'est, d'après nous, en subrogeant le nu-propriétaire ou le vendeur à l'obligation personnelle et à la créance résultant du bail consenti par l'usufruitier ou par l'acquéreur sous faculté de réméré. Or, si dans ces hypothèses la loi a créé des obligations personnelles, pourquoi trouverait-on étrange ou impossible qu'elle en ait fait de même dans le cas de l'art. 1743?

Au reste, les partisans de la réalité prétendent lire dans l'art. 1743 plus qu'il ne contient. En réalité, la loi n'impose le maintien du bail qu'au tiers acquéreur, ayant cause du bailleur : ce qu'elle veut, c'est abroger la loi Emptorem. Mais qu'on remarque bien qu'elle n'impose pas l'obligation de maintenir le bail à tout tiers détenteur ou possesseur de la chose louée. Or, pour qu'on pût dire à juste titre que le droit du preneur est réel, il faudrait encore que le bail pût être opposé à tout autre tiers détenteur. Cette distinction entre le tiers détenteur en général et le tiers acquéreur ayant cause du bailleur en particulier est complétement négligée par les partisans de la réalité. Et pourtant elle est excessivement importante ; car si l'art. 1743 ne permet pas d'opposer le bail à tout tiers détenteur, est-il vrai de dire que le preneur a un droit de suite? On le voit, la base même du système de la réalité s'écroule pour peu que l'on approfondisse l'examen de la disposition de la loi et des intentions qui l'ont dictée.

Et même, l'existence de ce droit de suite serait-elle prouvée, que cela encore n'enlèverait rien à la personnalité du droit du preneur. La suite n'est pas un caractère distinctif exclusivement du droit réel ; elle est des fois unie à un droit personnel et par conséquent ne peut servir à elle seule à faire reconnaître le droit réel ; elle n'est qu'une présomption en faveur de la réalité, puisqu'elle en est un caractère habituel, tandis qu'elle n'est attachée que par accident au droit personnel. Ce caractère accidentel du droit personnel était assez fréquent dans la législation romaine ; on le trouvait notamment dans les droits qui donnaient naissance aux actions ad exhibendum, quod metus causa, et aux actions noxales. Chez nous, nous le rencontrons également dans les droits qu'on exerce par les actions de bornage et de partage d'une chose commune. Pourquoi dès lors ne pourrait-il pas aussi se rencontrer dans le droit du preneur, sans que ce droit en prît le caractère de réalité?

Mais l'idée de réalité était si loin de la pensée du législateur, que la trace ne s'en montre nulle part ; et, à l'exception de l'art. 1743, ses partisans ne peuvent citer aucun texte dont elle aurait pu inspirer la rédaction. Bien au contraire, aucun de ses effets n'est consacré : ainsi le preneur ne peut délaisser, M. Troplong le reconnait lui-même ; il ne supporte pas la diminution de jouissance résultant de destruction partielle, mais l'art. 1722 en rend le bailleur responsable ; il ne supporte pas la perte des fruits arrivée par cas fortuit, mais l'art. 1769 l'autorise à demander une remise de loyer ; il n'est pas tenu des dépenses d'entretien, car l'art. 1719, 3º, les met à la charge du bailleur. Enfin, ce qui est complétement décisif, c'est la disposition de l'art. 1727, aux termes duquel le preneur recherché par un tiers en délaissement de l'immeuble loué est tenu d'appeler le bailleur en garantie et peut en outre demander à être mis lui-même hors de cause. Il est, en effet, évident que si le droit de jouissance résultant du bail était un droit réel, le preneur aurait qualité pour le défendre, sans avoir besoin d'appeler le bailleur en garantie, et ne pourrait pas, d'un autre côté, demander sa mise hors de cause.

D'autre part, l'absence du droit du locataire dans les énumérations des droits réels que donnent les art. 526, 543, 2118 et 2203, implique de la part du législateur la volonté bien arrêtée de lui refuser le caractère de droit réel immobilier.

Ajoutons enfin que la personnalité du droit du preneur a été formellement reconnue par les auteurs de la loi du 23 mars 1855 sur la transcription des actes translatifs de droits réels. Dans la discussion, en effet, on a répété plusieurs fois que les baux de plus de dix-huit ans, que la loi nouvelle soumet à la transcription, doivent être transcrits, non point parce que le droit du preneur est réel, mais, au contraire, quoiqu'il ne soit point réel. Il importe, dit notamment M. Belleyme dans son rapport, qu'il soit public, puisque, bien qu'il soit purement personnel, il est opposable aux tiers.

Nous concluons donc que l'ancienne et traditionnelle doctrine de la personnalité du droit du preneur est encore aujourd'hui parfaitement exacte et juridique[1].

20. Le droit du locataire, n'étant que personnel, n'est par suite aussi que mobilier, encore bien qu'il porte sur des immeubles[2]. En conséquence il n'est pas susceptible de quasi-possession, notre législation n'admettant que la possession des choses corporelles et la quasi-possession des droits réels immobiliers de servitude, de jouissance et d'usage ; il ne peut donc pas former l'objet d'une action possessoire proprement dite[3]. Mais, comme la réintégrande n'exige pas pour son admission une possession réunissant tous les caractères indiqués par l'art. 2229, le locataire dépouillé par voie de fait pourra intenter cette action tout comme un possesseur animo domini[4].

III. 21. A ce principe que le droit du preneur n'est qu'un droit purement personnel, la loi, comme nous l'avons vu, a posé une exception dans l'art. 1743. C'est maintenant le lieu de développer cette règle exceptionnelle. Rappelons-en d'abord le texte.

« Si le bailleur vend la chose louée, l'acquéreur ne peut expulser le locataire qui a bail authentique ou ayant date certaine, à moins qu'il ne se soit réservé ce droit par le contrat de bail.

22. Ainsi, le bail peut être opposé aux ayants-cause du

----

[1] En ce sens : Grenoble, 21 janvier 1860, Sir., 61, 2, 126; Req. rej., 6 mars 1861, Sir., 61, 1, 713; Civ. Cass., 21 février 1865, Sir. 65, 1, 113; et plus anciennement : Bourges, 27 février 1852, Sir., 52, 2, 638; Caen, 24 janvier 1848, Sir., 49, 2, 533; Req. rej., 14 novembre 1832, Sir. 33, 1, 32.

[2] Demolombe, 9, 155 et 406.

[3] Aubry et Rau, §§ 187 et 178.

[4] Req. rej., 10 novembre 1819, Sir., 20, 1, 209; Req. rej., 16 mai 1820, Sir., 20, 1, 430,

bailleur, sous la condition d'avoir acquis date certaine avant le contrat qui a créé le droit de l'ayant cause. Si le bail n'a pas date certaine, il est comme non avenu à l'égard du tiers-acquéreur, qui le rompra et expulsera le locataire sans être tenu d'aucuns dommages-intérêts, tandis qu'au contraire le bailleur pourra en être tenu. Art. 1750. Toutefois, si le preneur occupe la maison aliénée, sa présence rendant l'existence du bail incontestable, l'acquéreur ne pourra pas l'expulser sur-le-champ, mais devra lui donner congé en observant les délais fixés par l'usage local, selon l'art. 1736, comme cela se passerait pour un bail non écrit à durée illimitée [1].

23. Qu'arriverait-il si, le bail n'ayant pas date certaine, il était prouvé néanmoins que l'acquéreur connaissait ce bail lors de la vente? La Cour de Douai a jugé le 11 août 1837 « que la date certaine ne peut résulter que des circonstances spécialement déterminées par l'art. 1328 ; que ce texte est limitatif; et que la preuve de la simple connaissance du bail est inadmissible également au regard de l'art. 1743, s'il ne doit résulter de cette connaissance, ainsi que des circonstances qui l'ont accompagnée, que l'acquéreur se soit engagé à respecter le bail.» — Mais n'est-ce point là ajouter à la loi? L'art. 1743 se contente d'exiger que le bail ait une date certaine avant la vente ; il ne demande pas que l'acquéreur se soit obligé de l'exécuter, ce qui, en effet, eût rendu la condition de la date inutile. Or, lorsqu'il est établi que l'acquéreur avait au moment de la vente connaissance du bail, ce contrat acquiert par cela même une date certaine ; et l'on est évidemment dispensé de recourir aux circonstances énumérées dans l'art. 1328. Bien entendu, il faut que la connais-

---

[1] Bruxelles, 13 vendémiaire an XIII, Sir. 2, 1, 1; Douai, 11 août 1837, Sir., 38, 2, 106.

sance de l'acquéreur ait été pleine et entière ; qu'elle ait porté notamment sur la durée du bail : s'il y avait la moindre incertitude à cet égard, il faudrait se prononcer en faveur de l'acquéreur[1].

IV. 24. Cela posé, voyons à quels ayants-cause du bailleur le bail est opposable. — L'art. 1743, ne prévoyant que le cas de vente de la maison louée, ne parle expressément que de l'acheteur. Néanmoins, il faut certes ne pas interpréter ce texte d'une manière judaïque, mais reconnaître que la règle s'applique à tous acquéreurs, aux échangistes, donataires, légataires, aussi bien qu'à l'acheteur[2].

Que décider à l'égard d'un second locataire auquel le bailleur aurait loué le même immeuble ? Le bail pourra-t-il lui être opposé ? — Les partisans de la réalité du droit du preneur admettent évidemment que la préférence appartient au preneur dont le titre a le premier acquis date certaine, même dans le cas où le second preneur possèderait la chose louée[3]. — Les auteurs qui admettent la personnalité sont partagés sur notre question[4]. Les uns veulent que la préférence appartienne à celui des deux preneurs qui le premier aura été mis en possession : ils s'appuient sur l'art. 1141 et sur le caractère exceptionnel de la disposition de l'art. 1743. Les autres donnent la même solution que les partisans de la réalité. — C'est cette seconde opinion qui nous semble préférable : en effet, l'application qu'on prétend faire de l'art. 1141 nous semble erronée, puisque cet article, d'après son texte même, ne concerne que les ventes de choses mobilières corporelles ; d'autre part, nous croyons que, si, bien que purement

---

[1] Aubry et Rau, § 369.

[2] Marcadé, art. 1743, II ; Troplong, 1, 499.

[3] Troplong, 500.

[4] Duvergier, 1, 46 et 283 ; Marcadé, art. 1743, III.

personnel, le droit du preneur est néanmoins opposable aux tiers acquéreurs, à bien plus forte raison doit-il l'être à un simple preneur auquel la chose a été livrée, dont le bail n'a pas date certaine et ne serait pas lui-même opposable à l'acquéreur (le preneur antérieur dira avec raison : *si vinco vincentem te, a fortiori te vincam*) ; enfin, le bail est opposable, on l'a vu, aux créanciers saisissants : or, dans l'espèce, le second preneur n'est, lui aussi, qu'un simple créancier : il est vrai qu'il possède la chose louée ; mais les créanciers qui ont saisi un bien avant qu'il ait été livré au preneur le possèdent bien, et néanmoins l'art. 684 déclare qu'ils ne peuvent pas annuler le bail.

25. La règle de l'art. 1743 est d'ailleurs applicable, selon nous, tout aussi bien au cas où le preneur n'était pas encore en possession de l'immeuble loué au moment de l'aliénation de celui-ci, qu'à l'hypothèse contraire[1]. — L'opinion opposée a été soutenue par MM. Duranton et Duvergier, sous prétexte que l'art. 1743 emploie le terme *expulser*. « Par cette expression, dit notamment le dernier des deux auteurs, la loi manifeste la volonté de maintenir le preneur déjà installé dans la maison ou dans la ferme ; non celle de lui donner une action en revendication, si sa possession n'a pas commencé[2]. » — Mais ce système me paraît contraire au motif même qui a dicté l'art. 1743, au but d'intérêt général que la loi a voulu atteindre. Le législateur a voulu compléter la réforme commencée par le Code rural, et il aurait introduit une distinction étrangère à ce Code, qui parle de toute résolution du bail, antérieure ou postérieure à l'entrée en jouissance ! Cela me semble impossible, et d'autant plus que l'art. 684 du Code de procédure décide que le bail à date certaine est opposable

---

[1] Chambéry, 28 novembre 1862, Sir. 63, 2, 87.
[2] Duvergier, 1, 281 et suiv.; Duranton, 139.

aux créanciers saisissants, sans distinguer si le preneur est ou non en possession. D'ailleurs, nous voyons l'un des auteurs de l'art. 1753 reconnaître comme équivalents les deux expressions *rompre le bail* et *expulser le preneur*. « Le bail, disait M. Jaubert au Corps législatif, pourra-t-il être rompu par la vente? l'acheteur pourra-t-il expulser le locataire?» Qu'en conclure, si ce n'est que c'est la question de rupture du bail en général qu'on a voulu trancher, sans distinction à raison de l'entrée en jouissance[1].

V. 26. Ajoutons que les propositions précédentes ne s'appliquent plus, d'une manière absolue, depuis la loi du 23 mars 1855, qu'aux baux de moins de dix-huit années. En effet, le droit accordé au locataire d'opposer son bail au tiers acquéreur pouvant avoir souvent l'inconvénient grave d'obliger un acquéreur de subir un bail à longue durée dont il n'avait pas même soupçonné l'existence, la loi du 23 mars 1855 a décidé que les baux d'une durée de plus de dix-huit années ne sont opposables, pour la période excédant ce terme, aux tiers qui ont acquis sur l'immeuble loué des droits conservés par la transcription, qu'autant qu'ils ont été eux-mêmes transcrits dès avant la transcription des actes par lesquels le bailleur a constitué les droits des tiers acquéreurs.

27. Nous devons d'ailleurs remarquer encore, en terminant cette section, que l'art. 1743 fait réserve des clauses contraires.

Si donc il a été convenu, par le bail ou par un acte postérieur entre le bailleur et le locataire, qu'en cas de vente l'acquéreur ne serait pas obligé d'entretenir le bail, dans ce cas le tiers acquéreur est autorisé à rompre la location. Il en est même ainsi quoique ce droit ne lui ait pas été formellement transféré par son titre d'acquisition ; l'art.

---

[1] Marcadé, art. 1743, II; Aubry et Rau, § 369, texte et note 33.

1743, en effet, n'exige pas cette condition : il se contente de la clause du bail.

28. Mais ce droit n'est pas accordé indistinctement à tout acquéreur : d'après l'art. 1751, l'acquéreur sous pacte de rachat ne peut pas s'en prévaloir tant que son acquisition demeure révocable, c'est-à-dire tant que le délai fixé pour l'exercice du réméré n'est pas expiré.

29. Du reste, pour user du droit d'expulser, le tiers acquéreur doit donner congé au preneur dans les délais indiqués par l'art. 1748.

Ce dernier ne peut même être expulsé qu'après avoir reçu les dommages-intérêts auxquels il a droit selon l'art. 1752, à savoir : une somme égale au prix du loyer pendant le temps que l'usage des lieux accorde entre le congé et la sortie, s'il s'agit d'une maison ; et une somme fixée par experts, s'il s'agit d'une usine. Art. 1747. — Ces dommages-intérêts doivent être payés au locataire par le bailleur ; s'ils ne le sont pas, l'acquéreur doit en faire l'avance ; sinon, il ne peut pas expulser. Art. 1749. Remarquons qu'au contraire l'acheteur n'aurait pas à faire cette avance pour les dommages-intérêts que doit le bailleur, lorsque, le bail n'ayant pas date certaine avant la vente, et celle-ci ne contenant aucune clause à son sujet, l'acheteur a expulsé le locataire, qui a par suite recours contre le bailleur pour inexécution de ses obligations.

Ceci nous amène maintenant à examiner quelles sont les conséquences de l'inexécution par le bailleur de son obligation de délivrance.

SECTION III.

Des conséquences de l'inexécution de l'obligation de délivrance.

30. Faute par le bailleur de mettre les localités louées à la disposition du locataire à l'époque où il le devrait, le

preneur peut demander la résiliation du bail, avec dommages-intérêts s'il y a lieu [1].

31. Mais il peut aussi, s'il le préfère, poursuivre judiciairement sa mise en possession par l'action ex conducto. En effet, quoique cette action soit purement mobilière, elle n'aboutit pas nécessairement seulement à des dommages-intérêts. Il est vrai que l'inexécution des obligations personnelles qui ont pour objet quelque acte corporel de la personne du débiteur, *merum factum*, auquel il ne pourrait être contraint sans attentat à sa personne et à sa liberté, n'aboutit qu'à des dommages-intérêts, en vertu de la maxime : « *Nemo potest præcisè cogi ad factum.* » Mais l'obligation du bailleur ne rentre pas dans cette catégorie: elle consiste en un fait *quod magis ad dationem accedit*, et auquel le débiteur peut être contraint par autorité de justice, sans violence contre sa personne. Par suite, le jugement rendu sur l'action ex conducto équivaut à délivrance, et le preneur peut s'installer *manu militari*, en supposant, bien entendu, qu'il y ait possibilité de maintenir le bail [2].

32. S'il y avait un obstacle insurmontable à la délivrance, par exemple si le bailleur n'avait pas eu le droit de disposer de la maison, ou s'il l'avait aliénée sans charger l'acquéreur d'exécuter le bail qui n'avait pas date certaine avant la vente, ou bien encore s'il avait laissé périr la maison louée par sa faute : le preneur serait déchargé de son obligation de payer le loyer, et, de plus, aurait droit à des dommages-intérêts calculés sur la perte qu'il subit et le gain qu'il est empêché de faire.

Mais les dommages-intérêts ne sont dus que si l'obstacle provient de la faute du bailleur [3]. Si donc la chose louée avait péri accidentellement depuis le contrat, par le feu du

[1] Arg. art. 1142.
[2] Pothier, 66.
[3] Art. 1146 et suiv.

ciel par exemple, ou par expropriation pour cause d'utilité publique, il est clair que le bailleur ne devrait pas de dommages-intérêts, et ne serait tenu que de restituer les sommes qu'il aurait reçues d'avance. Art. 1722 [1].

33. Évidemment le simple retard dans la délivrance, pourvu toujours qu'il soit imputable au bailleur, peut aussi donner lieu contre lui à des dommages-intérêts. Il se peut même que, d'après les circonstances, la résiliation du bail puisse être demandée. C'est ce qui aurait lieu si, par suite du retard apporté par le bailleur à la délivrance, le but que se proposait le preneur en louant se trouvait manqué. Si, par exemple, dit Pothier, un magasin a été loué à un marchand pour une foire, et que le bailleur ne fasse pas la délivrance au jour fixé, le marchand peut conclure à la résiliation du bail, afin de pouvoir louer un autre magasin. La résiliation dans des cas pareils devrait être prononcée quand même le retard proviendrait, non de la faute du bailleur, mais d'une force majeure survenue depuis le contrat ; mais, bien entendu, le bailleur ne pourrait point alors être condamné à des dommages-intérêts [2].

34. Lorsque la délivrance n'est que partielle, le locataire, on l'a vu, peut demander la résiliation du bail. Mais il peut aussi se contenter d'exiger une réduction du loyer, et, s'il y a lieu, des dommages-intérêts.

De même, si au moment de la délivrance les lieux loués n'étaient pas dans le bon état où ils se trouvaient lors du contrat, ou si le bailleur n'a pas exécuté les réparations et travaux qui étaient nécessaires au moment de la délivrance, le preneur est, indépendamment de toute mise en demeure du bailleur, autorisé à retenir une portion du loyer correspondante à la moins-value locative résultant

---

[1] Pothier, 70 ; Duvergier, 1, 287.
[2] Req. rej., 7 novembre 1827, Sir., 27, 1, 697.

de l'inexécution de ces travaux ou réparations[1]. Cette inexécution pourrait aussi être la source d'une action en
dommages-intérêts ou même en résolution du bail, suivant les distinctions établies précédemment pour le retard;
il y aurait par conséquent à examiner avant tout si le preneur eût voulu prendre l'immeuble à bail, s'il se fût trouvé
tel qu'on le lui délivre[2].

CHAPITRE II.

DE L'OBLIGATION D'ENTRETIEN.

35. Lorsque la délivrance est faite et que le locataire
est en jouissance, le bailleur a une nouvelle obligation,
que la nature du bail lui impose : c'est celle d'entretenir
les lieux loués en état de servir à l'usage pour lequel ils
ont été loués.

Cette seconde obligation n'est pas analogue à la précédente ; elle est moins étendue, comme le montre l'art. 1720.
— Lors de l'entrée en jouissance, le bailleur doit livrer la
maison en bon état de réparations de toute espèce. — Au
contraire, pendant la durée du bail, il ne doit plus que les
réparations autres que les locatives et celles qu'une clause
particulière du contrat a mises à la charge du preneur.
En théorie pure, il est vrai, le bailleur devrait, pendant la
durée du bail, supporter toutes les réparations de l'immeuble loué, puisqu'il en reçoit les fruits civils, savoir les
loyers, et qu'en compensation de ces loyers, il a promis
au preneur de le faire jouir. Mais on a apporté un tempérament aux principes, en ce qui concerne certaines légères
réparations : la loi les a mises à la charge du locataire,

---

[1] Douai, 24 mars 1847, Sir., 48, 2, 189; Pau, 17 mai 1865, Sir., 65, 2, 199.
[2] Pothier, 74.

parce qu'elles sont censées rendues nécessaires par la faute de ce dernier ou de sa famille[1]. Nous verrons plus loin en quoi elles consistent. Art. 1754.

36. Le bailleur est tenu de faire les réparations d'entretien alors même qu'elles ont été nécessitées par un cas fortuit. C'est ce qui aurait lieu, par exemple, s'il s'agissait de rétablir une cheminée enlevée par le vent, de réparer une toiture endommagée par le feu du ciel, de remplacer les vitres d'une façade brisées par l'éclat d'un projectile.

Mais si le cas fortuit, au lieu d'occasionner une simple dégradation, amène la destruction d'une portion notable de la maison louée, le bailleur ne peut pas être contraint à reconstruire. En ce cas, le preneur peut, à sa volonté, demander ou une diminution de loyer ou la résiliation même du bail, sans avoir droit d'ailleurs à des dommages-intérêts. C'est ce qui aurait lieu si l'un des corps de bâtiment de la propriété louée était détruit par le feu ou par les projectiles. Art. 1722.

Que si la destruction par cas fortuit était totale, le bail serait résolu de plein droit[2].

67. Lorsque le bailleur n'exécute pas les travaux d'entretien dont il est tenu, le preneur a contre lui une action, branche de l'action ex conducto. Si le bailleur assigné ne convient pas de la nécessité des réparations demandées par le locataire, le juge ordonne la visite des lieux : si les réparations sont reconnues nécessaires, le bailleur est condamné à les faire dans un délai fixé, faute de quoi le preneur sera autorisé à les faire faire aux frais du bailleur. Suivant les circonstances, le preneur pourrait même demander des dommages-intérêts à cause du retard, ou même

[1] Pothier, 107.
[2] Marcadé, art. 1722, I; Aubry et Rau, § 360, 2º, texte et note 4.

la résiliation du bail, si la jouissance était rendue impossible, que le bailleur ne fût pas prêt à faire les réparations, et que le locataire ne fût pas en état d'en avancer les frais.

Si le locataire avait fait des réparations, sans avertir préalablement le bailleur ou se faire autoriser par justice, il n'en serait pas moins en droit de répéter ses impenses, pourvu que les réparations fussent indispensables à la maison louée, et les sommes dépensées non hors de proportion avec les dégâts à réparer[1].

D'ailleurs, quoique les réparations laissées par la loi à la charge du propriétaire soient dites nécessaires, néanmoins le preneur peut s'opposer à ce que celui-ci les fasse, s'il préfère subir la diminution de jouissance et les inconvénients résultant de la dégradation, que de supporter la gêne et l'incommodité passagères que causeraient les réparations : car il est libre de renoncer à son propre droit, de sacrifier son propre intérêt.

Il peut s'opposer aux travaux alors surtout que le bailleur ne veut faire les réparations durant le cours du bail que pour éviter d'en subir l'ennui lui-même, à l'époque où il sera rentré en possession par l'expiration du bail[2].

39. Mais le droit du preneur d'empêcher les réparations cesse lorsque celles-ci sont urgentes. Alors l'obligation d'entretenir qui incombe au bailleur devient pour lui un droit : il peut alors faire exécuter les travaux, à charge d'en prévenir le preneur et de faire, en cas d'opposition de ce dernier, constater l'urgence des réparations. Cette urgence est un fait abandonné à l'appréciation des tribunaux. Toutefois l'art. 1724 en indique le caractère, en reconnaissant comme urgentes les réparations nécessaires qui ne peuvent être différées jusqu'à la fin du bail.

[1] Pothier, 130; Marcadé, art. 1730; Duranton, 221.
[2] Duvergier, 1, 297 et 298.

Lorsque les réparations sont urgentes, le preneur est obligé de les souffrir, quelque incommodité qu'elles lui causent et quoiqu'il soit privé, pendant qu'elles se font, d'une partie plus ou moins importante de la maison louée.

40. Toutefois la loi, pour ne pas sacrifier au bailleur l'intérêt du preneur, décide que, sauf convention contraire, si les réparations, même urgentes, durent plus de quarante jours, le prix du bail sera diminué à proportion du temps de location et de la partie des lieux loués dont le preneur a été privé.

Mais remarquons bien que le preneur n'a droit à aucuns dommages-intérêts : la diminution du loyer est son seul dédommagement. Cela s'explique par ce que l'urgente nécessité de réparations survenue pendant le cours du bail est un cas fortuit dont le bailleur n'est pas responsable. Aussi faut-il décider que si c'était le défaut d'entretien par le bailleur qui eût rendu les réparations nécessaires, il pourrait être condamné envers le locataire à des dommages-intérêts : car alors il y aurait faute de sa part[1].

En outre, l'art. 1724 permet encore au preneur de demander même la résiliation du bail « si les réparations sont de telle nature qu'elles rendent inhabitable ce qui est nécessaire au logement du preneur et de sa famille. » La liaison de cette disposition avec celle qui précède pourrait faire croire que la privation de jouissance doit avoir été de quarante jours pour permettre l'action en résiliation. Mais cette opinion me semble inexacte, étant contraire à la généralité de la disposition de la loi. Toutefois ce sera aux tribunaux à juger en fait si réellement il y a eu empêchement de jouissance ; et si les réparations devaient être faites dans un très-bref délai, la demande en résiliation devrait être facilement rejetée si le propriétaire offrait de

---

[1] Duvergier, loc. cit.

donner au preneur les moyens de suppléer au logement dont il est privé [1].

41. A cette obligation du bailleur d'entretenir les lieux loués en état de servir à l'usage pour lequel ils ont été loués, se rattache, outre l'obligation de faire les réparations, l'obligation de garantir le locataire des vices qui empêcheraient la jouissance.

« Il est dû garantie au preneur, dit l'art. 1721, pour tous les vices ou défauts de la chose louée qui en empêchent l'usage. »

42. Remarquons ces termes « *qui en empêchent l'usage.* » Il en résulte que le bailleur n'est pas obligé de garantir les vices qui rendent seulement cet usage moins commode. Ainsi, si le locataire a action en garantie, par exemple lorsque les cheminées de l'appartement loué fument habituellement, il ne l'aura pas, au contraire, pour ce seul fait que, par moments, le vent lui apporte des émanations d'une écurie située dans un autre corps de bâtiment. Le bailleur ne répond pas davantage des inconvénients naturels, inhérents aux localités louées ou à leur situation, surtout lorsque ces inconvénients sont de notoriété publique. C'est ainsi que le bailleur d'une usine n'est point garant de la réduction, par suite des chaleurs d'été, du volume d'eau qui alimente l'établissement; de même, le bailleur d'une maison d'habitation n'est point garant de l'inondation qui, par suite de la situation, a envahi les caves de cette maison [2].

D'ailleurs, il n'est dû garantie des vices que si le locataire les a ignorés. Il n'en est dû aucune s'il les a connus à son entrée en jouissance : ainsi, par exemple, ce sera tant pis pour le locataire si, ayant besoin, pour l'exercice

[1] Duranton, 67.

[2] Rouen, 21 juillet 1838, Sir. 39, 2, 94; Paris, 23 janvier 1840, Sir. 49, 2, 77.

de sa profession, d'un appartement très-clair, il a loué une maison qui est sombre et non exposée aux rayons du soleil; car on présumera qu'il a calculé en conséquence de ce vice le prix qu'il donnerait pour loyer. Il n'en est dû non plus aucune lorsqu'il y a dans le bail une stipulation de non-garantie[1].

42. Le bailleur est garant des vices dont il n'avait pas connaissance lors du contrat, aussi bien que de ceux qu'il connaissait à cette époque. Art. 1721.

De plus, il est garant non-seulement des vices qui existaient au moment de l'entrée en jouissance du locataire, mais encore de ceux qui surviennent au cours du bail. Si, par exemple, j'ai loué une maison à un ouvrier qui a besoin d'un très-grand jour pour exercer sa profession, et que, depuis le contrat, le propriétaire de la maison d'en face l'ait tellement exhaussée qu'il ait ôté tout le jour à la mienne, il y a lieu à garantie, et le locataire peut me demander la résiliation du bail, puisque ma maison ne peut plus lui servir à l'usage pour lequel il l'a louée. On le voit, il y a ici une différence sensible entre le bail et la vente, le vendeur n'étant tenu que des vices existant lors du contrat. Cette différence s'explique facilement : dans la vente, c'est la chose même qui est l'objet du contrat qui est vendue, et il suffit, par suite, qu'elle existe au moment du contrat pour que la propriété et les risques en soient transférés à l'acheteur et que l'obligation du vendeur soit accomplie; au contraire, le louage étant pour ainsi dire une vente successive de la jouissance seule, la propriété, et par suite les risques, restent au bailleur, et c'est l'objet même du contrat qui manque lorsque le locataire cesse de pouvoir jouir, et l'obligation du bailleur n'est pas accomplie.

[1] Pothier, 113; Colmar, 14 novembre 1825, Sir., 26, 2, 182.

43. L'existence des vices autorise toujours le preneur à demander une réduction de loyer ou, suivant les cas, la résolution du contrat ; quelquefois son action peut encore être intentée aux fins d'obtenir des dommages-intérêts [1].

Disons tout de suite que les dommages-intérêts ne sont jamais dus pour les vices qui ne se manifestaient par aucun symptôme au moment du contrat et qui ne sont survenus que depuis.

44. A l'égard de ceux qui existaient dès le temps du contrat, l'art. 1721, 2e al., décide que s'il en résulte quelque perte pour le preneur, le bailleur est tenu de l'indemniser.

Mais cette indemnité est-elle due dans tous les cas, soit que le bailleur ait connu les vices, soit qu'il les ait ignorés ? Cette question divise les auteurs et la jurisprudence [2].

Nous pensons que le bailleur est tenu à des dommages-intérêts, alors même qu'il n'a pas connu les vices. — La manière dont l'alinéa 2 de l'art. 1721 commence montre qu'il se lie intimement à l'alinéa qui précède et qui rejette expressément la distinction dont s'agit ; le texte, en effet, après avoir disposé qu'il est dû garantie au preneur pour tous les vices qui empêchent l'usage, quand même le bailleur ne les aurait pas connus lors du bail, ajoute : « S'il résulte de *ces* vices quelque perte pour le preneur, le bailleur est tenu de l'indemniser. » On objecte que cette interprétation est contraire aux principes généraux de la responsabilité, posés dans les art. 1382 et 1383, laquelle responsabilité ne peut jamais être encourue à raison d'un

[1] Caen, 1er mai 1868, Sir., 69, 2, 132.

[2] Pour l'affirmative : Req. rej., 30 mars 1837, Sir., 37, 1, 602; Bastia, 7 mars 1854, Sir., 54, 2, 165; Aubry et Rau, § 366, c, texte et note 16; Delvincourt, Droit civil, notes, 3, p. 191. — Pour la négative, c'est-à-dire pour la distinction des deux cas : Duranton, 63; Duvergier, 341; Troplong, 194; Marcadé, art. 1721,

fait dommageable que par celui qui est en faute, ainsi que la loi l'a reconnu encore en matière de vente dans les art. 1645 et 1646 ; mais cette objection me semble devoir être écartée par cette considération que les art. 1382 et 1383 statuent, non pas sur les fautes contractuelles, mais sur les quasi-délits, et que, les art. 1645 et 1646 étant une exception à la règle générale qui veut que chacun soit tenu de réparer le tort qu'il a, même involontairement, causé à autrui, leur disposition doit être restreinte au cas pour lequel elle a été introduite. — D'ailleurs je ne puis admettre la séparation que, dans le système contraire, on établit entre les deux parties de l'art. 1721 ; si, en effet, le législateur avait eu la pensée de modifier, en ce qui concerne les dommages-intérêts, les conditions de responsabilité indiquées pour la garantie des vices qui empêchent l'usage de la chose louée, il n'aurait certainement pas omis de le dire : nous ne comprendrions pas que dans un même article et pour deux formes de responsabilité ayant une cause unique, on eût soumis le bailleur aux règles spéciales du louage pour l'une et à celles de la vente pour l'autre, sans l'exprimer d'une façon précise. — La différence que l'art. 1721 établit entre le bailleur et le vendeur, d'après nous, s'explique par cette raison bien simple que celui qui loue une chose pour un usage convenu doit savoir si elle y est propre, et se trouve ainsi responsable, non-seulement de cet usage, mais encore des conséquences qui peuvent en résulter : sa bonne foi ne peut pas le couvrir, puisque l'art. 1150 soumet à des dommages-intérêts, pour cause d'inexécution de ses engagements, même le débiteur de bonne foi, et ne tient compte de la bonne ou la mauvaise foi que pour déterminer l'étendue de la responsabilité, le montant de la condamnation.

45. C'est dans le sens de notre opinion que la Cour de cassation a jugé que le bailleur d'un moulin peut être

condamné à des dommages-intérêts lorsque le locataire a éprouvé des pertes par suite de l'insalubrité des eaux[1]. De même une Cour d'appel a condamné un bailleur à des dommages-intérêts vis-à-vis d'un locataire commerçant dont les denrées avaient été avariées par une inondation causée dans la cave louée par l'infiltration des eaux de pluie. Dans les deux espèces, le bailleur ignorait le vice de la chose louée[2], et les décisions ne nous en paraissent pas moins équitables, parce que dans les deux cas le bailleur aurait pu ou dû connaître les vices de sa chose.

Nous déciderions de même que le propriétaire est responsable vis-à-vis du locataire du dommage que lui a causé la ruine du bâtiment loué, aussi bien lorsqu'elle résulte d'un vice de construction que lorsqu'elle résulte du défaut d'entretien. Nous n'admettrions d'autre cas où le bailleur ignorant dût être absous sur le chef des dommages-intérêts que le cas de force majeure.

CHAPITRE III.

DE L'OBLIGATION DE GARANTIE DES TROUBLES.

46. Le bailleur est tenu de procurer au locataire la possession utile des lieux loués. Nous avons vu déjà des conséquences de ce principe : l'obligation de délivrer, l'obligation d'entretenir et de répondre des vices. Vient encore une troisième conséquence : l'obligation de s'abstenir de troubler par des faits personnels la jouissance du locataire et de défendre ce dernier contre tous troubles provenant du fait des tiers.

---

[1] Req. rej., 30 mars 1837, Sir., 37, 1, 602.
[2] Bastia, 7 mars 1854, Sir., 54, 2, 165.

SECTION I.

Des troubles provenant du fait du bailleur.

47. Le bailleur est d'abord tenu à la garantie de ses faits personnels. Il enfreint, en effet, directement ses engagements, lorsque, par un acte émané de lui, le preneur est privé en tout ou en partie de la jouissance de la chose louée. Le preneur a donc alors le droit de demander la cessation du trouble, et, le cas échéant, des dommages-intérêts. Art. 1719.

C'est par suite de ce principe que le bailleur doit garantie au preneur lorsqu'il vend la chose louée ou la loue une seconde fois, et que la vente ou le nouveau bail empêche l'exécution de la première location.

48. Le même principe oblige le bailleur à respecter tous les avantages que le contrat a assurés au locataire, tels que l'usage des cours, vestibules, portes cochères[1]. Il s'oppose notamment à ce que le bailleur, qui n'a loué qu'une partie de sa propriété, dispose de celle qui est restée entre ses mains de manière à nuire à ses locataires. Ainsi, lorsqu'une maison d'habitation est composée de plusieurs logements, si le bailleur y donne accès à des établissements contraires à la morale ou à la santé et tranquillité des familles des locataires, ceux-ci ont un recours en garantie contre lui[2].

De même le bailleur ne pourrait pas, après avoir loué une usine ou une autre partie de bâtiment affectée et destinée par lui-même à l'exploitation d'une industrie déter-

---

[1] Paris, 4 mars 1828, Sir., 28, 2, 203.

[2] Paris, 11 mars 1826, Sir., 26, 2, 286; Paris, 19 juillet 1856, Sir.. 56, 2, 436; Paris, 24 janvier 1857, Sir., 57, 2, 504; Paris, 26 février 1869, Sir., 69, 2, 175; Rouen, 12 avril 1869, Sir., 69, 2, 176.

minée, créer dans le voisinage un établissement rival, ou louer une autre partie de sa propriété à un tiers qui y installerait un tel établissement[1]. — Mais il en serait différemment dans une espèce voisine de celle-ci, lorsqu'il s'agit, non plus du bail de locaux affectés à une destination spéciale pour laquelle ils avaient été préparés par le bailleur, mais de la simple location d'un bâtiment comme tel. En ce cas, alors même que dans le bail il aurait été énoncé que le locataire se proposait d'établir une industrie, industrie à laquelle la maison, on le suppose, n'était pas affectée antérieurement déjà par le bailleur, en ce cas, disons-nous, le bailleur ne serait pas privé du droit de louer une autre partie de la même maison ou une maison voisine, pour l'exercice d'une profession similaire. Le bailleur, en effet, n'a pas loué un bâtiment industriel ayant une destination déterminée, et il n'est pas, par suite, tenu de faire jouir le preneur selon une destination industrielle : il a loué un bâtiment comme bâtiment, sans destination antérieure, et l'art. 1719 ne l'oblige par suite qu'à procurer au locataire la jouissance du bâtiment comme tel. Bien entendu, il en serait autrement si, en contractant, les parties avaient eu une intention commune contraire, résultant des clauses du bail ou des circonstances[2].

Pareillement encore, le bailleur ne pourrait faire dans une propriété voisine de celle louée des constructions ou changements qui nuiraient à la jouissance de la chose louée. Ainsi il ne pourrait, en exhaussant des bâtiments

---

[1] Paris, 5 novembre 1859, Sir., 59, 2, 649; Aix, 6 août 1863, Sir., 63, 2, 223; Lyon, 3 décembre 1864, Sir., 65, 2, 131; et implicitement Req. rej., 1er décembre 1863, Sir., 64, 1, 25.

[2] Bordeaux, 17 avril 1863, Sir., 63, 2, 223; Paris, 12 mars, 15 juin et 5 juillet 1864, Sir., 64, 2, 257; Rennes, 8 mai 1863, Sir., 64, 2, 258; Civ. rej., 6 novembre 1867, Sir., 67, 1, 421; Req. rej., 29 janvier 1868, Sir., 68, 1, 116; Metz, 26 novembre 1868, Sir., 69, 2, 175.

situés vis-à-vis de la maison louée, diminuer l'air ou le jour dont le locataire a la jouissance[1].

49. Il y aurait également trouble de la part du bailleur et lieu à garantie si, pendant la durée du bail, il changeait la conformation des localités louées, sans le consentement du locataire. De telles modifications lui sont interdites, alors même qu'il aurait le plus grand intérêt à les faire et qu'elles ne causeraient aucun dommage réel au preneur. La généralité des termes de l'art. 1723 ne permet plus d'admettre la distinction que faisait Pothier à cet égard[2].

Ainsi, par exemple, le bailleur ne pourra pas grever la maison louée de servitudes de vue ou d'égout qui n'existaient pas à l'origine du bail. Il a été jugé de même qu'il ne peut ni l'agrandir ni l'élever d'un étage[3]. Enfin on a encore décidé en vertu du même principe que le propriétaire ne peut, dans le seul but de donner une plus-value à sa propriété, changer la forme et réduire les proportions d'un escalier qui conduit à des appartements par lui loués, alors surtout que l'état actuel de l'escalier a une certaine influence sur la prospérité de la profession exercée par le locataire[4].

50. Le Code a fait lui-même une application du principe que le bailleur doit faire jouir le preneur sans le troubler par son fait, en décidant dans l'art. 1761 que le bailleur ne peut pas expulser le locataire sous prétexte qu'il veut occuper lui-même la maison louée.

La fameuse loi *Æde* qui consacrait au contraire ce droit dans la législation romaine (*Æde, quam tu conductam ha-*

---

[1] Lyon, 10 août 1855, Sir., 55, 2, 620; Paris, 26 mars 1857, Sir., 57 2, 500.

[2] Pothier, 75.

[3] Bordeaux, 26 juillet 1831, Sir., 31, 2, 255.

[4] Paris, 9 janvier 1844, Sir., 44, 2, 79.

bere dicis, si pensionem domino insulæ solvisti, invitum te expelli non oportet, nisi propriis usibus dominus eam necessariam esse probaverit), et qui fut suivie dans notre ancienne jurisprudence, bien qu'elle y fût déjà l'objet de critiques « comme étant purement arbitraire, et contraire aux principes généraux et à la raison naturelle, » est donc aujourd'hui abrogée[1]. — Le bailleur ne peut plus expulser le locataire, même dans le cas où il aurait un intérêt majeur à rentrer en possession de sa maison, et où son intention de le faire serait fondée sur des circonstances qu'il ne pouvait prévoir au moment du contrat.

51. Mais l'art. 1762 permet de faire dans le contrat de bail ou postérieurement une convention contraire. En ce cas, le bailleur qui veut user de la faculté qu'il s'est réservée est tenu de signifier un congé à l'époque déterminée par l'usage des lieux.

Doit-il en pareil cas payer de plus des dommages-intérêts au locataire? M. Duvergier l'a prétendu, en invoquant par analogie l'art. 1744 qui impose cette obligation à l'acquéreur d'un immeuble loué. Mais cet argument ne nous satisfait pas; l'art. 1744 est une disposition exceptionnelle qui ne doit pas être étendue au cas qui nous occupe : c'est là l'opinion proclamée dans la discussion au Conseil d'État. L'ancienne jurisprudence d'ailleurs refusait ces dommages-intérêts, et les auteurs du Code déclarent qu'ils ont voulu consacrer cette même décision. Décision d'ailleurs tout à fait rationnelle : car le bailleur use d'un droit créé par la convention à laquelle le locataire s'était soumis d'avance; son fait ne peut donc pas être réputé dommage : car *nemo damnum dat qui jure suo utitur*. L'art. 1744, établissant une exception à cette règle, fournit un argument

---

[1] L. 3, Cod. 4, 65, De loc. cond.; Pothier, 486.

a contrario et non un argument d'analogie pour le cas de la loi Æde[1].

52. Faute par le bailleur de s'abstenir de tout fait qui troublerait la jouissance du preneur, celui-ci a contre lui une action en résiliation du bail et dommages-intérêts.

Mais remarquons que le bailleur ne serait pas censé contrevenir à son obligation en faisant, durant le bail, des réparations urgentes. D'autre part, ce n'est pas un trouble que le bailleur apporte à la jouissance de son locataire, lorsqu'il se transporte dans la maison louée ou y envoie quelqu'un de sa part pour voir l'état dans lequel elle se trouve : à condition, bien entendu, que cette visite ne devienne pas un abus[2].

Ajoutons que la garantie imposée au bailleur peut être restreinte par les clauses du bail. L'opinion contraire, qui s'appuierait sur un argument d'analogie tiré de l'art. 1628, qui défend la clause de non-garantie des faits personnels du vendeur, ne me semble pas devoir être suivie, puisque l'obligation que contracte le bailleur diffère essentiellement de celle d'un vendeur, parce qu'elle est successive et se prolonge nécessairement pendant une certaine période. Notre opinion est d'ailleurs fondée sur les art. 1761 et 1762, qui autorisent une clause spéciale de non-garantie en permettant de convenir que le bailleur pourra rompre le bail pour venir habiter lui-même les lieux loués.

SECTION II.

Des troubles provenant du fait des tiers.

53. En vertu de l'obligation de faire jouir qu'il contracte vis-à-vis du locataire, le bailleur est aussi tenu de garan-

---

[1] Aubry et Rau, § 370, note 7 ; Marcadé, art. 1761 ; Troplong, 626. — Contra: Duvergier, 2, 10.

[2] Pothier, 75.

tir ce dernier des troubles qui pourraient être apportés à sa jouissance par des tiers. Mais il ne répond pas de toute espèce de trouble. Il faut, à ce sujet, distinguer tout d'abord les troubles apportés par des tiers qui ne prétendent aucun droit sur la chose louée, et les troubles ayant pour cause des prétentions élevées par des tiers sur la propriété ou la possession de cette même chose ; les premiers sont les troubles de fait ; les seconds, les troubles de droit : le bailleur répond de ces derniers ; il n'est pas garant des premiers.

54. Mais avant d'examiner les textes qui s'occupent de cette garantie, nous devons observer qu'il est des troubles qui proviennent du fait de tiers, et qui ne sont ni des violences, ni des prétentions à un droit sur la chose louée.

Cette remarque s'applique d'abord aux actes administratifs réguliers. Supposons, par exemple, et les espèces se sont présentées, que des entraves soient apportées à l'exploitation d'une usine louée, par suite d'un chômage temporaire que l'administration a prescrit, ou bien encore que des fils télégraphiques aient été posés le long d'une maison et que le bourdonnement de l'électricité soit nuisible au locataire dans l'exercice de sa profession, ou bien encore que des travaux d'exhaussement d'une rue introduisent les eaux pluviales dans le corridor de la maison louée, ou enfin, que des travaux de nivellement rendent l'accès de la maison louée difficile. Dira-t-on que les dommages résultant de ces actes administratifs seront subis par le preneur, parce qu'il y a eu voie de fait ? Nous ne le pensons pas : un acte rentrant dans l'exercice des pouvoirs qui appartiennent à l'administration, fait dans l'intérêt général, ne peut être assimilé à une voie de fait, telle que la loi la suppose, c'est-à-dire un acte violent et illicite, puisque l'art. 1725 dit qu'on peut en « poursuivre l'auteur » ; par suite, nous croyons que le bailleur devrait subir une réduction de loyer, exécuter les réparations nécessaires et même payer une indemnité au locataire, en vertu de l'art. 1719 [1]. — Il en serait toutefois autrement, si la mesure administrative avait été nécessitée par une faute du locataire lui-même ; par exemple, si le chômage de l'usine louée avait été nécessité dans l'intérêt des propriétaires voisins par le mauvais état des machines employées par le locataire usinier [2]. De même encore le bailleur ne serait tenu d'aucune action, si la mesure administrative était illégale : par exemple si un entrepreneur de travaux publics avait démoli un mur d'une maison non comprise dans l'expropriation ; dans ce cas, il y aurait voie de fait, et l'art. 1725 serait applicable.

Notre remarque s'applique également aux actes des particuliers qui, sans commettre une voie de fait et sans prétendre un droit sur la chose louée, entravent la jouissance du preneur. C'est ce qui a lieu, par exemple, lorsque le voisin de la maison louée fait démolir un mur mitoyen entre les deux propriétés, ou élève des constructions qui enlèvent le jour indispensable à la profession du locataire. Dans ces espèces, les actes des tiers amènent un vice de la chose louée : par suite, le bailleur en est responsable d'après l'art. 1721, et non en vertu des art. 1726 et 1727.

Enfin notre observation concerne également les cas d'expropriation pour cause d'utilité publique. La position du preneur vis-à-vis du bailleur et de l'expropriant est alors spécialement réglée par les art. 21, 23 et 39 de la loi du 3 mai 1841 ; d'après ces textes, le bailleur est tenu de faire connaître ses locataires à l'administration, pour

---

[1] Nancy, 17 mai 1837, Sir., 39, 2, 164; Cass., 8 août 1855, Sir., 56, 1, 422; Angers, 17 juillet 1855, Sir., 56, 2, 167; Paris, 24 novembre 1858, Sir., 59, 2, 349; Req. rej., 17 août 1859, Sir., 60, 1, 453; Paris, 7 février 1868, Sir., 69, 2, 227; Dijon, 12 décembre 1866, Sir., 67, 2, 183.

[2] Colmar, 29 novembre 1816, Sir., 18, 2, 201.

que celle-ci règle directement avec eux les questions d'indemnité ; si le bailleur néglige de le faire, il reste seul chargé envers eux des dommages-intérêts qu'ils auraient à réclamer.

55. Ceci posé, examinons les deux espèces de trouble de la part des tiers.

Et d'abord, quant au trouble de fait sans prétention à la propriété ou à la jouissance de la chose louée, l'art. 1725 décide que le bailleur n'en est pas garant, et que le preneur n'a d'action que contre les auteurs des voies de fait.

Ce principe était déjà admis par Pothier ; toutefois il y ajoutait un tempérament consistant en ce que, si l'action contre les auteurs du trouble était inutile, ces derniers étant inconnus ou insolvables, il autorisait le preneur à demander une réduction proportionnelle du prix du bail [1]. Le projet du Code civil admit aussi cette modification. Mais dans la discussion au Conseil d'État, sur les observations de MM. Lacuée, Regnaud et Tronchet, la partie de l'art. 32 (aujourd'hui art. 1725) qui la consacrait fut retranchée. Il résulte de là qu'aujourd'hui le preneur n'a jamais, à raison des troubles de fait, aucune action contre le bailleur, à moins, bien entendu, que ces troubles ne proviennent de force majeure, ce qui amènerait l'application de l'art. 1722, c'est-à-dire la réduction du loyer ou même la résiliation du bail, mais sans dommages-intérêts, à moins aussi qu'il ne s'agisse de faits antérieurs à l'entrée en jouissance et empêchant le preneur de se mettre en possession, auquel cas le bailleur devrait faire cesser l'empêchement, puisqu'autrement il ne remplirait pas son obligation de délivrance [2].

56. Arrivons à la seconde espèce de trouble, et suppo-

[1] Pothier, 81.
[2] Cass., 7 juin 1837, Sir., 37, 1, 970.

sons le locataire en présence d'un tiers prétendant un droit
à la propriété ou à la jouissance de la chose louée, ou
même à une simple servitude sur cette chose. C'est alors
l'affaire du bailleur et non plus celle du preneur que de
lutter contre ce tiers ; et s'il y a dommage pour le preneur,
c'est au bailleur à l'en indemniser.

Or le preneur peut se trouver dans deux situations différentes : d'une part, lorsqu'il est troublé dans la jouissance de la chose par voie de fait, et que, sur l'action en
dommages-intérêts dirigée contre l'auteur du trouble, celui-ci excipe d'un droit qui, en le supposant existant, l'autorisait à agir comme il l'a fait ; d'autre part, lorsqu'il est lui-
même cité en justice par un tiers qui réclame sur la chose
un droit de jouissance, de propriété ou de servitude. Dans
les deux cas, le locataire doit appeler le bailleur en garantie et doit être mis hors d'instance s'il l'exige, en nom-
mant le bailleur pour lequel il possède, encore que ce
dernier refuse de prendre son fait et cause. Art. 1726 et
1727.

57. Toutefois la demande de garantie ne peut être faite
par le locataire qu'autant qu'il a dénoncé le trouble et
l'empêchement à son propriétaire. Art. 1726.

Cela se comprend aisément : car il ne serait pas juste
que le bailleur fût condamné à réparer un dommage qu'il
n'a pas causé et qu'il aurait peut-être pu éviter s'il
l'avait connu. Aussi le preneur serait-il même responsable
de son silence, s'il avait ainsi causé un préjudice au bailleur, par exemple en le privant de la possession annale
qui lui eût permis d'agir au possessoire [1]. — Toutefois,
on pourrait argumenter par analogie de l'art. 1640 pour
décider que si le locataire démontrait que le bailleur
n'avait aucun moyen de repousser le trouble, le défaut de

[1] Delvincourt, notes, 3, p. 190.

dénonciation cesserait d'être un obstacle à l'exercice de l'action en garantie [1].

58. L'indemnité due par le bailleur appelé en garantie, même au cas où ce dernier n'a pas réussi à faire rejeter les prétentions du tiers, ne consistera pas seulement en une remise proportionnelle du loyer ou, suivant les circonstances, dans la résiliation du bail. Elle devra comprendre en outre des dommages-intérêts représentant le préjudice que subit le locataire et le gain dont il est privé, selon les règles générales en matière de dommages-intérêts. Art. 1727. Arg. art. 1744.

Des dommages-intérêts pourraient être dus même au cas où le bailleur serait parvenu à faire cesser le trouble. Art. 1726.

59. Mais la garantie ne serait pas due, du moins quant aux dommages-intérêts, si le preneur connaissait, au moment du contrat, les causes de l'éviction. En matière de louage, comme en matière de vente, il me semble que celui qui contracte en connaissant les chances auxquelles il s'expose, manifeste par là la volonté de supporter le dommage qui peut survenir, et qu'il renonce tacitement à en demander jamais la réparation. — On devrait à plus forte raison adopter cette opinion, si les causes d'éviction, connues du preneur, étaient ignorées du bailleur : dans ce dernier cas, la garantie des dommages ne serait pas due, eût-elle même été formellement stipulée, puisqu'il y aurait dol de la part du preneur. Mais, de toute façon, le loyer cesserait néanmoins d'être dû, pour tout ou partie, selon que l'éviction serait totale ou partielle : l'obligation successive de payer le prix est, en effet, en corrélation avec le fait de la jouissance successive, et doit cesser lorsque lui-même prend fin [2].

<hr>

[1] Aubry et Rau, § 366, note 33.
[2] Pothier, 84, Marcadé, art. 1726 et 1727.

Au contraire, pour qu'il y ait lieu à garantie, il importe peu que la cause du trouble soit antérieure ou postérieure au contrat, et qu'elle ait été ou non ignorée du bailleur au moment du contrat. Son ignorance peut seulement autoriser à modérer les dommages-intérêts dus au preneur, puisqu'en vertu de l'art. 1150 les dommages-intérêts doivent être moins considérables lorsque l'inexécution d'une obligation n'est pas l'effet de la mauvaise foi de celui qui l'a contractée, que dans l'hypothèse contraire[1].

[1] Pothier, 83; Duvergier, 327.

DEUXIÈME PARTIE.

Des obligations du locataire.

———

60. La définition même du bail donnée plus haut indique les obligations principales du locataire : celle de payer les loyers, celle de jouir de la chose louée selon le vœu de la convention, et celle de restituer la chose après le temps pour lequel elle a été louée. Pour le cas où la convention ne s'en expliquerait pas formellement, la loi elle-même indique comment le preneur doit jouir, en lui imposant l'obligation de jouir en bon père de famille, l'obligation de faire les réparations locatives, et l'obligation de garnir les lieux loués de meubles suffisants pour répondre des loyers. Nous avons à examiner successivement toutes ces obligations.

CHAPITRE PREMIER.

DE L'OBLIGATION DE PAYER LE LOYER.

61. Le locataire est tenu de payer le loyer des localités louées aux époques fixées par le contrat, et, en l'absence de convention expresse à cet égard, aux époques indiquées par les usages locaux. Art. 1728, 2°.

Lorsque le prix a été convenu par indication de la somme due pour certaines périodes, cette somme devient exigible dès l'expiration de chaque période : par exemple, celui qui a loué à tant par mois, par trimestre, ou par année, doit payer à l'expiration de chaque mois, de chaque trimestre, de chaque année. Arg. art. 1758. Mais s'il a été convenu d'une seule somme pour tout le temps du louage, elle doit être payée à l'expiration de ce temps [1].

62. Le prix doit être payé au domicile du preneur, si les parties n'ont pas fixé un autre lieu, si elles n'ont pas, comme c'est l'usage presque général, décidé que le paiement serait fait au bailleur en sa demeure. Arg. art. 1247.

Quant aux frais du paiement, ils sont, sauf stipulation contraire, à la charge du preneur. Arg. art. 1248.

63. Faute par le locataire de remplir son obligation, le bailleur peut faire prononcer la résiliation, et c'est aux tribunaux, dans le silence de la loi à cet égard, à décider si les retards de paiement sont assez longs pour motiver la résiliation. Mais s'il avait été convenu, lors du contrat, que le bail serait résilié de plein droit à défaut de paiement d'un terme de loyer, et après un simple commandement demeuré sans effet, les juges ne pourraient pas accorder de délai au débiteur [2].

Toutefois le bailleur ne peut plus demander le paiement d'un terme de loyer ni provoquer la résiliation pour motif de non-paiement de ce terme, lorsqu'il s'est écoulé cinq ans depuis son exigibilité. La prescription est alors une fin de non-recevoir victorieuse contre sa demande, selon l'article 2277.

Remarquons, en outre, que les loyers non payés ne portent pas de plein droit intérêt, mais seulement en suite d'une demande en justice ou d'une convention postérieure à leur exigibilité. Art. 1155.

64. A l'obligation de payer les loyers se rattache celle

[1] Pothier, 134.

[2] Bordeaux, 4 juin 1864, Sir., 64, 2, 263; Cassat., 2 juillet 1860, Sir., 60, 1, 705.

que la loi impose au preneur de supporter certaines charges réelles qui pèsent sur la maison louée.

En vertu de la loi du 3 frimaire an VII, art. 12, le preneur est, en effet, à moins de convention ou d'usage contraire, tenu de la contribution des portes et fenêtres, d'une
façon absolue. Son recouvrement peut cependant être
poursuivi contre le bailleur, mais seulement à titre d'avance
de sa part. Si donc le propriétaire a payé ladite contribution, il peut en réclamer la restitution du locataire; il le
peut même quoiqu'il ait reçu pendant plusieurs années le
montant des loyers sans faire de réserve, et quoique le bail
ne mette pas expressément l'impôt à la charge du locataire [1].

Au contraire, le preneur, quoique obligé vis-à-vis de
l'État au paiement de la contribution foncière, n'en est
point tenu dans ses rapports avec le bailleur, sauf convention contraire. Si donc il l'a payée, il a le droit de rentrer
dans ses avances ; mais il ne le pourra pas au moyen d'une
action intentée immédiatement après le paiement, comme
le permettait la loi du 17 brumaire an V : il ne pourra, en
vertu de l'art. 147 de la loi de frimaire an VII, que forcer
le propriétaire « à recevoir le montant des quittances de
cette contribution sur le prix des loyers [2]. »

On le voit, la théorie de la loi est la suivante : la contribution foncière doit peser sur le bailleur, celle des portes
et fenêtres sur le preneur ; mais, voulant réserver au fisc
des moyens d'obtenir plus facilement et plus sûrement
son paiement, le législateur lui accorde une action directe,
non-seulement contre l'obligé principal, mais encore contre
celui qui, en définitive, n'est pas débiteur.

[1] Civ. Cass., 26 octobre 1814, Sir., 15, 1, 244; Req. rej., 23 mars 1860,
Sir., 69, 1, 241; Duvergier, 346.

[2] En ce sens: Duvergier, 347. — Contra: Duranton, 76; Marcadé, art.
1729; Aubry et Rau, § 367.

65. Ajoutons que les impositions extraordinaires dont l'immeuble loué serait frappé au cours du bail restent, à moins de convention ou de décision, soit législative, soit administrative contraire, à la charge du bailleur [1]. Toutefois le logement forcé de militaires est à la charge de tous ceux qui habitent l'immeuble, propriétaire et locataire, ou locataire seul, s'il occupe à lui seul toute la maison [2]. Il en est de même, d'après nous, des charges de police, et notamment de celle du balayage de la rue dans les communes où ce soin est laissé à la charge des habitants [3].

CHAPITRE II.

DE L'OBLIGATION D'USER EN BON PÈRE DE FAMILLE ET SELON DESTINATION.

66. « Le preneur, dit l'art. 1728, est tenu d'user de la chose louée en bon père de famille et suivant la destination qui a lui été donnée par le bail ou suivant celle présumée d'après les circonstances à défaut de convention. »

SECTION I.

Objet et conséquences de cette obligation.

67. Le preneur doit avant tout jouir des localités par lui louées selon leur destination énoncée au contrat ou révélée par les circonstances.

« Ces circonstances sont si variées, disait le Tribunat, qu'elles ne sont point susceptibles d'être prévues par la

---

[1] Aubry et Rau, loc. cit.; Duvergier, 352.

[2] Troplong, 335; Duvergier, 2, 28. — Loi 23 janvier 1790. — Loi 8 juillet 1791; art. 9.

[3] Arg. art. 471, 3º, Code pénal; Cass., 6 avril 1833, Sir., 33, 1, 714; Duvergier, 2, 29.

loi. Le législateur ne peut se dispenser de s'en rapporter à cet égard à la sagesse et à l'expérience des juges.» Toutefois la profession qu'exerçait le locataire à l'époque du contrat et la destination que la chose a eue précédemment sont des indices propres à manifester l'intention des parties. Ainsi, par exemple, le locataire d'une maison affectée à l'exploitation d'un commerce ou d'une industrie déterminés doit en jouir en continuant l'exploitation jusqu'à la fin du bail; tout comme le locataire d'une maison précédemment habitée bourgeoisement doit en jouir lui-même ou ne la sous-louer que pour l'habitation. De même, lorsqu'une maison a été louée à un industriel, le bailleur n'ignorant point la profession du locataire, ce dernier ne pourra point être empêché d'y installer son industrie.

D'ailleurs, le locataire doit s'abstenir de tout acte qui, sans être nécessaire à l'exercice de sa profession ou de ses fonctions, est incommode pour le bailleur ou les autres locataires. Ainsi il a été jugé qu'un chef militaire, qui a seulement le droit d'avoir un planton dans l'intérieur de la maison, ne peut pas y substituer une sentinelle qu'il faille relever à toute heure de nuit ou de jour. De même, un forgeron ne peut, sans nécessité ou utilité pour lui, déplacer la forge qui existait lors de son entrée dans les lieux loués, de manière à nuire aux autres habitants de la maison [1].

68. L'usage auquel les lieux loués sont destinés étant une fois déterminé, tout changement dans l'emploi qu'en fait le preneur est une infraction à la loi du contrat et autorise le bailleur à demander la cessation de l'usage abusif ou la résiliation du bail, avec ou sans dommages-in-

---

[1] Paris, 5 décembre 1814, Sir., 15, 2, 84; Paris, 28 avril 1810, Sir., 12, 2, 378; Rennes, 17 mars 1834, Sir., 34, 2, 596; Besançon, 4 juin 1846, Sir., 47, 2, 534; Pothier, 189; Marcadé, art. 1729; Aubry et Rau, § 367, 1º; Troplong, 309.

térêts, selon les circonstances. Ainsi, par exemple, si une maison bourgeoise a été louée comme telle, le preneur ne pourra y établir ni profession bruyante, ni auberge, ni maison de jeu, ni hôtel garni, ni autre établissement public, sous peine de résiliation du bail[1]. Art. 1729.

69. A plus forte raison encore, le preneur ne doit-il se permettre de faire aucun changement à la maison louée. Ainsi, le locataire d'un appartement ne peut se permettre de percer les gros murs pour y établir des portes ou des fenêtres ; de même, le locataire d'un atelier ne peut en général substituer une machine à vapeur au moteur précédemment employé ; de même encore, le locataire d'un appartement, d'un magasin ou d'une usine ne peut y introduire l'éclairage au gaz, à moins que, d'après l'usage constant du pays, le bailleur ne doive être présumé y avoir consenti. En un mot, il ne peut faire aucun travail, aucune innovation qui puisse nuire à la solidité des bâtiments loués ou présenter quelque autre inconvénient[2].

Toutefois il est permis de faire des modifications très-légères, dictées par les commodités individuelles, et qui ont d'autant moins d'inconvénients que le preneur peut les faire disparaître facilement et remettre les choses dans leur primitif état si le bailleur l'exige[3].

II. 70. Le preneur ne doit pas seulement user de la chose selon sa destination, il doit en user d'une certaine manière : la loi veut qu'il jouisse en bon père de famille, en homme soigneux et prudent, et qu'il ait le même zèle

---

[1] Aix, 31 janvier 1833, Sir., 33, 2, 485; Paris, 23 janvier 1869, Sir., 69, 2, 34; Lyon, 6 février 1833, Sir., 33, 2, 392.

[2] Lyon, 26 janvier 1847, Sir., 47, 2, 536; Rouen, 24 juillet 1856, Sir., 57, 2, 143; Paris, 22 décembre 1851, Sir., 52, 2, 115; Paris, 29 novembre 1862, Sir., 63, 2, 32; Paris, 22 décembre 1864, Sir., 65, 2, 134.

[3] Duvergier, 398 et 399.

pour la conserver, qu'un bon et diligent administrateur aurait pour la sienne propre[1]. Art. 1728.

Il y aurait donc lieu, soit à une indemnité, soit même à résiliation du bail, selon la gravité des faits, si le locataire, sans changer d'ailleurs la destination des lieux loués, en faisait un usage abusif, immodéré, dommageable dès lors pour le bailleur ou les colocataires. Ainsi, le locataire d'un logement dans une maison d'habitation, qui par des tapages violents et·prolongés porte atteinte au repos des autres habitants de la maison, peut'être expulsé comme ne remplissant pas l'obligation de jouir en bon père de famille[2]. C'est en vertu du même motif que nous déciderions que celui qui a loué une usine ou un magasin en exploitation ne peut les tenir fermés et risquer ainsi de perdre la clientèle qui y est attachée, pas plus qu'il ne pourrait les employer à une autre destination[3].

III. 71. Du principe qui oblige le locataire à jouir en bon père de famille, il suit qu'il est responsable des dégradations ou des pertes qui arrivent pendant sa jouissance, à moins qu'elles ne proviennent de vétusté ou de force majeure. Art. 1730.

Et il répond non-seulement de ses propres fautes, mais encore de celles de ses sous-locataires, ainsi que de celles des membres de sa famille habitant avec lui, de ses domestiques, hôtes et ouvriers; en un mot, de toutes les personnes de sa maison. Il est même responsable du dommage résultant d'entreprises ou d'usurpations commises par des tiers, lorsqu'il ne les a pas dénoncées au bailleur en temps utile. Art. 1735 et Arg. art. 1768.

Le locataire échappe à toute responsabilité en prouvant que la dégradation ou la perte a eu lieu sans aucune

[1] Pothier, 190.
[2] Bordeaux, 25 août 1836.
[3] Duvergier, 403.

faute de sa part. Art. 1732. — La loi, en mettant cette preuve à sa charge, ne fait que l'application des principes généraux en matière de preuve. Car le locataire étant tenu de restituer la chose louée en bon état, c'est à lui de fournir la preuve des faits qui, selon lui, le dispensent de remplir son obligation.

IV. 72. L'art. 1733 consacre une application de cette règle et y fait en même temps une exception, en décidant ,que le locataire répond de l'incendie de la maison louée, à moins qu'il ne prouve que l'incendie est dû à certaines causes déterminées par la loi : il l'applique en déclarant le locataire responsable ; il y déroge en indiquant limitativement les causes que le preneur pourra invoquer pour se disculper. Voici le texte de cet article :

« Le locataire répond de l'incendie, à moins qu'il ne prouve que l'incendie est arrivé par cas fortuit ou de force majeure, ou par vice de construction, ou que le feu a été communiqué par une maison voisine. »

Cette disposition de la loi, nous croyons devoir le répéter, ne déroge pas au droit commun en ce qu'elle met à la charge du preneur l'obligation de prouver les faits tendant à faire cesser sa responsabilité. C'est ce que MM. Aubry et Rau démontrent avec on ne peut plus de clarté[1]. « Les incendies, en effet, disent-ils, ne sont point par eux-mêmes et nécessairement des cas fortuits ou de force majeure. Ils sont plus fréquemment le résultat d'une imprudence ou d'un défaut de surveillance, que d'un cas fortuit proprement dit : *Incendia plerumque fiunt culpa inhabitantium*. Il en résulte que le preneur, tenu à veiller à la conservation de la chose louée, et de justifier, le cas échéant, de l'accomplissement de cette obligation, ne peut décliner la responsabilité d'un incendie qu'en prouvant

---

[1] Aubry et Rau, § 367.

que cet événement provient d'une cause qui ne saurait lui
être imputée à faute. La condition du locataire est, sous
ce rapport, absolument la même que celle de toute personne obligée en vertu de la loi ou d'une convention à
veiller à la conservation de la chose d'autrui. Mais si l'art.
1733 ne renferme pas à ce point de vue une dérogation au
droit commun, il s'en écarte réellement en ce que, pour
donner au bailleur une garantie plus efficace, il restreint
le cercle des moyens de justification du preneur. Et sous
ce rapport la disposition qu'il contient ne doit être appliquée qu'en matière de bail.»

On a cependant soutenu l'opinion contraire, à savoir que
l'art. 1733 n'a rien de limitatif, que c'est seulement pour
plus d'explication qu'il procède par énumération, et pour
exprimer cette simple idée que le locataire doit prouver
qu'il n'a commis aucune faute[1]. D'après les auteurs qui
soutiennent ce système, le locataire pourrait donc, sans
fournir aucune des preuves indiquées par l'art. 1733,
avouer, au contraire, qu'il ignore complétement ce qui a pu
provoquer l'incendie, et se borner à établir que la cause
du sinistre lui est étrangère, en prouvant, par exemple,
que lors de ce sinistre lui et les siens étaient en voyage
ou n'occupaient pas l'appartement loué, ou bien qu'il a
donné à la conservation de la chose tous les soins d'un
bon père de famille. — Mais ce système nous paraît en
opposition avec le texte et l'esprit du Code. L'art. 1733
emploie des termes on ne peut plus exclusifs et limitatifs :
«Le locataire, dit-il, répond de l'incendie à moins qu'il ne
prouve que...» C'est donc une preuve directe et positive
qu'exige la loi ; la preuve indirecte et négative de l'absence
de faute n'est pas suffisante : on le voit par la simple comparaison des art. 1733 et 1732, ce dernier se contentant de la

---

[1] Duvergier, 1, 436; Troplong, 382.

preuve négative, tandis que le premier exige une preuve positive. Enfin, ce qui complète la démonstration et qui la fournit à soi seul, c'est l'existence même de l'art. 1733 : car si cet article n'établissait pas une règle plus sévère que celle de l'article précédent, son existence serait inutile [1].

73. Mais si la loi s'écarte du droit commun quant aux faits à prouver, elle ne s'en écarte nullement quant à la manière de les prouver. L'art. 1733 dit tout simplement : « à moins qu'il ne prouve que.... », mais il n'ajoute rien de particulier sur le point de savoir comment il devra prouver. Par conséquent, on reste à ce sujet sous l'empire des principes ordinaires de la preuve.

74. Ajoutons que l'art. 1733, étant une disposition exceptionnelle, ne doit pas être appliqué en dehors de l'hypothèse pour laquelle il a été créé, c'est-à-dire qu'il ne s'applique pas entre personnes étrangères l'une à l'autre, dont l'une n'est pas tenue envers l'autre de l'obligation de conserver et restituer la chose incendiée. Ainsi il ne peut être invoqué par un propriétaire qui voit sa maison détruite par un incendie communiqué par la maison voisine, contre le propriétaire ou contre les locataires de cette maison ; ni par un locataire de la maison louée contre son colocataire ; ni par un locataire contre le propriétaire habitant une partie de la maison louée. Dans les hypothèses que nous venons d'énumérer, les réclamants ne pourraient obtenir la réparation du préjudice qu'ils subissent que par application des art. 1382 et 1383, en prouvant eux-mêmes la faute de celui contre lequel ils agissent, au lieu de pouvoir rejeter sur ce dernier la nécessité de prouver l'absence de faute sous peine de condamnation [2].

Au contraire, l'art. 1733 est applicable quand il s'agit

---

[1] Aubry et Rau, loc. cit.; Marcadé, art. 1733.

[2] Duranton, 17, 105; Duvergier, 1, 411 et suiv.; Aubry et Rau, § 367, 3° in fine.

d'un sous-locataire recherché par le propriétaire ou par le locataire principal. En effet, le sous-locataire est tenu envers le locataire principal sous-bailleur, comme tout locataire vis-à-vis de son bailleur ; et d'autre part il est tenu de la même manière vis-à-vis du propriétaire, qui peut exercer contre lui les actions du locataire principal.

75. Remarquons aussi que la règle de l'art. 1733, c'est-à-dire la présomption légale d'une faute contre laquelle le locataire est obligé de prouver l'un des trois faits indiqués par la loi, cette règle n'est pas d'ordre public. Les parties pourraient donc convenir de n'en pas tenir compte et de se régir d'après les principes du droit commun[1].

76. L'art. 1734 vient compléter l'art. 1733, en décidant que :

« S'il y a plusieurs locataires, tous sont solidairement responsables de l'incendie, à moins qu'ils ne prouvent que l'incendie a commencé dans l'habitation de l'un d'eux, auquel cas celui-là seul est tenu ; ou que quelques-uns ne prouvent que l'incendie n'a pu commencer chez eux, auquel cas ceux-là n'en sont pas tenus. »

Ainsi, à défaut de preuve contraire, tous les locataires de la maison incendiée sont présumés en faute. Mais ici la présomption peut être écartée plus facilement : le texte admet une preuve positive et directe, la preuve de ce fait que le feu a commencé en tel endroit, et de plus la preuve négative indirecte de l'absence de faute. D'autre part, au contraire, la loi est très-sévère vis-à-vis des colocataires, puisqu'elle établit la solidarité entre eux jusqu'à preuve contraire.

77. Au moyen de cette solidarité, l'un des locataires peut être contraint par le bailleur à l'indemniser complé-

[2] Req. rej., 22 janvier 1868, Sir., 68, 1, 17.

tement, sauf son recours contre les autres locataires. Mais cette responsabilité commune, créée par l'art. 1734, me paraît être, non pas une solidarité proprement dite, mais une simple responsabilité in solidum.

Elle ne résulte pas, en effet, d'une convention expresse ou légalement présumée comme celle des comandants ou des commodataires conjoints, et n'est pas non plus rattachée par la loi à une obligation commune préexistante comme celle des cotuteurs ou des exécuteurs testamentaires : car les locataires ont traité chacun individuellement avec le bailleur ; entre eux et lui n'existe aucun lien contractuel qui leur soit commun. La responsabilité dont s'agit n'a d'autre origine que la volonté de la loi de garantir les intérêts du bailleur dans des vues d'ordre public ; et en cela elle est à mettre sur la même ligne que la responsabilité établie par les art. 395 et 1442, par exemple. Il en résulte que les effets attachés par la loi aux obligations solidaires proprement dites ne s'étendent pas nécessairement à la responsabilité légale des colocataires, tant et aussi longtemps qu'il n'est pas intervenu contre eux de condamnation solidaire. Ainsi, par exemple, l'assignation lancée contre l'un d'eux n'interromprait pas la prescription à l'égard des autres[1].

78. La responsabilité solidaire qui pèse sur les différents locataires se divise entre eux par parts et portions viriles. Il n'y a pas lieu, d'après nous, de prendre en considération les circonstances, à savoir l'étendue des lieux occupés par chacun, le loyer de chacun, etc. En effet, les locataires sont condamnés tous, parce qu'ils sont tous présumés en faute. Or la présomption ne s'accroît ni ne diminue à raison de l'étendue des appartements et de l'importance des loyers. Par suite chacun, dans la contri-

---

[3] Aubry et Rau, § 367; Mourlon, 753. — Contra : Marcadé, art. 1734.

bution à établir entre eux, sera tenu pour une part virile[1].

79. D'ailleurs, la dette se répartit uniquement entre les locataires en nom, c'est-à-dire entre les chefs de famille auxquels le bailleur a consenti les diverses locations, et non entre toutes les personnes qui habitent dans la maison. Ainsi, entre deux locataires, dont l'un a un ménage composé de plusieurs personnes, et dont l'autre est seul, l'indemnité due au bailleur se divise par moitié.

80. Mais la position des locataires change lorsque le bailleur lui-même occupe une partie de la maison incendiée : en ce cas, les art. 1733 et 1734 ne s'appliquent pas de plein droit.

«Leurs dispositions, en effet, dit excellemment Marcadé, reposent sur ces trois idées : 1° Quand rien ne prouve d'où vient le feu, il est présumé venir de la maison même; 2° toutes les fois que le feu a commencé chez un locataire, ce locataire est présumé en faute; 3° enfin, quand la maison n'est habitée que par des locataires, le feu ayant commencé chez l'un d'eux, celui-ci est donc en faute, et comme on ne sait pas lequel, tous sont présumés en faute. Or, quand parmi les habitants de la maison se trouve le propriétaire lui-même, comme le feu a pu prendre dans l'appartement de celui-ci aussi bien que dans tout autre, on ne sait plus si l'on est dans le cas d'un incendie ayant commencé chez un locataire, ce qui rend impossible la présomption de faute sur laquelle reposent nos deux articles. Donc, tant qu'il y a incertitude sur la partie où l'incendie a pu commencer ou ne pas commencer, nos deux règles cessent complétement. »

Ce n'est que si le propriétaire prouve que l'incendie n'a

---

[1] Duvergier, 1, 423; Troplong, 2, 379; Duranton, 17, 110. — Contra : Aubry et Rau, § 367.

pas pris dans les localités qu'il occupe lui-même que les locataires sont régis par les art. 1733 et 1734. Mais leur responsabilité, bien entendu, ne s'étend qu'à la partie des bâtiments qu'ils ont loués et non à celles qu'occupait le bailleur lui-même. Ils ne sont, en effet, tenus de plein droit et sans preuve de faute qu'en qualité de locataires ; or, ils n'ont pas cette qualité pour la partie de la maison occupée par le bailleur : quant à elle, ils ne sont tenus d'aucune obligation de restitution ; par suite, le propriétaire ne pourrait se faire indemniser de cette partie qu'en prouvant lui-même la faute, conformément à l'art. 1382 [1].

L'indemnité due par les locataires au bailleur incendié doit comprendre le *lucrum cessans* et le *damnum emergens*, c'est-à-dire, d'une part le montant du dommage causé au bâtiment, et d'autre part la bonification de la perte des loyers pendant le temps nécessaire à la remise en état et à la relocation des bâtiments. Art. 1149.

Mais la responsabilité ne va pas plus loin. C'est à tort, selon nous, qu'on a prétendu que le preneur doit toujours payer la somme nécessaire pour la reconstruction du bâtiment ; car s'il en était ainsi, le bailleur pourrait tirer profit de l'incendie en gagnant la différence de valeur entre une maison neuve et la maison incendiée ; nous croyons qu'il est plus exact de dire que le preneur est seulement tenu de payer la perte réellement éprouvée par le bailleur, égard à l'état de l'immeuble au moment de l'incendie [2].

82. D'ailleurs la responsabilité du locataire d'après l'art. 1734 n'a pour objet que le dommage causé au bâtiment loué et ne s'étend pas, sauf convention contraire, à la perte totale ou partielle du mobilier que le propriétaire avait placé dans la partie du bâtiment incendié qu'il occu-

[1] Aubry et Rau, § 367 ; Marcadé, art. 1734.
[2] Aubry et Rau, § 367 ; Marcadé, art. 1734. — Contra : Troplong, II, 390 ; Duvergier, I, 419.

paît. Mais il en serait autrement si ce mobilier avait été compris dans le bail.

Bien entendu, le bailleur a néanmoins dans tous les cas recours contre le locataire, en vertu de l'art. 1382, s'il parvient à prouver la faute de ce dernier.

SECTION II.

Du droit de sous-louer ou de céder le bail.

83. Le preneur doit user de la chose louée en bon père de famille suivant la destination de la chose. Mais cela n'entraîne pas pour lui l'obligation de jouir par lui-même.

Il a, en effet, le droit de sous-louer à un tiers, *même* de lui céder son bail, si cette faculté ne lui a pas été interdite par le contrat ou par la loi. Art. 1717 et 1763.

I. Le texte même de l'art. 1717 montre que le preneur a deux facultés distinctes, dont l'une est plus étendue que l'autre : la faculté de sous-louer et *même* la faculté de céder le bail. Comment se distinguent-elles l'une de l'autre ? C'est ce qu'il faut rechercher avant tout.

84. On a soutenu que sous-louer c'est louer une partie seulement de la chose louée, en conservant l'autre partie ; tandis que céder le bail, c'est louer en totalité la chose louée. Il n'y aurait donc entre la cession et la sous-location qu'une différence du plus au moins : « Sous-louer n'est que céder une partie de son bail, » dit M. Troplong[1].

85. D'autres auteurs établissent une distinction basée sur les termes même de la loi et qui me paraît préférable.

La cession du bail proprement dite consiste dans la transmission totale ou partielle des droits et des obligations qu'il confère ou impose au preneur : c'est une vente

---

[1] Troplong, 134.

du bail analogue à la cession de n'importe quel droit, quelle créance, et non une location nouvelle. — Au contraire, la sous-location consiste dans une location en second ordre, par laquelle le preneur loue en tout ou en partie la chose louée [1].

Par la cession, le tiers est mis aux lieu et place du locataire cédant ; il acquiert ni plus ni moins que les droits qu'avait celui-ci, et le titre de l'un devient le titre de l'autre. Par suite : 1º le cédant, n'étant pas un bailleur, mais un vendeur, ne jouit pas pour le prix de la cession du privilége établi par l'art. 2102, 1º ; 2º le cessionnaire est obligé de recevoir la chose louée dans l'état où elle se trouvait au moment de la cession, et ne peut se prévaloir de la régle de l'art. 1720, alinéa 1er ; 3º le cessionnaire a droit d'invoquer et est obligé de subir les clauses spéciales par lesquelles le bailleur et le preneur cédant auraient modifié les régles habituelles du bail ; 4º il a contre le bailleur la même action directe qu'avait son cédant pour obtenir l'exécution du bail ; 5º enfin il est, de même que le cédant, tenu vis-à-vis du bailleur primitif de toutes les obligations qui découlent du bail. — Par la sous-location, au contraire, le sous-locataire n'est pas purement et simplement substitué dans les droits du preneur originaire ; il ne devient pas locataire du bailleur, mais locataire du locataire : c'est entre ce dernier et lui que se passe la sous-location, et ses effets sont régis, sauf convention contraire, par les principes généraux du bail. Il en résulte que : 1º le locataire, jouant dans la sous-location le rôle de sous-bailleur, jouit pour le prix de la sous-location du privilége établi par l'art. 2102, 1º ; 2º le sous-locataire, étant un preneur par rapport au sous-bailleur, peut, à moins de convention contraire, forcer ce dernier à livrer la maison

____

[1] Duvergier, 375 et 379 ; Aubry et Rau, § 367 ; Marcadé, art. 1717.

louée en bon état de réparations de toute espèce, selon l'art. 1720 ; le sous-locataire n'est pas tenu de subir à son égard les restrictions au droit commun que le locataire sous-bailleur avait acceptées dans le bail primitif, de même qu'il ne peut pas invoquer les extensions que ce dernier avait pu stipuler du propriétaire.

86. Au reste, il est bien entendu que ces différences entre la cession et la sous-location ne concernent que les rapports du locataire et du tiers à qui il transfère par l'une ou l'autre voie tout ou partie de ses droits. Car il est certain que le locataire ne peut s'affranchir d'aucune de ses obligations vis-à-vis du propriétaire, dont les droits ne sauraient être lésés par une convention qui est pour lui *res inter atios acta*. Lors donc que le sous-locataire se trouve avoir, en vertu du droit commun, par la nouvelle location, un droit que le principal locataire par le premier bail avait consenti à perdre, le sous-locataire ne peut pas exercer son droit contre le propriétaire ; il ne peut qu'agir contre le sous-bailleur aux fins de dommages-intérêts ou même de résiliation du sous-bail, si ce dernier ne parvient pas à obtenir le droit auquel il avait renoncé et qu'il a néanmoins concédé imprudemment[1].

II. 87. D'ailleurs, par le fait de la seconde convention, celle entre le locataire et le tiers investi de ses droits par cession ou sous-location, la position du propriétaire est améliorée ; car elle lui procure deux obligés au lieu d'un seul.

Il en est ainsi en vertu de la sous-location comme en vertu de la cession. Car, bien que le sous-bail constitue une location nouvelle, la loi n'en fait pas moins résulter des rapports immédiats entre le bailleur originaire et le sous-locataire pour l'exécution des obligations résultant

[1] Marcadé, loc. cit.

de la sous-location. Le propriétaire, en effet, n'a pas seulement une action indirecte, comme tout autre créancier du locataire principal, aux termes de l'art. 1166 : il a une action directe[1]. Art. 1753 Code civil et art. 850 Code de procédure. Et non-seulement il a une action directe contre le sous-locataire, mais de plus il a, dans la mesure de cette action, un privilége sur les meubles du sous-locataire, comme il a privilége sur les meubles du locataire principal. Nous verrons, en nous occupant du privilége du bailleur en général, comment cette extension s'est établie. Ajoutons seulement que le sous-locataire n'est tenu envers le propriétaire que jusqu'à concurrence du prix de sa sous-location. Encore le propriétaire est-il obligé d'admettre comme libératoires les paiements faits au locataire principal pour loyers échus, même si les quittances sous seing privé n'ont pas date certaine. Au contraire, le sous-locataire ne peut lui opposer des paiements faits par anticipation au locataire principal, à moins qu'ils n'aient été faits en vertu d'une clause du bail ou conformément à l'usage des lieux.

Remarquons de plus que le propriétaire a un double avantage à avoir ainsi une action directe contre le sous-locataire. Car, s'il était réduit à la voie de l'art. 1166 : d'une part, il serait obligé de concourir sur le produit de la vente des meubles du sous-locataire avec tous les autres créanciers du locataire principal, qu'il prime au contraire par son action directe ; d'autre part, il devrait recourir à la procédure réservée aux créanciers agissant contre le débiteur de leur débiteur, savoir la procédure de la saisie-arrêt, tandis que par son action directe il procède par la voie plus rapide de la saisie-gagerie. Art. 820 Code de procédure.

---

[1] Duranton, 161; Marcadé, loc. cit.; Aubry et Rau, loc. cit.

III. 88. Tout locataire, avons-nous dit, a droit de sous-louer ou de céder son bail, à moins que ce droit ne lui ait été enlevé par la convention. Nous avons maintenant à revenir sur cette clause d'interdiction, qui, selon l'art. 1717, « *est toujours de rigueur.* »

Par ces quelques mots se trouve abrogée une pratique qui s'était introduite dans notre ancienne jurisprudence, et qui consistait à admettre pour les baux de maisons, à la différence des baux à ferme, que le locataire, s'il était obligé par quelque circonstance imprévue lors du contrat de quitter la maison louée, pouvait, malgré la clause prohibitive, présenter un sous-locataire tel que le bailleur n'eût pas d'intérêt à le refuser : on accordait seulement au bailleur le droit de faire résilier le bail ; mais s'il voulait le maintenir, il ne pouvait s'opposer à l'exécution du sous-bail, quoiqu'il fût contraire à la clause portée au bail, « parce que, disait Pothier, il est sans intérêt pour l'empêcher, et qu'il est de la nature des conventions ut ex pacto consequemur id quod nostrâ interest, non ut, sine ullo nostro commodo, alteri tantum noceamus [1]. » Aujourd'hui, ce tempérament de prétendue équité est aboli ; la clause prohibitive des cessions ou sous-locations doit toujours être sérieusement appliquée par les tribunaux, dans les baux de maisons comme dans les baux à ferme. Et ce n'est là que l'application du droit commun qui veut que toute convention soit la loi des parties qui l'ont signée. Art. 1134.

Ainsi la clause prohibitive devra être observée sans égard aux changements qui peuvent se produire dans la position des contractants, sans considérer ni un prétendu défaut d'intérêt de la part du bailleur à exiger l'exécution du bail tel quel, ni l'intérêt majeur que pourrait avoir le

---

[1] Pothier, 283.

preneur à demander sa résiliation. — De plus, l'interdiction est toujours de rigueur, quels que soient les termes dont le contrat s'est servi : ainsi, s'il a été stipulé que le preneur ne pourrait sous-louer sans le consentement du bailleur, l'interdiction est absolue et le bailleur ne peut jamais être forcé de consentir, et les tribunaux n'ont aucune appréciation à faire des motifs de son refus[1]. — Mais il faut distinguer ce cas d'une espèce voisine, dans laquelle le droit de sous-louer est réservé au preneur, mais soumis seulement à la condition que le preneur ne pourra sous-louer qu'à des personnes agréées par le bailleur ; en pareil cas, les tribunaux pourraient forcer le consentement du bailleur, si la personne présentée par le preneur et refusée par le bailleur offrait toutes les conditions désirables de solvabilité et de convenance[2].

89. Il ne faudrait pas, d'ailleurs, étendre outre mesure la portée de l'alinéa 3 de l'art. 1717. Notamment on ne saurait en conclure que le locataire d'une maison ne peut la faire occuper par des domestiques ou par des personnes de confiance, et qu'il est obligé de l'habiter personnellement[3]. J'admettrais même que le locataire peut en concéder la jouissance gratuite à un ami ; car, du moment qu'il ne sous-loue pas ou qu'il ne cède pas son bail moyennant une compensation pécuniaire, il ne commet aucune infraction à la loi du contrat[4].

Ajoutons que la loi elle-même consacre une exception à la règle, en créant au profit des créanciers du preneur le bénéfice de l'art. 2102, 1º, al. 3, dont il sera question à propos du privilége du bailleur, savoir le droit de relocation.

---

[1] Lyon, 26 décembre 1849, Sir., 50, 2, 46.

[2] Paris, 6 août 1847, Sir., 47, 2, 447 ; Colmar, 12 avril 1864, Sir., 64, 2, 285.

[3] Duvergier, 366 ; Marcadé, art. 1717.

[4] Aubry et Rau, § 368 ; Marcadé, loc. cit. — Contra : Duvergier, 367.

90. La clause prohibitive étant de rigueur, il ne peut y avoir, quant à son application par les tribunaux, d'embarras que sur le sens et la portée qu'en fait les parties ont voulu lui attribuer.

A ce sujet, on admet généralement que la prohibition de sous-louer emporte a fortiori la défense de céder le bail [1].

A notre avis, la prohibition de céder le bail entraîne aussi en général défense de sous-louer [2], en tout ou même en partie [3]. En effet, les deux opérations, cession et sous-location, qui au regard des contractants diffèrent quant à leurs effets, ne sont à l'égard du bailleur que *res inter alios acta*, ne produisent l'une et l'autre que ce même fait, savoir la transmission de tout ou partie des droits du locataire à un tiers. Or, quand le bailleur stipule sa prohibition, c'est que précisément il veut empêcher cette transmission : c'est là ce qui le préoccupe, et non la forme que revêtira cette transmission, forme qui n'influera en rien, quelle qu'elle soit, sur ses droits à lui bailleur. Par suite, les deux actes, la cession et la sous-location, sont quant à lui sur la même ligne, et la prohibition de l'un doit emporter la prohibition de l'autre ; par suite aussi, le caractère absolu de la défense doit empêcher toute transmission partielle ou totale. Pour que la transmission partielle fût possible, il faudrait que la prohibition ne fût pas pure et simple et absolue, mais conçue, par exemple, dans les termes suivants : « *céder ou sous-louer en totalité ou pour le tout ;* » en ce cas, l'addition des mots restrictifs *en totalité* ou *pour le tout* montre que le preneur gardera la faculté de céder ou sous-louer pour partie [4].

<hr>

[1] Duranton, 17, 92; Duvergier, 1, 375; Troplong, 1, 133.

[2] Aubry et Rau, § 368; Marcadé, art. 1717.

[3] Contra : Aubry et Rau, § 368.

[4] Marcadé, art. 1717.

91. Quand le locataire contrevient à la clause prohibitive, le bailleur peut poursuivre la résiliation du bail en
vertu de l'art. 1741. Mais c'est là le seul effet de l'inexécution de l'obligation du preneur : il est inexact de dire
que la violation de la prohibition opère par elle-même et
de plein droit la résiliation. « Une telle opinion, dit avec
raison un auteur, est la négation manifeste des principes
généraux sur la résolution des conventions pour inexécution par l'une des parties, selon l'art. 1184. » La résiliation de plein droit n'a lieu que si elle a été formellement
convenue. En dehors de ce cas, le bailleur doit s'adresser
à la justice pour la faire prononcer[1].

Et le tribunal, quoique la convention soit de rigueur en
ce sens qu'elle empêche le juge de dispenser sous aucun
prétexte le preneur de l'observation de la clause prohibitive,
le juge, disons-nous, n'est pas d'une manière absolue
obligé de prononcer la résiliation. Il pourra, par exemple,
accorder un délai pour faire cesser ce qu'il y a de contraire à la convention ; il pourra de même, si la sous-location a déjà pris fin au moment où l'action du bailleur
est intentée, déclarer ce dernier non recevable. En un mot,
il jouit dans l'espèce du pouvoir d'appréciation que la loi
lui accorde en général en ce qui concerne l'infraction aux
engagements résultant d'un contrat, à moins, bien entendu, que le bail ne contienne une clause expresse de
résiliation de plein droit[2].

---

[1] Duvergier, 1, 370; Marcadé, art. 1717; Troplong, 1, 139. — Contra:
Colmar, 16 août 1816, Sir., 19, 2, 27.

[2] Req. rej., 13 décembre 1820, Sir., 21, 1, 319; Req. rej., 29 mars 1837,
Sir., 37, 1, 614; Marcadé, art. 1717; Aubry et Rau, § 368.

CHAPITRE III.

DE L'OBLIGATION DE FAIRE LES RÉPARATIONS LOCATIVES.

92. Le bailleur tenu de procurer au locataire la jouissance des localités louées est obligé d'y faire, pendant la durée du bail, les réparations qui peuvent y devenir nécessaires, à l'exception cependant des réparations locatives. Art. 1720.

A moins de clause contraire dans le bail, la loi met ces dernières à la charge du locataire, parce qu'elles sont ordinairement nécessitées par des dégradations provenant de la faute du preneur ou des personnes dont il est responsable[1]. Et d'ailleurs, ne seraient-elles que le résultat naturel de l'usage de la chose, c'est que la vérification de ce fait serait le plus souvent impossible et donnerait toujours lieu à des contestations irritantes. Aussi la loi et les usages mettent les réparations dites locatives à la charge du preneur, sans distinguer si les dégradations proviennent de sa faute ou si elles résultent naturellement de la jouissance de la chose. Art. 1754.

Mais, en raison même de ces motifs, la loi a dû décider aussi qu'aucune des réparations réputées locatives n'est à la charge des locataires quand elle n'est occasionnée que par vétusté ou force majeure. Art. 1755. Bien entendu, c'est au preneur à faire la preuve des faits qui produisent sa décharge. Art. 1732.

93. Pour savoir quelles sont les réparations que l'on doit considérer comme locatives, il faut consulter l'usage des lieux. D'ailleurs l'art. 1754 nous en énumère un certain nombre, et cette énumération, qui du reste n'est nulle-

______
[1] Pothier, 219.

ment limitative, sert à nous faire connaître la nature du genre de réparations qui nous occupe.

Sont réparations locatives, les réparations : aux âtres, contre-cœurs, chambranles et tablettes des cheminées, à moins que les félures de ces dernières ne soient le résultat de la mauvaise qualité des marbres; — aux pavés et carreaux des chambres, lorsqu'il y en a seulement quelques-uns de cassés; — aux vitres, à moins qu'elles ne soient cassées par la grêle ou quelque autre accident extraordinaire ou de force majeure, dont le locataire ne peut être tenu; — aux portes, croisées, planches de cloison ou de fermeture de boutique, gonds, targettes et serrures; — au recrépiment du bas des murs des appartements et autres lieux d'habitation, à la hauteur d'un mètre. Art. 1754.

L'art. 1756 donne encore d'autres indications sur notre matière, en décidant que le curement des puits et celui des fosses d'aisances sont à la charge du bailleur, s'il n'y a clause contraire. Par analogie, je déciderais de même, contrairement à l'avis de Pothier[1], que le ramonage des cheminées est une charge du bailleur.

94. Parmi les réparations locatives, on distingue celles dites *urgentes* et celles dites *temporaires* ou *courantes*.

Les premières sont celles que nécessite la conservation même de la maison louée; les secondes sont celles qui n'intéressent que la jouissance du locataire, sans être d'aucune importance pour la conservation de l'immeuble. Parmi ces dernières, je citerai le blanchissage des plafonds, les peintures intérieures, les réparations du bas des murs; parmi les premières, le remplacement des vitres cassées à une toiture, les réparations à faire à un escalier commun[2].

En conséquence de l'obligation de jouir en bon père de

---

[1] Pothier, 222.
[2] Pothier, 223.

famille, le locataire peut être contraint de faire immédiatement les réparations locatives urgentes, et si sa négligence à cet égard avait occasionné de grosses réparations,
il serait même tenu de celles-ci. Au contraire, ce n'est
qu'à l'expiration du bail que le preneur peut être tenu de
faire les réparations non urgentes.

95. A ce sujet on se demande si le bailleur peut exiger
ces réparations après la sortie du preneur, quoiqu'il ait
donné à celui-ci une quittance des loyers sans réserve.
C'est là, à ce qui me semble, une simple question de fait
que le juge devra résoudre d'après les circonstances et les
présomptions[1]. Tout ce qu'on peut dire en théorie, c'est
que si la détérioration est de nature à pouvoir être aperçue
immédiatement et à première vue, le bailleur, à qui la
maison a été rendue sans qu'il ait fait aucune protestation
en la recevant, n'est plus recevable à se plaindre[2]. Il n'y
doit être reçu du moins que dans un temps très-court,
laissé à l'appréciation du juge : la loi, en effet, n'a établi
aucune prescription de l'action à fins de réparations, et la
prescription d'an et jour appliquée dans notre ancienne
jurisprudence n'est plus consacrée aujourd'hui[3].

Au reste, le locataire une fois sorti, ce serait au propriétaire à prouver que les dégradations viennent du fait du
locataire. Et, d'autre part, ce dernier, n'étant plus en jouissance, ne serait plus admis à faire par lui-même les réparations locatives dont il serait resté débiteur et auxquelles
il se serait vu condamner; il devrait être condamné simplement à en payer au propriétaire la valeur à dire d'experts.

96. Ajoutons que le propriétaire est garanti par son privilége de sa créance des réparations comme de sa créance
des loyers. Et ce privilége il peut aussi l'exercer contre les

[1] Art. 1353.
[2] Pothier, 200.
[3] Duvergier, 1, 455.

sous-locataires, mais seulement à raison de la partie des dégradations existantes dans la portion de la maison occupée par chacun d'eux. Arg. art. 1753.

CHAPITRE IV.

DE L'OBLIGATION DE GARNIR DE MEUBLES LES LIEUX LOUÉS.

97. Une obligation du preneur spéciale aux baux à loyer des maisons est celle de garnir les localités louées de meubles suffisants pour répondre du loyer. Cette obligation est la conséquence nécessaire du privilége que l'art. 2102 accorde au bailleur sur les meubles du locataire : car ce privilége n'a de résultat utile qu'autant que le mobilier du locataire a une valeur assez grande pour couvrir le loyer. Aussi l'art. 1752 décide-t-il que :

« Le locataire qui ne garnit pas la maison de meubles suffisants peut être expulsé, à moins qu'il ne donne des sûretés capables de répondre du loyer. »

98. Mais que faut-il entendre par ces mots « *meubles suffisants* » ?

La corrélation que nous venons de constater entre le privilége du bailleur et l'obligation du locataire pourrait faire accroire que, puisque l'art. 2102 donne privilége pour tous les loyers échus et tous les loyers à échoir, de même le mobilier garnissant la maison louée doit être assez considérable pour couvrir les loyers de toute la durée de la location. Mais cette conclusion doit être rejetée. En effet, dans le cas de l'art. 2102, la faillite du locataire saisi dans ses meubles modifie les positions et justifie l'accumulation de garanties accordées au bailleur privilégié, sans laquelle celui-ci verrait passer une partie du prix de vente des meubles entre les mains d'autres créanciers, et sans laquelle il arriverait que le mobilier sur lequel s'appuyait le privilége serait pour partie détourné de sa destination. Ici, au contraire, le bail commence et le propriétaire n'est nullement obligé de laisser accumuler tous les loyers ; et s'il est raisonnable qu'il n'agisse pas rigoureusement à défaut de paiement d'un seul terme, il est raisonnable aussi qu'il n'attende pas trop longtemps : c'est à lui à *veiller par terme*, comme disait un ancien auteur.

Aussi admet-on en général, avec l'ancienne jurisprudence, que les lieux sont suffisamment garnis lorsqu'ils sont meublés suivant la condition du locataire.

99. Certains auteurs, voulant préciser davantage, pensent que le locataire a satisfait à son obligation lorsque son mobilier est suffisant pour produire, par la vente qui en serait faite, le montant de deux ou trois termes en sus des frais de la vente [1]. Mais nous croyons que cette dernière solution ne peut pas être admise d'une façon absolue dans tous les cas, d'autant plus que les anciens usages de Paris, par exemple, exigeaient que les meubles garantissent pleinement des loyers de deux termes, il est vrai, mais dont chacun était de six mois [2]. Le législateur, n'ayant pas fixé le nombre de termes de loyer dont le paiement doit être garanti par le mobilier du locataire, s'en est par cela même remis aux tribunaux pour l'appréciation de la question de savoir si le locataire a suffisamment garni les lieux loués [3].

Et nous pensons que les juges doivent moins comparer la valeur du mobilier avec le montant des loyers pour tel ou tel nombre de termes, que considérer ce que, d'après la condition du preneur, le prix du bail et sa durée, le bailleur a dû et pu raisonnablement espérer. En se plaçant à ce point du vue, tantôt ils décideront qu'un mobilier valant

[1] Marcadé, art. 1752; Duranton, 17, 157; Delvincourt, 3, p. 201.
[2] Pothier, 273.
[3] Aubry et Rau, § 370.

le loyer d'une année est à peine suffisant, tantôt ils penseront que des meubles n'ayant qu'une valeur inférieure au montant de deux termes offrent toute garantie exigible.

100. Du reste, comme le bail à loyer est peut-être le contrat dans lequel on s'en rapporte le plus à l'usage des lieux, si dans un pays il existait un règlement généralement suivi à cet égard, les juges devraient avant tout s'y conformer.

101. En outre, la destination des localiés doit être prise en considération. Or l'objet du bail peut être un immeuble qui par lui-même ne comporte qu'un mobilier insignifiant, une salle de danse, par exemple, ou une salle d'armes, ou encore, pour prendre l'espèce jugée par le Châtelet de Paris, puis par la Chambre des vacations du Parlement le 18 septembre 1759, un local destiné à des représentations de marionnettes ; dans ce cas il est évident que le bailleur ne serait pas reçu à se plaindre de l'insuffisance des meubles du locataire, car au moment de lui louer il savait que les lieux loués ne seraient que peu ou point garnis.

102. De l'obligation imposée au locataire de garnir les lieux loués de meubles suffisants pour répondre du loyer, naît pour le propriétaire le droit d'empêcher l'enlèvement des meubles et effets que le locataire a placés dans lesdites localités. L'art. 2102 lui donne même un droit de suite sur ceux qui ont été déplacés sans son consentement.

Toutefois, ce que nous disons ici reçoit une limitation essentielle. Il a toujours été au pouvoir du locataire qui a apporté une quantité de meubles supérieure à celle qui serait nécessaire pour couvrir le loyer d'enlever une partie de ce mobilier, pourvu que ce qui est laissé suffise pour la sûreté des loyers et autres obligations du bail. C'est ce que reconnaissaient déjà les art. 415 et 416 de la Coutume d'Orléans notamment, et il ne peut s'élever aucun doute sur l'application de la même règle aujourd'hui encore. Il est, au reste, bien entendu que les tribunaux sont appréciateurs souverains de la quantité des meubles que le locataire pourra ou ne pourra pas soustraire au gage du bailleur[1].

103. Faute par le preneur de garnir les lieux loués, « *il peut être expulsé.* » Art. 1752. Remarquons ces termes de la loi ; ils nous montrent que la résolution ne saurait jamais avoir lieu de plein droit, sauf convention contraire, mais qu'elle doit être prononcée par la justice après examen des circonstances : en un mot, que cette résolution n'est qu'un cas d'application de l'art. 1741.

D'ailleurs, le locataire qui ne garnit pas suffisamment les lieux loués a un autre moyen de prévenir la résolution du bail. Il lui est, en effet, permis de fournir au bailleur des sûretés capables de répondre du loyer, telles qu'une caution, un gage, une hypothèque. Art. 1752.

104. Ajoutons enfin que, puisque l'obligation consacrée par notre article a pour but de donner un aliment au privilége du bailleur, il suit que cette obligation n'est remplie qu'autant que les meubles apportés par le locataire sont de ceux sur lesquels le privilége a prise, et que d'autre part ce sont les seuls dont le bailleur puisse exiger l'introduction dans les lieux loués, à peine de résolution du bail. Nous verrons, en effet, en nous occupant du privilége du bailleur, que certains meubles ne sont pas grevés de ce privilége : tels sont notamment les titres de créance et le numéraire.

[1] Duvergier, 2, 17.

CHAPITRE V.

DE L'OBLIGATION DE RESTITUER LES LIEUX LOUÉS.

105. L'obligation du locataire de jouir de la maison louée selon sa destination et en bon père de famille a pour corollaire l'obligation de restituer à la fin du bail les localités louées dans l'état où il les a reçues.

Si donc il y a fait sans l'approbation du bailleur des changements intérieurs, établi, par exemple, des cloisons, supprimé des portes, bouché des jours, ou fait quelques autres de ces travaux peu considérables qui sont toujours permis parce qu'ils n'ont rien de contraire à la destination des lieux et ne font qu'approprier cette destination aux besoins et aux goûts du locataire, il est tenu de faire disparaître ces modifications et de rétablir les lieux dans leur primitif état. D'autre part, si pendant le bail la maison a souffert des dégradations, il faut qu'il en fasse la réparation à ses frais, à moins qu'il ne décline la responsabilité qui pèse sur lui à ce sujet, selon les règles qui ont été indiquées plus haut[1].

106. Mais qui fera la preuve de l'état des localités louées au moment de l'entrée en jouissance du locataire? La loi règle cette question par une distinction fort rationnelle.

S'il a été fait au commencement du bail un état descriptif des lieux, contradictoirement entre le bailleur et le locataire, celui-ci doit restituer la chose telle qu'il l'a reçue suivant cet état, sauf les dégradations dont il n'est pas responsable. Art. 1730.

Si, au contraire, il n'a été dressé à l'origine aucun état descriptif des lieux, le preneur est présumé les avoir

---

[1] Nᵒˢ 72 et suiv.

reçus en bon état de réparations locatives, et il doit, par suite, les rendre tels, sauf la preuve contraire. Art. 1731.

107. Ainsi, à defaut d'état des lieux, il faut distinguer les réparations locatives des autres réparations.

En ce qui concerne les réparations locatives, la loi établit une présomption fort juste. En effet, le locataire savait, en entrant, que le bailleur était obligé de lui livrer la chose en bon état de réparations de toute espèce, et que, d'autre part, c'était lui, locataire, qui aurait à supporter les réparations locatives pendant la durée du bail : il a donc dû exiger celles-ci rigoureusement, car on ne suppose pas qu'il eût consenti à recevoir la chose si le bailleur ne l'eût pas mise dans l'état où lui, preneur, doit la rendre à sa sortie. De là la règle de l'art. 1731, qui n'empêche pas, bien entendu, la preuve contraire; et celle-ci peut même être faite par témoins, au-dessus et au-dessous de cent cinquante francs, puisqu'il s'agit ici d'un fait et non d'une convention[1].

Quant aux réparations autres que les locatives, la présomption de la loi n'est plus applicable. Comme elles ne sont pas à la charge du locataire pendant la durée du bail, il n'avait pas, lors de son entrée en jouissance, de motif impérieux d'exiger que la chose fût, quant à elles, en bon état. Aussi est-ce au bailleur, à la fin du bail, de faire la preuve de cet état.

108. Le locataire qui fait la restitution de la maison louée doit au bailleur l'estimation des dommages arrivés par sa faute et qui l'empêchent de la restituer en bon état. Mais, à l'inverse, il peut avoir droit lui-même à une indemnité pour des travaux de réparation ou d'amélioration qu'il aura exécutés soit au commencement du bail, soit pendant sa durée.

[1] Troplong, 2, 340, note 1; Duvergier, 1, 443; Duranton, 17, 101 ; Marcadé, art. 1731. — Contra : Delvincourt, 3, p. 194.

Toutefois, indemnité ne lui est due que s'il s'agit de réparations nécessaires à la conservation de la chose louée,
et que le locataire a été amené à faire par suite de l'empêchement du propriétaire ; et, en ce cas, il aura recours
pour toute la somme déboursée. Au contraire, le locataire
n'a aucune répétition s'il s'agit de travaux seulement utiles
ou voluptuaires : en ce cas, il ne peut qu'enlever les objets
par lui placés et qui sont susceptibles d'être détachés sans
détérioration de l'immeuble, à moins que le bailleur ne
préfère les conserver en payant la valeur des matériaux et
de la main d'œuvre. Arg. art. 555 [1].

109. L'obligation de restituer disparaît en tout ou en
partie lorsque la maison louée a péri en tout ou en partie,
par cas fortuit, vétusté ou force majeure. Art. 1730. C'est
au locataire à prouver le cas fortuit qu'il allègue, ainsi que
nous l'avons dit [2].

La chose périt-elle en tout ou en partie, soit par sa
faute, soit par celle des personnes dont il répond, c'est-à-
dire des personnes de sa maison, l'obligation de restituer
ne peut plus être remplie, il est vrai, mais le locataire doit
au bailleur l'estimation des dommages que cette perte lui
a causés. Art. 1732.

---

[1] Pothier, 130 et 131 ; Aubry et Rau, § 367, texte et note 38.
[2] V. supra, n°s 72 et suiv.

TROISIÈME PARTIE.

Des garanties spéciales que la loi accorde au bailleur.

110. « Celui qui livre sa maison au locataire qui va l'habiter procure à celui-ci le moyen de satisfaire à l'une des premières nécessités de la vie, en même temps qu'il se prive lui-même de ce moyen en vue du revenu qu'il recevra en compensation et avec lequel il pourvoira à son tour à ses besoins et à l'entretien de sa famille. Ceci nous montre combien il y va de l'intérêt général à ce que les locations soient facilitées[1]. »

Aussi le Code civil, afin d'atteindre plus aisément ce but, a-t-il assuré d'une manière toute particulière le bailleur contre toute perte qui pourrait résulter pour lui de la location qu'il consent. A cet effet, il lui accorde d'abord un privilége spécial sur les meubles garnissant les lieux loués, pour les loyers et tout ce qui concerne l'exécution du bail. En outre, il lui permet de rechercher pendant un certain délai les meubles qui ont garni les lieux loués et qui ont été déplacés frauduleusement, afin de recouvrer sur eux son droit de gage et, par suite, sur leur valeur, son droit de préférence. Examinons chacun de ces avantages.

[1] Paul Pont, Traité des priviléges et hypothèques, art. 2102, II, 114.

CHAPITRE PREMIER.

DU PRIVILÉGE DU BAILLEUR.

111. Avant d'aborder les règles que l'art. 2102 consacre au sujet du privilége du bailleur, recherchons l'origine de ce dernier.

Et d'abord, rappelons qu'en droit romain le bailleur n'avait pas de privilége, mais une hypothèque tacite garantissant le paiement du prix de location et l'accomplissement des autres obligations nées du bail. Cette hypothèque conférait au bailleur un droit de suite par l'action servienne : seulement, à la différence de l'hypothèque du bailleur de maisons, qui frappait tous les meubles apportés par le locataire, celle du bailleur de biens ruraux ne portait que sur les fruits nés pendant le bail et non pas sur les meubles ni sur les instruments agricoles[1].

112. Dans les pays de droit écrit de notre ancienne France, la distinction romaine fut maintenue. Les Coutumes, au contraire, effacèrent toute distinction entre les baux à loyer et les baux à ferme, et étendirent le droit du locateur de propriétés rurales aux meubles et aux instruments, tout en le maintenant sur la récolte. Seulement ce droit du bailleur changea de nature dans les pays coutumiers : d'hypothèque tacite, il devint privilége fondé sur une constitution de gage tacite, parce que d'après les Coutumes les meubles n'étaient pas susceptibles d'hypothèques.

De là, une différence notable dans l'exercice du droit. Tandis qu'en droit romain l'hypothèque conférait au bailleur un droit absolu, qui s'attachait à la chose grevée et

---

[1] L. 4, pr. et L. 7, pr., D. 20, 2, In quib. caus. pign.

la suivait en quelques mains qu'elle passât, le privilége, dans notre ancienne jurisprudence, s'éteignait lorsque, les meubles cessant de garnir les lieux loués, la quasi-possession du gage venait à disparaître. Il s'éteignait, disons-nous, à moins que, la sortie des meubles ayant eu lieu sans le consentement du bailleur, celui-ci n'eût exercé la revendication, dont il sera parlé dans le chapitre suivant, et qui devait être intentée dans un délai très-bref[1].

113. Notre législation moderne s'est inspirée surtout, comme on le verra, des principes du droit coutumier. L'art. 2102, qui établit le privilége du bailleur, consacre l'abrogation coutumière de la différence faite par le droit romain entre le bail à ferme et le bail à loyer, et conserve au droit du preneur le caractère de privilége que lui avaient donné nos Coutumes. L'examen de ces dispositions, que nous devrons combiner avec celles d'une loi récente du 12 février 1872, qui y a apporté des modifications importantes, fait l'objet des sections suivantes.

SECTION I.

Des personnes qui ont droit à ce privilége.

114. Toute location d'un immeuble donne naissance à un privilége au profit du bailleur. Il importe peu, à cet égard, que le bail émane du propriétaire de l'immeuble loué, ou de toute autre personne ayant la disposition de ce dernier, telle qu'un usufruitier. Le privilége est accordé également au locataire qui lui-même sous-loue ; mais nous avons vu plus haut qu'il est refusé au locataire qui cède son bail[2].

---

[1] Pothier, Louage, 229 et 257.
[2] V. supra, n° 85.

Ce n'est pas, en effet, à la personne du propriétaire et à sa qualité de propriétaire, de seigneur d'hôtel ou de métairie, comme disait Pothier, que le privilége est attaché; c'est au fait de la location : il dérive du gage et passe dès lors à quiconque a droit aux loyers.

115. Aussi disons-nous que le propriétaire, l'usufruitier, le possesseur, en un mot, jouit du privilége d'une façon absolue, sans distinction entre le cas où c'est lui-même qui conclut la location et le cas où il trouve celle-ci existante au moment de l'ouverture de son droit. Ainsi, par exemple, celui qui loue en bloc un domaine affermé déjà partiellement par le propriétaire à différents fermiers et est subrogé aux droits du propriétaire contre ces derniers, jouit désormais du privilége contre eux[1].

116. Pothier allait même plus loin, et décidait que le tiers qui, de ses deniers, a payé au locateur ce qui lui était dû par le locataire, succède au privilége pour la répétition de tout ce qu'il a payé pour le locataire et exerce à cet égard tous les droits du locateur[2]. — Mais nous croyons qu'aujourd'hui cette extension du privilége ne devrait être admise qu'autant que le tiers qui a payé la dette du locataire aurait stipulé la subrogation conventionnelle, ou bien se trouverait avoir droit à la subrogation légale en vertu de l'art. 1251.

117. Le privilége dont nous nous occupons n'appartient qu'au bailleur d'immeubles et non au bailleur de meubles.

Cette différence doit être notée, car elle est très-importante pour les baux d'appartements meublés ou d'usines montées. Il y a lieu, en effet, dans ces hypothèses, si les parties n'ont pas eu soin de fixer quelle partie du

---

[1] Pothier, 231; Pont, 117.
[2] Pothier, 232.

loyer représente la jouissance de l'immeuble et quelle partie représente la jouissance des meubles, il y a lieu, disons-nous, de faire cette ventilation lorsque le bailleur a exercé son privilége pour la créance des loyers qui lui sont dus[1].

118. Le privilége est accordé au bailleur à ferme, comme au bailleur à loyer. Mais, comme nous nous occupons spécialement du bail à loyer, nous laisserons de côté, dans les sections qui vont suivre, tout ce qui concerne uniquement le bailleur d'immeubles ruraux : en sorte que tout ce que nous dirons devra s'entendre du bailleur de maisons.

SECTION II.

Des objets grevés du privilége.

I. 119. Le droit coutumier accordait au bailleur un droit fort étendu. Ainsi l'art. 161 de la Coutume de Paris soumettait à son privilége « *tous les biens étant dans la maison* », et l'art. 408 de celle d'Orléans de même l'autorisait à « *faire exécution sur tous les meubles qu'il trouve en son hôtel.* » Mais l'interprétation de ces textes avait fait naître de nombreuses controverses[2].

Aussi les rédacteurs du Code n'ont-ils pas employé des termes aussi larges : les expressions dont ils se sont servis en établissant le privilége *sur le prix de tout ce qui garnit la maison louée* indiquent bien que le privilége ne s'exerce plus sur tout ce qui *se trouve* dans les lieux loués. C'est là un fait généralement reconnu.

II. 120. Mais lorsqu'on demande quelles sont les choses qui doivent être réputées garnir la maison, lorsqu'on de-

---

[1] Grenoble, 20 février 1843, Sir., 44, 2, 11.
[2] Pothier, 233 et suiv.

mande spécialement si tels ou tels objets doivent être considérés comme garnissant la maison louée et comme étant par suite grevés du privilége, le désaccord commence.

Nous pensons que pour décider la question il faut avant tout se rappeler la base du privilége du bailleur de maison. Ce privilége, on le sait, repose sur une constitution de gage tacite, qui est présumée consentie par le locataire au propriétaire, et en raison de laquelle peut-être ce dernier s'est décidé à louer. Or, pour que ce privilége soit efficace, pour que la confiance du bailleur ne soit pas trompée, il faut que ce dernier puisse être payé sur toutes les choses qu'il a vu placer dans sa maison et qu'il a pu légitimement compter devoir entrer dans son gage d'après la condition du locataire.

Nous dirons donc que les meubles garnissant les lieux loués sont tous les meubles corporels qui y sont placés à demeure, soit pour la commodité et l'agrément de l'habitation, tels que meubles meublants, soit pour servir aux usages domestiques ou à l'exercice de la profession du locataire, soit comme faisant partie d'une collection artistique ou littéraire.

Il affecte même les objets placés dans la maison louée pour un temps déterminé seulement, et pour être consommés, transformés ou vendus, notamment les marchandises faisant l'objet du commerce ou de l'industrie du locataire.

121. Les objets en question sont grevés du privilége du bailleur, peu importe qu'ils restent continuellement en évidence ou qu'ils soient habituellement renfermés : ainsi le linge, la vaisselle de prix, les appareils brevetés sont grevés du privilége comme le mobilier.

La distinction qu'on base communément sur l'apparence des meubles me semble arbitraire. Les meubles même qui sont habituellement renfermés ont été apportés pour garnir les lieux loués : car ce qui est renfermé garnit ce qui renferme ; et le bailleur a pu, d'ailleurs, légitimement compter même sur les objets renfermés pour la sûreté de ses loyers.

122. Mais le privilége ne s'étend ni au numéraire, ni aux titres de créance, ni aux bijoux, ni aux brevets d'invention.

On peut dire, en effet, avec Pothier, de l'argent comptant : qu'il n'est pas destiné « à demeurer dans la maison, mais à être dépensé au dehors » ; et des titres de créance, qu'ils sont « de simples instruments qui servent à prouver l'existence des créances et ne sont point les créances elles-mêmes, lesquelles sont des choses incorporelles *quæ in solo jure consistunt,* et qui par conséquent ne sont dans aucun lieu, *nullo circumscribuntur loco*[1].» Par suite, ni l'un ni les autres ne peuvent être comptés parmi les objets qui garnissent la maison. — Quant aux bijoux, l'ancien droit les grevait du privilége, et aujourd'hui encore certains auteurs donnent la même décision en la fondant sur les précédents historiques, ou bien parce que ces objets, comme les autres, sont placés dans la maison louée pour y demeurer et que le bailleur a dû les prendre en considération en traitant[2]. Mais ces arguments ne me semblent pas concluants, puisque les textes des Coutumes qui établissaient le privilége du bailleur étaient beaucoup plus larges que celui de l'art. 2102 ne l'est aujourd'hui : d'après le Code, le privilége ne frappe plus tous les meubles qui *se trouvent* dans la maison, mais ceux qui la *garnissent.* En présence de ces termes restreints, je ne crois pas qu'on doive soumettre les bijoux au privilége, car on ne peut pas dire qu'ils garnissent les lieux loués. « Ils n'ont, en

---

[1] Pothier, 250 et 251.
[2] Pothier, 248; Pont, 121.

effet, aucun rapport nécessaire avec l'habitation du locataire dans cette maison, puisqu'ils ne servent ni à l'exercice de sa profession, ni aux usages domestiques, ni à l'exploitation des lieux loués [1]. » — Enfin, quant aux brevets
d'invention, la solution que nous admettons nous paraît
évidente. Le droit d'exploitation d'un brevet est, en effet,
une chose incorporelle qui ne peut pas être mise sur la
même ligne que les appareils brevetés, lesquels, comme
meubles corporels garnissant les lieux loués, sont grevés
du privilége du bailleur, ainsi que nous l'avons dit plus
haut [2].

123. Les titres de créance n'étant pas grevés du privilége, on devra décider que le privilége ne s'étend pas à
l'indemnité due, en cas d'incendie, au locataire qui a fait
assurer son mobilier ou son risque locatif, à moins que le
bail ne contienne une clause de subrogation du bailleur
dans les droits du locataire contre la Compagnie d'assu-
rances. L'indemnité, en effet, ne prend nullement la place
du mobilier incendié, par une subrogation réelle quelconque : elle n'est qu'une créance personnelle du locataire,
née d'un contrat aléatoire qui est à l'égard du bailleur
res inter alios acta, et à ce titre elle forme le gage commun
de ses créanciers [3].

124. Quant à l'indemnité allouée au locataire pour privation de sa jouissance, au cas d'expropriation pour cause
d'utilité publique de la maison louée, nous croyons qu'elle
n'est pas non plus grevée du privilége, parce qu'elle n'est
qu'une créance personnelle et qu'on ne saurait prétendre
qu'elle garnit les lieux loués.

C'est à tort, selon nous, que la Cour de Rouen, par arrêt

[1] Aubry et Rau, § 261, texte et note 8.
[2] Lyon, 26 décembre 1863, Sir., 64, 2, 232.
[3] Req. rej., 20 décembre 1859, Sir., 60, 1, 24; Req. rej., 31 décembre
1862, Sir., 63, 1, 531.

du 12 juin 1863, a consacré la solution contraire, en se basant sur l'art. 1741, qui donne au bailleur le droit de faire résoudre le bail pour défaut de paiement du loyer, et sur l'art. 18 de la loi du 3 mai 1841, qui, dit la Cour, transporte ce droit sur l'indemnité. — Voici, en effet, le texte de cet article : « Les actions en résolution, en revendication et toutes autres *actions réelles* ne pourront arrêter l'expropriation ni en empêcher l'effet. Le droit des réclamants sera transporté sur le prix, et l'*immeuble* en demeurera affranchi. » Ce texte est bien clair et explicite : il parle d'immeubles seulement, et quoi qu'en dise l'arrêt précité, ce n'est pas du tout, à mes yeux, équivoquer à tort que de se prévaloir de ce mot *immeuble* pour soutenir que l'art. 18 n'est applicable qu'au prix de l'immeuble exproprié et non à l'indemnité accordée au locataire ; car cette indemnité n'est pas le prix de l'immeuble : ce qu'elle représente, c'est le droit du locataire à la jouissance pendant le temps du bail et les pertes que lui cause l'expropriation, droit mobilier, spécial, et sur lequel le propriétaire n'a pas de droit plus étendu que celui des autres créanciers. Autrement, et si le bailleur pouvait s'attribuer à titre de privilége cette indemnité d'expropriation du locataire, il ferait évidemment un double bénéfice, puisqu'il toucherait d'une part le prix de son immeuble exproprié, prix dont les intérêts représentent pour lui les revenus que son immeuble eût produits, et que, d'autre part, il prendrait l'indemnité du locataire, qui représente la jouissance que celui-ci aurait eu droit d'exercer. D'ailleurs le rapprochement que la Cour de Rouen fait de l'art. 1741 et de l'art. 18 précités ne prouve rien selon nous. De ce que le bailleur aurait été en droit, avant l'expropriation, de faire résoudre le bail par les tribunaux pour défaut de paiement du loyer, il ne résulte nullement que, puisqu'il ne l'a pas fait, l'indemnité due au locataire pour privation de jouissance puisse être réclamée par le bailleur en vertu de son privilége, ou doive lui être attribuée à l'exclusion des autres créanciers du preneur [1].

III. 125. En cas de sous-location, les meubles du sous-locataire sont grevés de privilége au profit du locataire principal, qui, vis-à-vis de lui, est un bailleur. Ils sont, de plus, comme on l'a dit déjà, grevés du privilége du bailleur originaire. Ajoutons encore quelques explications au sujet de l'étendue de ce privilége.

126. En droit romain, l'hypothèque tacite du bailleur portait sur les meubles du sous-locataire, mais seulement jusqu'à concurrence des obligations du sous-locataire envers le locataire principal sous-bailleur [2]. — Dans notre droit ancien, la même solution était admise par la Coutume de Paris (art. 162) et par toutes les autres Coutumes, sauf celle d'Orléans. L'art. 408 de cette dernière donnait au bailleur originaire sur les meubles de son sous-locataire un droit absolu et illimité, en lui permettant de poursuivre sur ces meubles le paiement de tout ce qui lui était dû et non pas seulement d'une portion proportionnelle à la partie de la maison occupée par le sous-locataire [3].

127. Le Code civil a admis la règle du droit romain, généralement suivie par les Coutumes, et l'a consignée dans l'art. 1753, en la complétant, comme nous l'avons vu plus haut, pour mettre le bailleur à l'abri des fraudes d'antidate de quittances.

« Le sous-locataire n'est tenu envers le propriétaire que jusqu'à concurrence du prix de sa sous-location dont il peut être débiteur au moment de la saisie, et sans qu'il puisse opposer des paiements faits par anticipation. —

---

[1] Dans le sens de notre opinion : Aubry et Rau, § 261, texte et note 11. — Contra : Rouen, 12 juin 1863, Sir., 63, 2, 175; Pont, 698, et 121, note 1.

[2] L. 11, § 5, D. 13, 7, Loc. cond.

[3] Pothier, 37, Introduction au titre 19 de la Coutume d'Orléans.

Les paiements faits par le sous-locataire, soit en vertu d'une stipulation portée en son bail, soit en conséquence de l'usage des lieux, ne sont pas réputés faits par anticipation. »

De ce principe il résulte que le bailleur, lorsque le loyer de la sous-location est inférieur au loyer de la location principale, ne trouverait pas une garantie suffisante dans les meubles apportés par le sous-locataire. Il fait donc bien, en ce cas, d'exiger que le locataire principal laisse dans l'immeuble des meubles suffisants pour garantir la différence entre le loyer principal et le loyer de la sous-location.

IV. 128. Les objets qui, d'après ce qui précède, sont soumis au privilége du bailleur comme garnissant les lieux loués, y sont-ils affectés alors même qu'ils appartiennent à des tiers et qu'ils n'ont été livrés au locataire qu'à titre précaire, par exemple à titre de commodat, de bail ou de dépôt volontaire ?

Un mot sur les précédents historiques de la question.

En droit romain, l'hypothèque tacite du bailleur ne frappait que les meubles appartenant en propriété au locataire et non ceux qui lui avaient été confiés par des tiers. — Dans notre droit coutumier, le système contraire était admis pour les meubles placés en évidence, parce que, disait-on, le tiers propriétaire a été consentant ou négligeant, et que le bailleur induit en erreur ne doit pas souffrir de son silence. Mais on admettait deux exceptions au principe : d'abord pour le cas où le bailleur avait su que les meubles apportés par le locataire ne lui appartenaient pas, ensuite pour le cas où il n'y avait eu ni négligence à reprocher au propriétaire des meubles, ni consentement à supposer de sa part, ce qui avait lieu, par exemple, lorsqu'en cas d'incendie un habitant de la maison incendiée avait fait porter ses meubles dans le logement du locataire d'une maison voisine. Quant aux meubles non placés en évidence, on les déclarait affranchis du privilége[1].

129. Aujourd'hui encore il faut admettre que le privilége frappe également tous les meubles garnissant les lieux loués, même ceux appartenant à des tiers et détenus par le locataire à titre précaire, de dépôt ou de gage, ou même à titre de jouissance concédée gratuitement. Le motif de cette décision, c'est que d'une part le bailleur, qui voit ces meubles dans sa maison, doit croire qu'ils appartiennent au locataire, et que, d'autre part, le tiers propriétaire des meubles a suivi la foi du locataire,. et comme il doit savoir que tout ce qui garnit une maison louée est grevé du privilége du bailleur, il n'a pu souffrir que les meubles que le locataire a de lui entrassent dans la maison louée, sans consentir virtuellement par cela même à ce que ces meubles fussent grevés du privilége.

La bonne foi du bailleur, qui a sur les meubles apportés par le locataire un droit de gage et par suite une sorte de possession de droit qu'il exerce par le locataire, lui permet donc de repousser les actions en revendication du tiers propriétaire par la maxime consacrée dans l'art. 2279 : « *En fait de meubles, possession vaut titre*[2]. »

130. Les motifs mêmes que nous indiquons montrent quand la décision donnée cesse d'être applicable. Il en est ainsi lorsque la réalité des faits est contraire aux suppositions qui lui servent de base, c'est-à-dire lorsque la règle de l'art. 2279 elle-même n'est plus applicable ou que le bailleur est de mauvaise foi.

131. Ainsi, d'abord le privilége du bailleur ne s'étend pas aux objets qui ne sont entrés dans la maison louée comme mobilier du locataire que par suite du vol ou de la perte dont leur propriétaire avait été victime. Car si

---

[1] Pothier, 245 à 247.
[2] Pont, 119; Aubry et Rau, § 261, texte et note 19.

le bailleur a été de bonne foi et a ignoré l'origine des objets apportés par le locataire, au contraire le tiers propriétaire ne peut pas être supposé avoir consenti à l'introduction de ces meubles dans les lieux loués. Dans ce cas, ce dernier peut, pendant trois ans à compter du jour de la perte ou du vol, revendiquer ces objets et les soustraire au droit de gage du bailleur.

132. Le privilége, ensuite, ne grève pas non plus les meubles appartenant à des tiers, lorsque le bailleur est de mauvaise foi, c'est-à-dire qu'il a su, dès avant leur introduction dans les lieux loués, que les meubles apportés par le locataire n'étaient pas sa propriété. Ajoutons immédiatement que la même connaissance acquise seulement pendant la durée du bail ne porte point obstacle à l'exercice du privilége.

Or, comment la mauvaise foi du bailleur pourrait-elle être prouvée ? Il est évident que toute espèce de preuve pourra être faite par le propriétaire des meubles. Mais sa tâche sera particulièrement facile, si, au moment de l'entrée en jouissance du locataire, il a eu soin d'adresser au bailleur une notification de son droit de propriété, analogue à celle qu'indique l'art. 1813.

Cette notification, remarquons-le bien, n'est certainement pas nécessaire ; la connaissance du bailleur peut s'induire de toutes autres circonstances, telles, par exemple, que la rumeur publique ou la nature même de la profession ou de l'industrie du preneur. C'est ainsi qu'on a jugé que les objets tels que pianos, lits, etc., que les élèves d'un pensionnat seraient notoirement dans l'usage d'apporter chez leur maître de pension, ne sont pas soumis au privilége du propriétaire de la maison, même en l'absence de toute notification[1]. Il a été jugé de même que le locateur d'une salle de spectacle n'a pas privilége sur le maté-

---

[1] Poitiers, 30 juin 1825, Sir., 25, 2, 432.

riel scénique appartenant à un tiers, lorsque la notoriété publique l'avait instruit de ce que ce matériel n'appartenait pas au locataire [1].

A raison de sa profession, les choses d'autrui peuvent souvent entrer chez le locataire pour en ressortir presque immédiatement après avoir subi une transformation. En ce cas, elles ne sont pas grevées du privilége du bailleur, parce que ce dernier, vu la profession du locataire qui amenait nécessairement leur introduction, doit être présumé avoir su que le locataire n'en était pas propriétaire. Ainsi, le privilége ne s'étend pas aux objets manufacturés ou à manufacturer que des tiers ont pu confier au locataire ou déposer dans la fabrique qu'il exploite [2]. Il ne porte non plus sur les marchandises que des tiers ont confiées à un commissionnaire locataire pour les transporter dans une autre localité, ni sur les effets qu'un voyageur a déposés dans une hôtellerie [3].

133. Ajoutons encore que le privilége du bailleur ne frappe pas les objets qui, par suite d'un dépôt nécessaire, ont été momentanément placés dans les bâtiments loués : car on ne peut pas dire de ces objets qu'ils y ont été introduits pour les garnir.

Enfin, le privilége du propriétaire ne lui confère point de droit sur les minutes de son locataire, s'il s'agit d'un notaire. Ces minutes formant un dépôt public dont le notaire a la garde, elles ne peuvent être rangées dans la classe des meubles et objets qui garnissent les lieux loués. Par suite, un propriétaire ne pourrait pas s'opposer à leur enlèvement sous prétexte qu'elles seraient une garantie du paiement de ses loyers [4].

---

[1] Req. rej., 31 décembre 1833, Sir., 34, 1, 852.
[2] Req. rej., 22 juillet 1823, Sir., 23, 1, 420.
[3] Civ. rej., 25 mars 1826, Sir., 26, 1, 390.
[4] Tribunal de Châtillon-sur-Seine, 14 juin 1834.

134. Le privilége du bailleur grevant tous les meubles qui garnissent les lieux loués, frappe ceux appartenant au locataire, alors même que le prix de ces objets n'a pas encore eté payé. C'est ce que décide l'art. 2102, 4°, alinéa 3ᵉ, en vertu des motifs qui ont été indiqués plus haut.

Mais, bien entendu, pour qu'il en soit ainsi, il faut que le bailleur ait été de bonne foi, c'est-à-dire, ait ignoré au moment de l'introduction des meubles que le prix en fût encore dû. S'il était prouvé qu'il avait, au contraire, connu cette circonstance, le privilége du vendeur des meubles passerait avant celui du bailleur.

SECTION III.

Des créances garanties par le privilége.

135. Le privilége du bailleur est destiné à garantir avant tout la créance des loyers.

De plus, on admettait déjà en droit romain que l'hypothèque tacite garantissait toutes les créances du bailleur dérivant du contrat de louage et sanctionnées par l'actio locati, telles, par exemple, que la créance pour détériorations[1]. Aujourd'hui de même l'art. 2102, 1°, alinéa 3°, décide que :

« Le même privilége a lieu pour tout ce qui concerne l'exécution du bail. »

136. Il l'attache donc à toutes les créances qui dérivent au profit du bailleur du contrat de louage. Et le texte fait lui-même une application de ce principe, en décidant que, dans le cas où c'est le bailleur qui a fait les réparations locatives pendant le bail, et où, par suite, il est créancier, pour le montant de ses dépenses, du locataire à qui incombe la charge de ces réparations, sa créance est garantie par le privilége.

---

[1] L. 2, D. 20, 2, In quib. caus. pign.

Ce privilége existe aussi, par exemple, pour la créance née des dégradations survenues par la faute du preneur, et pour celle des contributions payées par le bailleur à la décharge du locataire. Il existe également pour les fournitures faites par le bailleur en vertu d'une clause du bail ou d'une convention postérieure, et en général pour toutes les avances faites en vue de l'exploitation.

Il n'y a pas à distinguer, suivant nous, entre le cas où les avances de fonds ont été faites en vertu d'une clause expresse du bail, et le cas où elles ont eu lieu sans que le contrat ait porté aucune clause de ce genre. Pothier déjà repoussait cette distinction, et avec beaucoup de raison. En effet, même dans le second cas, on peut dire qu'il y a eu une convention tacite additionnelle au contrat de louage; et d'ailleurs, à un autre point de vue, on peut ajouter que les avances en question concernent l'exécution du bail; car il est possible que, si elles n'avaient pas été faites, le locataire n'eût pas pu remplir ses engagements [1].

137. On s'est demandé si le privilége existe pour la créance de l'indemnité due par le locataire à raison de l'incendie des localités louées, en vertu de l'art. 1733.

Un jugement du tribunal de la Seine du 5 décembre 1865 a décidé que non, sous prétexte que la dette du locataire ne dérive pas du contrat de louage, mais d'un quasi-délit selon l'art. 1382. Mais cette erreur a été relevée par la Cour de Paris, qui, par arrêt du 30 juin 1866, a admis le privilége pour la créance d'indemnité. Et c'est avec raison; car, en cas d'incendie, la loi est particulièrement sévère vis-à-vis des locataires : elle les rend responsables dans des hypothèses où ils ne le seraient pas en vertu du droit commun, par le fait même qu'elle restreint les modes

---

[1] Pothier, 254; Aubry et Rau, § 261; Pont, 125; Angers, 27 août 1821, Sir., 21, 2, 471.

de justification qu'ils peuvent invoquer : on ne peut donc pas dire que la dette d'indemnité dérive de l'art. 1382. Cette dette dérive des dispositions spéciales de la loi en matière de louage, et elle concerne, par suite, l'exécution de ce contrat ; son paiement doit donc être garanti par le privilége.

SECTION IV.

De l'étendue du privilége.

138. Recherchons maintenant jusqu'à quelle étendue les créances dont il vient d'être parlé se trouvent garanties par le privilége.

En ce qui concerne les créances du bailleur qui ont pour objet l'exécution du bail, le privilége en garantit l'intégralité. Art. 2102, 1°, al. 3.

Mais en est-il de même pour les créances de loyers ; en d'autres termes : pour quelle période de location les loyers sont-ils privilégiés ? Pour résoudre la question, il faut avant tout distinguer deux situations qui peuvent se présenter : ou bien les meubles du locataire sont saisis à la requête du bailleur et les autres créanciers ne se présentent pas pour concourir avec lui ; ou bien le bailleur est en conflit avec d'autres créanciers du locataire, soit par suite de la faillite de celui-ci, soit parce qu'ils ont eux-mêmes pratiqué la saisie des meubles garnissant les lieux loués.

PREMIÈRE SITUATION.

Le bailleur est seul créancier.

139. Lorsque le bailleur saisit les meubles du locataire et qu'aucun autre créancier ne vient réclamer une part du prix de vente de ces meubles, il ne saurait être question de privilége ; aussi l'art. 2102 ne prévoit-il pas

cette hypothèse; car l'idée de privilége implique nécessairement un conflit entre plusieurs créanciers, prétendant exercer leurs droits, chacun à son rang, sur une valeur à distribuer.

Le droit commun conserve donc son empire. Le locateur, seul poursuivant, agit, non pas comme créancier privilégié, mais comme créancier ordinaire. En cette qualité, il peut faire vendre les meubles garnissant les lieux loués, comme tout créancier, c'est-à-dire jusqu'à concurrence de ce qui lui est dû, savoir les loyers échus. Mais il n'a pas le même droit pour les loyers à échoir. La loi, en effet, n'accorde nulle part le droit de faire vendre un gage à un créancier à terme ou à un créancier conditionnel. Or, quant aux loyers à échoir, la créance du bailleur, quoique existante actuellement, n'est exigible qu'éventuellement, subordonnée qu'elle est au fait à venir de la jouissance de la chose par le locataire, fait incertain, dont la réalisation peut être empêchée par la perte fortuite de la maison louée.

DEUXIÈME SITUATION.

Conflit entre le bailleur et d'autres créanciers.

140. L'art. 2102 s'occupe de la seconde situation, savoir le cas où le bailleur se trouve concourir sur le prix de vente des meubles avec d'autres créanciers du locataire, soit que celui-ci soit tombé en faillite, soit que les autres créanciers aient saisi les objets garnissant les lieux loués. Le bailleur peut alors invoquer son privilége (à supposer, bien entendu, qu'il ne se soit pas dessaisi des meubles, ce qui aurait fait évanouir son droit de gage fondé sur la possession), car la vente judiciaire opérée sur la poursuite des créanciers, dans leur intérêt commun, et sans oppo-

sition de la part du bailleur, n'implique pas renonciation à son privilége [1].

Mais dans quelle mesure le peut-il? — A cet égard le Code établit un système basé sur les principes relatifs à la preuve des obligations vis-à-vis des tiers, dont le point de départ est infiniment simple.

141. Un homme en faillite ou dont les biens sont saisis est naturellement, d'après les suppositions de la loi, porté à soustraire autant que possible de sa fortune à l'action des créanciers. A cet effet, il pourrait, en s'entendant avec le bailleur qu'il intéresserait à ses projets de fraude, vouloir faire apparaître des créances imaginaires au moyen d'un nouveau bail, fictif quant à ses rapports avec le bailleur, soit en exagérant le prix de location et le nombre des années échues, soit en prolongeant la durée du bail, soit en reculant l'époque d'entrée en jouissance.

La loi, dans l'intérêt du crédit public, protége contre cette fraude les créanciers du locataire, en partant d'une présomption de bonne foi pour le cas où le bail avait date certaine avant la faillite, et de mauvaise foi pour le cas contraire.

142. Remarquons toutefois aussitôt, qu'en fait la distinction établie par le Code ne doit plus être bien importante aujourd'hui. Les fraudes, en effet, que la loi a voulu prévenir seront beaucoup moins fréquentes, puisque la loi du 23 août 1871 a édicté des peines contre ceux qui ne font pas enregistrer les baux sous seing privé, et exige, même en cas de locations verbales, des déclarations spéciales d'enregistrement. Quoi qu'il en soit, voici le texte de l'art. 2102, 1º :

« Sont privilégiés les loyers.... savoir : pour tout ce qui est échu et pour tout ce qui est à échoir, si les baux sont

---

[1] Poitiers, 4 mars 1863, Sir., 64, 2, 31.

authentiques ou si, étant sous seing privé, ils ont une date certaine; pour une année à partir de l'expiration de l'année courante, si les baux ne sont pas authentiques, ou si, étant sous seing privé, ils n'ont pas date certaine. »

Pour bien comprendre ce texte, séparons les deux cas qu'il prévoit.

§ 1.

Du cas où le bail a date certaine.

143. Lorsque le bail est authentique, ou lorsque, étant sous seing privé, il a reçu date certaine avant l'événement qui donne lieu à la distribution de deniers, la loi accorde le privilége avec la plus grande étendue, pour le passé, pour le présent et pour l'avenir ;

« pour tout ce qui est échu, dit l'art. 2102, et pour tout ce qui est à échoir. »

C'est qu'en effet, dans ce cas, le bail ne saurait être suspecté : la présomption de bonne foi s'impose, car il n'est pas possible qu'au moyen d'un acte nouveau et antidaté le locataire et le bailleur s'entendent pour exagérer les choses, en grossissant frauduleusement la créance du dernier, pour étendre, au préjudice des autres créanciers, le privilége à des sommes qui retourneraient ainsi indirectement au locataire.

144. Toutefois la présomption légale de la sincérité du prix et de la durée de la location peut être combattue par les moyens de droit commun par les autres créanciers du locataire. Elle devra tomber si, nonobstant l'authenticité ou l'enregistrement de l'acte, les créanciers prouvent que le bail est entaché de fraude, que, par exemple, il a été fait en prévision d'une saisie imminente, d'une faillite prochaine. Dans ce cas, la créance du bailleur et son privilége devront être ramenés à leur véritable mesure.

145. Remarquons d'ailleurs qu'il ne faut pas toujours mettre entièrement sur la même ligne le bail authentique et le bail sous seing privé qui a acquis date certaine.

Ce n'est que si la date certaine résulte d'un enregistrement opéré, ou du décès d'un des signataires arrivé le jour même où le bail a été contracté, ce n'est qu'en ce cas que le bail sous seing privé a un effet aussi étendu quant au privilége que le bail authentique : l'un et l'autre donnent privilége pour tous les loyers échus et à échoir.

Mais si nous supposons que le bail sous seing privé n'a acquis date certaine que postérieurement à sa rédaction, par exemple par la mort du bailleur, les héritiers de ce dernier ne pourront plus, lorsque plus tard surviendra la faillite du locataire, avoir privilége pour tous les loyers échus d'une façon absolue. Il ne faut pas oublier, en effet, que la distinction que fait l'art. 2102 entre le cas où le bail a date certaine et le cas contraire a pour point de départ les principes relatifs à la preuve des contrats vis-à-vis des tiers. Or ces principes amènent cette conséquence importante, que si le bail n'a acquis date certaine que par un fait postérieur à sa confection, le privilége ne garantira, parmi les loyers échus, que ceux qui seront échus postérieurement au jour où l'acte de bail a acquis date certaine, puisque c'est seulement du jour où les actes sous seing privé prennent date certaine qu'ils peuvent être opposés aux tiers.

§ 2.

Du cas où le bail n'a pas date certaine.

146. Lorsque le bail n'est pas authentique et n'a pas reçu date certaine avant l'événement qui donne lieu à la distribution des deniers, il y a présomption de mauvaise foi de la part du locataire : le bail est suspect, et en conséquence le privilége restreint.

Mais comme la disposition de l'art. 2102 à cet égard n'est pas conçue en termes très-clairs, il convient, avant de l'examiner, de consulter les précédents historiques.

147. Or nos anciennes Coutumes ne donnaient pas toutes la même solution. La Coutume d'Orléans restreignait le droit d'exécuter qu'elle accordait au maître d'hôtel à trois termes échus et à deux termes à échoir ; au contraire, le droit de préférence, celui qui met le bailleur en conflit avec d'autres créanciers, était donné pour toutes les obligations résultant du bail, et notamment pour tous les loyers échus ou à échoir, quoique le bail ne fût passé que sous signature privée[1]. Au contraire, la jurisprudence du Châtelet, dont témoignent les actes de notoriété du 7 février 1688, du 24 mars 1702 et du 19 septembre 1716, cités par Pothier, faisait, à l'égard de cette préférence, une distinction entre les baux devant notaires et les baux verbaux ou sous seing privé, et n'accordait, dans ce dernier cas, le droit de préférence que pour trois termes échus et le courant. « La raison de cette différence entre les deux Coutumes peut être, dit Pothier, que les baux que les particuliers font à Orléans de leurs maisons sont tous passés sous signature privée, et qu'on n'a pas cru nécessaire de prendre ici les mêmes précautions contre les fraudes, qu'à Paris, où elles sont beaucoup plus communes. »

148. A l'exemple de la Coutume de Paris, le Code établit une distinction entre le cas où le bail a date certaine et le cas contraire. Mais la solution qu'il admet pour cette seconde hypothèse est-elle la même que celle donnée par la jurisprudence du Châtelet ? Voici ce que dit l'art. 2102 :

« A défaut de baux authentiques, ou lorsque, étant sous signature privée, ils n'ont pas une date certaine, (les loyers

---

[1] Pothier, 253.

sont privilégiés) pour une année à partir de l'expiration de l'année courante. »

Ce texte établit bien nettement que le privilége n'existe point pour toutes les années à venir du bail, mais seulement pour une seule, celle qui suit l'expiration de l'année courante. Ainsi, supposons que le bail a été fait le 1er avril 1870, qu'il doive finir le 1er avril 1880 et que le locataire soit tombé en faillite le 1er septembre 1872 : la loi dit clairement qu'en ce cas le bailleur a privilége pour l'année qui suit la courante, à savoir pour l'année qui commence au 1er avril 1873 et finit au 1er avril 1874, et que les loyers des années suivantes ne sont plus garantis. Mais voilà tout ce qui ressort clairement du texte.

La loi ne semble pas s'occuper du tout du présent, c'est-à-dire de l'année courante, et du passé, c'est-à-dire des années échues. Que faut-il conclure de son silence ? Les opinions sont, sur cette question, on ne peut plus divergentes, et le nombre même des systèmes qui se sont produits à ce sujet atteste l'insuffisance et le défaut de clarté de la loi. Il n'en existe, en effet, pas moins de quatre, que nous allons exposer brièvement.

149. Un premier système, s'attachant à la lettre du texte, décide que le privilége n'existe pas pour les loyers échus non payés, ni pour le loyer de l'année courante, mais seulement pour le loyer d'une année à partir de l'expiration de l'année courante.

Ce système est sans doute conforme au sens apparent de la loi, mais il n'en est pas moins généralement repoussé comme injuste et illogique, puisqu'il admet un écrit à faire preuve pour l'avenir, tandis qu'il le repousse en ce qui concerne le présent, alors pourtant que cette dernière preuve, par sa nature, semble devoir être admise a fortiori lorsque la première l'est. En effet, quant à l'année à venir, la preuve peut porter non-seulement sur l'exagération du prix de location, mais aussi sur l'existence même du bail, tandis que pour l'année courante la fraude ne peut avoir pour objet que l'exagération du prix : or, si la loi a présumé la bonne foi et la sincérité du bail pour l'année à venir, pour laquelle tout peut être suspecté, il n'est pas possible qu'elle se soit montrée plus sévère en ce qui concerne l'année présente, c'est-à-dire pour un temps pour lequel un fait au moins, l'existence du bail, est démontré par la possession.

150. Un deuxième système accorde le privilége pour les loyers de l'année courante et pour ceux de l'année suivante, mais non pour les loyers échus [1]. Cette opinion se base d'abord sur le raisonnement qui nous a servi à critiquer le système précédent, et en cela elle nous semble parfaitement exacte. Il n'en est pas de même en ce qui concerne l'exclusion des loyers échus. Les défenseurs de cette seconde opinion se fondent sur la discussion au Conseil d'État, et sur une déclaration de M. Tarrible au Corps législatif. Mais cette déclaration n'a d'autre valeur en réalité que celle d'une opinion personnelle ; et, d'autre part, la discussion au Conseil d'État, étant loin d'être bien précise, ne peut être considérée comme décisive, et cela d'autant moins qu'elle n'a pas abouti à une résolution définitive, mais à un simple renvoi à la section de législation, et que les procès-verbaux postérieurs n'indiquent pas s'il a été donné suite à ce renvoi.

151. D'après un troisième système, le privilége devrait être accordé pour une année seulement, en tout et pour tout, laquelle année aurait été fixée par la loi en retournant en arrière à compter de l'expiration des termes courants, de sorte que le Code n'aurait entendu faire autre chose que reproduire l'ancien usage du Châtelet de Paris,

---

[1] Pont, loc. cit.

d'après lequel le bailleur avait privilége pour le terme courant non encore achevé au moment de la saisie, et pour les trois derniers termes échus [1].

Cette opinion nous paraît inadmissible pour deux motifs : d'abord, parce qu'elle commence par supposer que le législateur a commis l'inadvertance inexplicable d'employer le mot *année* courante, au lieu du mot *terme* courant, ce qu'il est impossible d'admettre sans preuve ; ensuite parce qu'elle est obligée de changer le sens naturel des mots *à partir*, et de supposer que cette expression, qui indique un point de départ d'où l'on va aller en avant, signifie cependant ici un point d'arrêt d'où l'on devrait revenir en arrière. D'ailleurs, comment admettre que, pour consacrer la jurisprudence du Châtelet, les rédacteurs du Code auraient employé des termes aussi peu clairs que ceux de l'art. 2102, alors qu'ils n'avaient qu'à prendre la formule précise qu'ils lisaient dans les actes de notoriété?

152. Voici, enfin, un quatrième système, celui qui est suivi par la jurisprudence, et que nous adopterons. D'après cette opinion, le bailleur a privilége pour une année future à partir de l'expiration de l'année courante, de plus pour l'année courante elle-même, enfin, pour tous les loyers échus et non payés. Il n'y a donc, selon nous, entre le cas où le bail a date certaine avant la saisie ou la faillite et le cas contraire, de différence qu'au point de vue de l'avenir : savoir que, dans le premier cas, le privilége garantit tout ce qui est à échoir, tandis que dans le second il ne garantit que le loyer d'une année à échoir, celle qui suit immédiatement l'expiration de l'année courante.

Ce système se justifie par deux sortes de considérations, fondées, les unes sur le texte de la loi, les autres sur les motifs qui ont guidé le législateur. .

---

[1] Mourlon, Examen critique du Commentaire de M. Troplong sur les priviléges, n° 101.

D'abord, quant au texte de la loi, il nous paraît décisif sur la question, si l'on en consulte tant soit peu l'enchaînement des idées. La loi commence par définir les garanties qu'elle accorde au bailleur dont le contrat a date certaine, et elle lui donne privilége même pour tous les loyers à échoir. Puis elle passe au bailleur, dont le titre n'a pas date certaine ; et ici il est clair qu'elle avait à énumérer non pas ce qu'elle lui donne, mais bien ce qu'elle ne lui donne pas pour le punir de n'avoir pas donné date certaine à son bail. Or les termes : « pour une année à partir de l'expiration de l'année courante », qui se trouvent dans le 2e alinéa du no 1 de l'art. 2102, indiquent que le législateur n'a voulu établir de restrictions que relativement aux loyers à échoir. S'il avait voulu être restrictif pour le passé et pour l'avenir, il aurait posé d'une manière expresse la limite dans le passé, comme il l'a fait pour l'avenir. Mais, comme l'avenir seul est restreint, et que la loi ne s'occupe ni des loyers courants ni des loyers échus, ceux-ci jouissent du privilége attaché aux loyers en général, par cela seul qu'il ne leur a pas été retiré.

D'ailleurs, le motif qui a dicté la restriction quant à l'avenir ne s'appliquait pas aux loyers courants ou échus. En effet, en l'établissant, le législateur n'a entendu ni punir le bailleur qui aurait laissé s'accumuler plusieurs années de loyers, ni prévenir les fraudes que le bailleur et le locataire pourraient commettre en supprimant les quittances, pour permettre au bailleur d'exercer son privilége dans le passé pour loyers déjà payés : ce qui le prouve, c'est que, relativement aux baux ayant date certaine, le privilége existe pour tous les loyers échus, alors pourtant que la négligence du bailleur existe, et que les fraudes par suppression de quittances sont possibles dans ce cas comme dans l'autre. Le motif qui a guidé le législateur, c'est le désir d'empêcher que, par concert frauduleux, le locataire et le bailleur n'assignent au bail, au détriment des autres créanciers. une durée plus longue que celle qui avait été fixée réellement. Or le danger d'une telle collusion ne se présente habituellement qu'au point de vue de la durée du bail dans l'avenir. Une antidate dans le passé, c'est-à-dire l'indication, pour le commencement du bail, d'une date plus éloignée dans le passé que la date à laquelle le bail a réellement commencé, n'est pas à craindre, car l'entrée en jouissance est un fait trop facile à prouver. De même, le danger de voir le locataire et le bailleur s'entendre pour exagérer le montant du loyer, ou pour imposer au locataire d'autres obligations purement fictives, et donner ainsi au bailleur une créance en apparence plus forte que sa vraie créance, ce danger n'est pas non plus fort à craindre, car la fraude pourrait être facilement établie, soit par la notoriété des valeurs locatives d'après l'usage local, soit au moyen d'une expertise; ce n'est donc pas la crainte de ce danger qui a pu guider le législateur.

Cela posé, la pensée de la loi étant de prévenir les antidates quant à l'avenir, la disposition restrictive est parfaitement justifiée et limitée. Elle ne concerne que les loyers à échoir, et laisse subsister le privilége quant au loyer courant et à tous les loyers échus.

On peut d'ailleurs appuyer encore cette opinion d'un argument d'analogie tiré de l'art. 819 du Code de procédure, qui permet au bailleur de saisir-gager les meubles garnissant les lieux loués pour tous les loyers, soit qu'il y ait bail, soit qu'il n'y en ait pas, et même d'exercer la revendication sur les meubles déplacés et d'y faire valoir son privilége[1].

---

[1] Civ. Cass., 28 juillet 1824, Sir., 25, 1, 54; Req. rej., 6 mai 1835, Sir., 35, 1, 433; Lyon, 28 avril 1847, Sir., 48, 2, 129; Metz, 6 janvier 1859, Sir., 59, 2, 129; Sic: Aubry et Rau, § 261; Duranton, 19, 92; Troplong, 1, 156.

§ 3.

Du droit de relocation accordé aux autres créanciers du locataire.

I. 153. Lorsque le bail, avec ou sans date certaine, a été fait sans terme fixé pour sa durée, mais pour un temps indéfini, les créanciers du locataire peuvent, en exerçant le droit de leur débiteur, donner congé au propriétaire. Art. 1166. Par là ils restreignent, quant à l'avenir, le privilége de ce dernier au loyer du temps accordé par l'usage entre le congé et la sortie.

II. 154. Quand le bail est fait pour un temps déterminé, les créanciers du locataire ne peuvent donner congé au propriétaire ; mais la loi leur accorde un droit particulier.

« Ils ont le droit, dit l'art. 2102, de relouer la maison pour le restant du bail, et de faire leur profit des loyers, à la charge toutefois de payer au propriétaire tout ce qui lui serait encore dû.»

Cette compensation accordée aux créanciers est très-équitable. Le bailleur ne doit pas à la fois avoir les loyers futurs qu'il peut exiger par privilége, et conserver la jouissance de l'immeuble dont il pourrait ainsi tirer un profit nouveau en le relouant. C'est pourquoi la loi décide que, lorsque le bailleur exerçant son privilége obtient collocation, soit pour tous les termes à échoir en cas de bail authentique ou ayant date certaine, soit pour les termes à échoir de l'année courante et de l'année qui la suit en cas de bail verbal ou écrit, mais sans date certaine, alors, disons-nous, les autres créanciers du locataire pourront relouer : dans le premier cas, pour tout le restant du bail; dans le second, pour la fin de l'année courante et pour toute l'année qui la suit.

155. A la verité, la loi ne confère expressément aux

créanciers du locataire la faculté de relocation que dans
le cas où le bail est constaté par un acte ayant date certaine. Mais on est d'accord pour reconnaître que sa décision doit être étendue au cas de bail sans date certaine.
En effet, comme cette faculté est une compensation équitable accordée aux créanciers à raison du préjudice que
leur cause le propriétaire en se faisant colloquer pour des
créances qui ne sont pas encore échues, elle est indépen-
dante de la forme du bail et doit exister toutes les fois, et par
cela seul, que le propriétaire obtient un paiement anticipé. En un mot, le même motif d'équité existe dans le cas
de bail sans date certaine comme dans le cas de bail à
date certaine, savoir que le bailleur ne doit pas à la fois
recevoir son loyer et conserver la jouissance de l'immeuble [1].

III. 156. Par ce même motif d'équité, on doit décider
que le droit de relocation appartient aux créanciers du
locataire, alors même que ce dernier aurait été par le contrat de bail privé du droit de sous-louer ou céder le bail [2].

L'existence même de la disposition de l'art. 2102 qui
accorde le droit de relocation prouve la vérité de notre
proposition. Car, si la clause prohibitive contenue dans
le bail devait être un obstacle au droit des créanciers,
l'art. 2102 n'aurait rien fait en réalité pour ces derniers,
puisqu'il est certain que le principe de l'art. 1166 autorisait à lui seul les créanciers à opérer cette relocation
dans les limites dans lesquelles le pouvait le locataire lui-
même, c'est-à-dire en l'absence de clause prohibitive. Or
toute loi, comme toute convention, doit être interprétée
dans le sens avec lequel elle peut avoir quelque effet utile,
plutôt que dans le sens avec lequel elle n'en pourrait pro-

[1] Pont, 128; Aubry et Rau, § 261, note 29.
[2] Req. rej., 28 décembre 1858, Sir., 59, 1, 425; Rouen, 29 juin 1859,
Dalloz, 60, 2, 21.

duire aucun. Arg. art. 1157. La disposition de l'art. 2102 n'a donc de raison d'être que si elle accorde aux créanciers quelque chose de plus que ce que lui donne l'art. 1166, si elle leur confère un droit que n'a pas le locataire leur débiteur, le droit de relocation, même lorsque le contrat porte défense de sous-louer.

157. Ajoutons toutefois que la clause prohibitive a une certaine influence même à l'encontre des créanciers du locataire, mais sans porter atteinte au principe de compensation établi par la loi.

Elle a cet effet d'autoriser le bailleur à faire résilier le bail en renonçant à réclamer les loyers à échoir. Ce droit, le bailleur ne l'a pas en l'absence de la clause : car, en ce cas, les créanciers qui souffrent du paiement anticipé des loyers à échoir peuvent, en vertu de l'art. 1166, faire une relocation, même contre la volonté du bailleur, si cela leur est avantageux, c'est-à-dire s'ils trouvent à relouer pour un prix plus élevé que le taux des loyers à échoir qu'ils sont tenus de payer par anticipation.

158. Remarquons encore que la loi du 12 février 1872, dont les dispositions seront commentées plus bas, a implicitement reconnu le droit des créanciers de faire une relocation alors même que le bail contient clause prohibitive de sous-location. L'alinéa 4 du nouvel art. 550 du Code de commerce, modifié par la loi dont il s'agit, contient, en effet, la disposition suivante :

«Dans le cas où le bail contiendrait interdiction de sous-louer, les créanciers ne pourront faire leur profit de la location que pour le temps à raison duquel le bailleur aurait touché ses loyers par anticipation, et sans que la destination des lieux puisse être changée.»

IV. 159. D'ailleurs, le droit de relocation n'existe au profit des créanciers du locataire que sous certaines conditions.

18

Et d'abord la nature même de leur droit montre qu'il ne peut s'exercer que dans le cas où le bailleur a exigé par préférence et obtenu le paiement des termes non encore échus. Il ne leur est pas accordé lorsque, à défaut de ce paiement, le bailleur provoque la résiliation du bail.

Et à cet égard nous croyons que les créanciers sont obligés de laisser le bailleur exercer son privilége sur les meubles pour tous les loyers à échoir, s'ils veulent relouer, que le bail contienne ou non prohibition de sous-louer. On soutient, il est vrai, qu'en cas d'absence de clause prohibitive les créanciers peuvent, sans payer les loyers à échoir, sous-louer pour le restant du bail en vertu de l'article 1166. Mais nous croyons qu'il est préférable d'admettre que « l'art. 1166 ne doit pas être invoqué dans l'hypothèse dont il s'agit. Il est certain que le preneur ne peut user de la faculté de sous-louer qu'en restant personnellement obligé au paiement. Or, comme le bailleur ne saurait être contraint à accepter pour débiteurs les créanciers du preneur devenu insolvable, ces derniers se trouvent dans l'impossibilité de remplir la condition sous laquelle seule la faculté de sous-louer peut être exercée [1]. »

160. Il faut ensuite, dans le cas où le bailleur qui a invoqué son privilége sur les meubles du locataire ne parviendrait pas, à raison de leur insuffisance, à se faire payer de tous les loyers auxquels il a droit, il faut, disons-nous, que les créanciers qui veulent exercer le droit de relocation paient au bailleur tout ce qui lui est dû.

Remarquons les expressions dont se sert la loi : « *Tout ce qui lui serait encore dû,* » dit l'art. 2102.

Ainsi les créanciers n'auront pas seulement à payer les loyers échus, non payés et non couverts par la vente des meubles, mais encore les loyers à échoir dont le bail-

---

[1] Aubry et Rau, § 261, texte et note 33.

leur n'a pas pu se faire payer par privilége sur les meubles vendus.

161. Ce paiement des loyers à échoir est même immédiatement exigible, d'après nous, et il ne suffirait pas pour que les créanciers puissent jouir du droit que leur accorde la loi, qu'ils procurent un nouveau locataire dont le mobilier répondrait de ces mêmes loyers, ni même qu'ils fournissent une caution répondant de l'acquittement de ces loyers, ni même qu'ils s'obligent personnellement à les payer au fur et à mesure des échéances.

Des auteurs soutiennent l'opinion contraire, sous prétexte que l'art. 2102 indique bien que le propriétaire a droit à être payé de tout ce qui lui est dû même pour l'avenir, mais ne spécifie pas l'époque à laquelle ce paiement doit être effectué : et qu'exiger un paiement immédiat, au lieu du paiement au fur et à mesure des échéances, serait exorbitant, puisque le bailleur est garanti pleinement que les paiements se feront[1]. — Mais cette opinion est rejetée par la Cour de cassation, qui admet, avec raison, que le paiement anticipé de tous les loyers à échoir est obligatoire pour les créanciers, comme condition préalable de la relocation[2]. En effet, les mots : « *Tout ce qui lui serait encore dû* » qu'emploie l'art. 2102, sont on ne peut plus généraux, et disent clairement que le bailleur doit être complétement désintéressé ; cela ressort, d'ailleurs, encore de ce que le texte donne aux créanciers qui relouent après avoir payé au bailleur ce qui lui est dû, le droit « *de faire leur profit des loyers et fermages* »; car si les loyers à mesure des échéances devaient être payés au bailleur, la loi ne pourrait pas dire que les créanciers peuvent en faire leur profit. Au reste, si l'opinion que

[1] V. notamment : Pont, 129; Duranton, 19, 91.

[2] Req. rej., 22 avril 1851, Sir., 51, 1, 646; Civ. rej., 7 décembre 1858, et Req. rej., 28 décembre 1858, Sir., 59, 1, 423 et 425.

nous combattons peut invoquer un semblant d'équité, celle que nous adoptons peut aussi, de son côté, s'appuyer sur une considération d'équité bien manifeste : car si les créanciers n'étaient pas obligés au paiement anticipé des loyers à échoir, le bailleur se trouverait en quelque sorte forcé d'accepter comme débiteurs à la place du locataire des créanciers peut-être nombreux et entre lesquels la dette se diviserait dans la proportion de leur intérêt ; or forcer le bailleur à subir un si grand inconvénient n'est certes pas équitable [1].

162. Nous devons toutefois ajouter une restriction importante à ce qui précède. La loi du 12 février 1872, dont il a été question déjà, est, en effet, venue infirmer l'opinion que nous venons d'admettre, mais seulement pour les cas qu'elle régit, c'est-à-dire, comme on le verra plus loin, le cas de faillite d'un locataire commerçant lorsque la location porte sur des locaux destinés à l'industrie ou au commerce du locataire, ou même destinés à son habitation, mais dépendant des localités qui servent à l'exploitation de l'industrie ou du commerce du locataire. Elle décide, en effet, par une disposition insérée en l'alinéa 4 de l'art. 550 du Code de commerce, que les syndics de la faillite qui représentent les créanciers de la masse peuvent sous-louer pour toute la durée du bail, à condition de maintenir le gage du créancier et d'exécuter toutes les obligations incombant au locataire failli, en vertu de la convention ou de la loi, au fur et à mesure des échéances, et à condition de ne pas changer la destination des lieux.

Mais remarquons bien que la disposition de la loi nouvelle qui dispense ainsi les créanciers du paiement immédiat des loyers à échoir n'est pas d'une application générale. Elle ne concerne que le cas de faillite selon les

[1] Aubry et Rau, § 261, note 30.

distinctions prévues par la loi ; de sorte que la question reste législativement entière, ouverte à la discussion et à l'interprétation judiciaire pour les cas non régis par la loi de 1872 et qui restent soumis au droit commun de l'art. 2102. Nous aurons plus loin à indiquer ces cas et à préciser les rapports de la loi nouvelle et du Code. Qu'il nous suffise de bien constater ici qu'il y a des hypothèses pour lesquelles la question du paiement anticipé n'est pas législativement tranchée dans le sens contraire à l'opinion de la Cour de cassation que nous avons adoptée, et que cette opinion peut encore, et doit, selon nous, être maintenue pour ces hypothèses.

163. Si les créanciers trouvent trop onéreux pour eux de faire l'avance des loyers à échoir ou de prendre tout entière la charge du bail, ils peuvent n'exercer leur droit de relocation que pour une portion de la durée du bail.

En effet, de ce que la loi autorise les créanciers à relouer *pour le restant du bail*, dans le cas où le bailleur n'a pas recouvré sur le prix de vente des meubles tout le montant des loyers auxquels il a droit, cas auquel les créanciers seraient obligés de parfaire la créance du bailleur, on ne doit pas conclure qu'ils ne jouissent pas de la faculté de proportionner la durée de la relocation au temps pour lequel le bailleur a été payé par anticipation. On l'a soutenu cependant, sous prétexte que le texte de la loi est formel, que les créanciers du locataire ne peuvent relouer que *pour le restant* du bail, qu'ils ne peuvent pas scinder le bail, et que ce serait le scinder que de louer pour quelques années seulement, puisque le bailleur, en fixant le prix de la location, a certainement, lors du bail, pris en considération la durée de celui-ci[1]. — Mais c'est avec raison que la Cour de cassation, par arrêt du 4 jan-

---

[1] Duranton, 19, 91.

vier 1860, a repoussé ce système [1]. Il repose, en effet, sur un principe inexact. Oui certes, la solution qu'il donne serait vraie, si les créanciers, en relouant, ne faisaient qu'exercer les droits de leur débiteur en vertu de l'art. 1166. Mais, comme il n'en est pas ainsi, comme les créanciers ont un droit propre, existant de leur chef, accordé par la loi en dehors des stipulations du bail et en compensation du préjudice que leur cause la collocation demandée par le bailleur pour les loyers à échoir, on ne peut pas leur opposer les clauses du bail quant à sa durée. D'ailleurs, l'opinion que nous combattons aboutit à rendre illusoire, dans beaucoup de cas, la faculté de relouer, puisque, si la maison ne pouvait être relouée que pour un loyer inférieur à celui du bail, comme cela arrive le plus souvent, les créanciers seraient obligés de parfaire la différence sur les deniers de la masse, ce qui les empêcherait de faire leur profit des loyers, et pourrait même leur rendre la location onéreuse. Enfin, l'adoption de cette opinion conduirait, par l'impossibilité où elle mettrait les créanciers de relouer, à l'une ou à l'autre de ces deux conséquences également inadmissibles : ou bien le bailleur devrait à la fois recevoir le montant des loyers à échoir et rentrer en jouissance de l'immeuble, ou bien les biens loués resteraient inoccupés et inutiles ; or la première de ces deux conséquences serait éminemment injuste, la seconde déraisonnable : il faut donc écarter le système qui amènerait l'une ou l'autre d'entre elles.

§ 4.

Innovations de la loi du 12 février 1872.

1° Origine de la loi.

164. L'art. 2102 porte que le privilége du bailleur dont le titre a date certaine avant l'événement qui donne nais-

---

[1] Sirey, 60, 1,

sance à la distribution des deniers garantit *tout ce qui est échu et tout ce qui est à échoir.*

Mais est-ce à dire que dans toutes les hypothèses possibles le bailleur puisse se faire payer immédiatement de tous les loyers à échoir, que dans tous les cas ces loyers soient ainsi exigibles tous ensemble et au même moment?

165. L'exigibilité immédiate n'est pas douteuse dans l'espèce directement prévue par l'art. 2102 et qui a seule été discutée plus haut, savoir le cas où le gage du bailleur disparaît par suite de la réalisation des meubles du locataire. Ainsi, en cas de déconfiture d'un locataire non commerçant, lorsque les meubles garnissant les lieux loués sont vendus et qu'il y a collocation des créanciers du locataire sur le prix de vente, il est démontré, pour nous, que tous les loyers échus et à échoir sont exigibles immédiatement et par anticipation, et que le bailleur peut demander la résiliation du bail à partir du temps pour lequel il n'a pas été payé des loyers à échoir [1]. Il en est de même en cas de faillite d'un commerçant, lorsque le syndic fait vendre les meubles du locataire failli ; et, en effet, la jurisprudence décide que le bailleur peut exercer son privilége pour tous les loyers à échoir, alors même que l'immeuble reloué par les créanciers à un tiers reste garni de meubles suffisants, alors même que les créanciers offrent une caution, ou une hypothèque, ou même la consignation du produit de la vente du mobilier [2].

166. Mais il peut se faire qu'il y ait faillite d'un locataire, et que néanmoins il n'y ait pas vente des meubles garnissant les lieux loués, et non plus collocation des créanciers sur le prix de vente. Il en est ainsi lorsqu'un concordat est accordé au failli replacé à la tête de ses affaires,

---

[1] V. n° 161 supra.

[2] Voir les arrêts cités à la note 2 de la p. 275 ; add. : Paris, 2 mai 1857, Sir., 57, 2, 727.

ou lorsque les syndics cèdent à la même personne le fonds de commerce du failli avec le droit au bail et les meubles placés dans les lieux loués : dans les deux cas, en effet, l'immeuble loué reste garni comme il l'était avant la faillite.

En pareille circonstance, faut-il dire que, bien que le gage du bailleur reste intact, les meubles n'étant pas vendus et aucune distribution n'ayant, par suite, lieu entre les créanciers, faut-il dire que le seul fait de la faillite rend immédiatement exigibles tous les loyers à échoir et permet au bailleur d'entamer des poursuites individuelles afin d'obtenir, soit le paiement par privilége et anticipation de ces loyers, soit la résiliation du bail pour le temps à partir duquel il n'est pas payé ?

Cette question n'en est plus une aujourd'hui, le législateur s'étant prononcé à ce sujet par la loi du 12 février 1872. Toutefois, pour bien comprendre les dispositions que cette loi a introduites dans les art. 450 et 550 du Code de commerce, il importe d'examiner d'une façon approfondie les systèmes qui auparavant se trouvaient en présence ; cet examen nous montrera combien la modification législative était nécessaire et réclamée par des intérêts considérables, lésés autrefois par une jurisprudence que le rapporteur de la loi nouvelle, M. Delsol, a pu justement qualifier désastreuse, mais qui n'en était pas moins, à nos yeux, complétement exacte en droit.

167. L'affirmative, en effet, sur la question dont il s'agit a été formellement admise par la Cour de cassation. Par deux arrêts du 28 mars 1865 elle a décidé : qu'en cas de faillite du locataire, tous les loyers, même ceux à échoir, deviennent exigibles par le seul fait de la faillite ; qu'à défaut par le failli ou par le syndic de ses créanciers d'en effectuer le paiement immédiat, le bailleur est fondé à demander la résiliation du bail ; que le bailleur peut, à raison de l'exigibilité des loyers résultant de la faillite,

exercer, pour la totalité de ces loyers échus et à échoir, lorsque le bail a date certaine, son privilége sur le mobilier garnissant les lieux loués, et si le prix de la vente du mobilier est insuffisant, il a droit à la résiliation du bail pour la durée du temps dont les loyers ne lui auraient pas été payés ; enfin, que cette résiliation doit être prononcée par le juge, bien qu'il estime que, malgré la faillite, le bailleur conserve, pour le paiement des loyers à échoir, des garanties suffisantes [1].

Remarquons immédiatement que la question soumise à la Cour suprême n'était pas celle de savoir si la faillite du preneur a pour effet nécessaire la résiliation du bail ; l'opinion, à peu près unanime, en effet, admet la négative, c'est-à-dire que le bailleur ne peut demander la résiliation que s'il n'est pas payé de ce qui lui est dû [2]. La question qu'elle avait à résoudre était celle de savoir si les loyers à échoir sont dus au bailleur par le fait de la faillite, comme les loyers échus, et si, par suite, à défaut de paiement de ces loyers à échoir, le bailleur peut poursuivre la résiliation. Ceci posé, et sachant la solution admise par la Cour, voyons les motifs qu'elle invoque à son appui.

Ces motifs sont tirés des art. 1188 du Code civil et 444 du Code de commerce. Aux termes du premier de ces textes, le débiteur ne peut réclamer le bénéfice du terme lorsqu'il a fait faillite ou lorsque, par son fait, il a diminué les sûretés qu'il avait données par le contrat à son créancier. L'art. 444, d'accord avec ce principe, dispose que le jugement déclaratif de faillite rend exigibles, à l'égard du failli, les dettes non encore échues. De ces textes il résulte, dit la Cour, « que le bailleur a le droit de réclamer de son locataire failli, non-seulement les loyers échus, mais en-

---

[1] Sirey, 65, 1, 201.

[2] Paris, 16 mars 1840, Sir., 47, 2, 433 ; Caen, 25 août 1846, Sir., 1847, 2, 438 ; Troplong, Louage, 2, 467 ; Duvergier, Louage, 1, 538.

core ceux à échoir, et que si la somme nécessaire pour le remplir du montant de cette créance n'est pas payée ou au moins consignée, la résiliation du bail pour la durée du temps dont les loyers ne lui auraient pas été payés peut être demandée. »

168. La doctrine de la Cour de cassation a été vivement attaquée et on a fait valoir contre elle deux sortes d'arguments : d'une part, des arguments juridiques ; d'autre part, des arguments tirés des inconvénients pratiques qu'amène une telle jurisprudence. — Nous ne pensons pas qu'on doive prendre ce dernier genre d'objections en grande considération ; car, loin de manifester la volonté de la part de leurs auteurs de rechercher la véritable intention de la loi, elles ne constituent en réalité qu'une critique de la loi ; nous ne les discuterons donc pas ici, mais nous aurons à les indiquer plus loin pour montrer quelles circonstances ont nécessité la nouvelle intervention du législateur par la loi de 1872.

Quant aux objections juridiques, elles portent d'abord sur l'application faite à la créance du bailleur des art. 1188 du Code civil et 444 du Code de commerce. — La dette des loyers à échoir, a-t-on dit, n'est pas une dette à terme, mais une dette éventuelle, tout au plus conditionnelle. En effet, le locataire ne s'oblige à payer un loyer qu'à raison de la jouissance que doit lui procurer le bailleur ; son obligation ne prend naissance qu'au fur et à mesure de l'accomplissement de l'obligation du bailleur ; donc, si le bailleur ne procure pas cette jouissance, le locataire ne doit rien, de même qu'il ne doit rien dans les cas où le bail est résolu par la destruction de la maison. Or, comme au moment où commence l'exécution du bail il n'est pas certain que le preneur devra jamais quelque chose, on ne peut pas dire qu'il existe actuellement à sa charge pour les années à échoir une obligation quelconque. Par suite, cette obligation n'est pas une obligation à terme, c'est-à-dire, d'après la définition de l'art. 1185, une obligation qui existe déjà et dont l'exécution seule est suspendue ; et par suite aussi on ne peut pas lui appliquer les art. 1188 et 444, qui ne concernent nullement les obligations conditionnelles. — Cette argumentation me paraît manquer de base à un double point de vue. D'abord elle méconnait le caractère synallagmatique du contrat de louage, en donnant à supposer que ce contrat ne produit d'obligation actuelle qu'à la charge du bailleur, ce qui est certes inexact. Ensuite elle a le tort de considérer l'accomplissement de l'obligation successive du bailleur de faire jouir le preneur comme une condition suspensive de l'obligation du locataire. En effet, la condition suspensive est celle, dit l'art. 1181, qui dépend d'un événement futur et incertain. Or le contrat de bail n'a pas ce caractère d'incertitude et d'éventualité. Au moment où le preneur est mis en possession, l'obligation du bailleur est accomplie : il a donné au preneur le droit et la possibilité de jouir de l'immeuble pour le temps convenu ; par suite, l'obligation du preneur est définitive, le bailleur devient créancier de l'ensemble des loyers représentant le prix de la location pour le temps convenu. Car la location est une pour toute la période qu'elle embrasse et résulte d'une convention indivisible ; si les loyers sont répartis par l'usage sur toute la durée du bail, ce mode de paiement n'a rien d'essentiel, et le contrat ne cesserait pas d'être un bail si la location était faite pour une somme une fois payée. L'engagement du locataire peut être successif quant à son exécution, mais il est immédiat et certain quant à son existence : il est donc à terme. Sans doute, il est possible que la chose périsse ou que le bailleur ne remplisse pas ses engagements ; « mais ces événements, dit très-bien un auteur, qui constituent des cas de résolution semblables à tous ceux qui peuvent se rencontrer dans la plupart des engagements à terme, n'ôtent pas au contrat son caractère de certitude [1]. » Ces événements n'empêchent pas que, par exemple, les arrérages d'une rente viagère due par un failli, bien qu'ils ne soient qu'éventuels, ne soient considérés comme constituant une dette actuellement née et que l'événement de la faillite a pour effet de rendre exigible [2]. Comment n'en serait-il pas de même, à plus forte raison, des loyers à échoir dus par le failli? Il est donc vrai de dire que la créance du bailleur est une créance à terme et que, par suite, l'art. 1188 lui est applicable [3].

Mais, a-t-on dit, en admettant que la créance du bailleur soit une dette à terme, rendue exigible par la faillite, la conséquence de cette exigibilité n'est pas de donner au bailleur le droit d'entamer des poursuites individuelles afin d'obtenir le montant de ses loyers, mais seulement de lui permettre de concourir avec les autres créanciers pour la répartition de l'actif, en subissant comme eux une réduction proportionnelle, s'il y a lieu. La créance cesserait donc d'être privilégiée, car le propriétaire ne peut user de l'exigibilité qui prend sa source dans la faillite, qu'en se soumettant à la loi commune des créanciers ordinaires : « il ne peut pas à la fois être placé hors de la faillite, à raison de la nature de son gage, et profiter de la faillite, en anticipant sur l'échéance de son contrat [4]. » — Cette objection aussi nous paraît inexacte. Ce n'est, en effet, pas du tout au droit de la masse chirographaire que le créancier ayant privilége emprunte l'exigibilité de sa créance. L'art. 1188 est général et n'excepte pas de la déchéance du terme la dette pourvue d'une hypothèque ou

---

[1] Pont, 126.

[2] Cass., 22 mars 1847, Sir., 47, 1, 433.

[3] Pont, loc. cit.; Aubry et Rau, § 261, texte et note 34.

[4] Bruxelles, 5 décembre 1811.

d'un privilége. D'ailleurs, l'exception eût été contraire au principe même de la disposition : la diminution des sûretés, cause de l'exigibilité, existe virtuellement quand le créancier n'a plus qu'un débiteur insolvable au lieu d'un débiteur *in bonis :* le créancier en est alors réduit au gage ou à l'hypothèque, qui peuvent, selon les cas, n'être pas efficaces. Ainsi, avec un droit égal à celui des créanciers chirographaires, le bailleur a de plus l'action qui résulte du privilége. Et puisque cette action s'exerce sur une partie de l'actif du débiteur qui lui est spécialement affectée, puisque la faillite, loin d'être un obstacle aux poursuites du créancier gagiste, doit être un motif de plus de lui laisser le pouvoir propre d'arriver à la réalisation de son gage, comment lui serait-il interdit d'agir immédiatement sur ce gage? Et, d'ailleurs, pourquoi le lui interdire, puisqu'il ne s'agirait après tout que d'un sursis : car, à quelque moment que la chose affectée à la créance soit vendue, le droit de préférence n'en existe pas moins et ne peut être contesté par la masse chirographaire. Concluons donc que la créance du bailleur, exigible par la faillite, emporte, par l'effet même du droit de préférence qui y est attaché, l'action immédiate sur les meubles qui y sont affectés.

On objecte encore que l'art. 2102 n'est pas textuellement applicable à l'hypothèse en question. Il n'est fait, dit-on, qu'en vue du cas où les créanciers enlèvent au propriétaire, par la vente du mobilier du locataire, le gage affecté à sa créance. Alors seulement il peut réclamer le paiement anticipé des loyers à échoir, comme condition de la continuation du bail. Il n'a rien de plus à demander, et si le prix produit par la vente de ce mobilier n'est point suffisant pour assurer l'entier acquittement des loyers à échoir, il n'est pas fondé à imposer, comme condition de l'exercice de la faculté de relocation que la loi accorde aux créanciers, le paiement immédiat de ce dont il reste à découvert [1]. — Cette objection ne nous convainc pas plus que les précédentes. Sans doute la disposition de l'art. 2102, considérée isolément dans son texte, pourrait bien paraître insuffisante à créer au propriétaire jusque-là exactement payé de ses loyers et n'ayant pas cessé d'avoir dans la maison louée un mobilier suffisant, la faculté, à raison de la faillite, soit de saisir lui-même le mobilier, afin d'exercer le privilége sur le prix jusqu'à concurrence de la totalité des loyers, soit d'assigner les syndics en paiement des loyers, sinon en résiliation du bail. Mais, par contre, il est certain que l'art. 2102 dispose pour le cas de faillite et de déconfiture, car il place le bailleur en présence des créanciers auxquels il accorde, sous la condition de payer au bailleur tout ce qui lui serait encore dû, la faculté de relocation des lieux que le débiteur n'a plus le droit d'occuper. Et comme la créance du bailleur est une créance à terme, ce sont les art. 1188 Code civil et 444 Code de commerce qui donnent au bailleur le droit que l'art. 2102 n'accorde pas explicitement. Aussi la Cour de Cassation a-t-elle pu, dans un de ses considérants, dire avec raison « que le bailleur a droit d'exiger les loyers à échoir, et que cela est décidé expressément par l'art. 2102, qui n'est qu'un corollaire des art. 1188 et 444 précités. »

Une dernière objection a encore été faite à la solution donnée par la Cour suprême. Tout en admettant fictivement, a-t-on dit, que la dette des loyers soit une dette à terme, on ne peut admettre que le bailleur puisse exiger les loyers à échoir, par le seul fait de la faillite : la nature synallagmatique du contrat de bail s'y oppose. Car, pour qu'une partie puisse invoquer la résolution d'un contrat

---

[1] Voir le système des défenseurs dans l'affaire Jarsain-Delavarde. Civ. Cass., 28 mars 1865, précité.

synallagmatique contre l'autre partie, il faut qu'elle renonce elle-même à se prévaloir de ce contrat. Dans l'espèce, le bailleur qui prétend invoquer contre le locataire la déchéance du terme accordé à celui-ci, devrait lui-même renoncer au terme établi en sa faveur quant à l'exécution de son obligation de prestation de jouissance. Or, comme il ne peut pas faire profiter le locataire en un instant de la jouissance de toutes les années futures du bail, ce qui constituerait sa renonciation au terme établi en sa faveur, il ne doit pas pouvoir non plus invoquer la déchéance du terme établi en faveur du locataire. — Cette objection ne change pas notre manière de voir. Nous admettons, certes, que le caractère synallagmatique du bail force le bailleur qui demande la résolution du contrat, à renoncer également aux droits qu'il lui conférait. Mais cela n'empêche pas, selon nous, l'application de l'art. 1188 : ce texte établit une peine contre le débiteur qui fait faillite ou qui compromet les sûretés accordées au créancier par le contrat. Vouloir étendre cette peine au créancier lui-même, en lui faisant subir une déchéance parallèle à celle qui constitue la peine du débiteur, me semblerait injuste, si même ce n'était pas contraire à la loi : car *nulla pœna sine lege*; or l'art. 1188 ne parle absolument que du débiteur : la déchéance n'a donc lieu que quant à lui.

Toutes ces objections étant écartées, nous croyons que la thèse consacrée par les arrêts de la Cour suprême était juridiquement parfaite [1].

169. Cette jurisprudence était néanmoins très-fâcheuse au point de vue pratique et pouvait amener de graves inconvénients pour la masse des créanciers chirographaires. Il en était ainsi surtout lorsque les loyers étaient élevés et la

---

[1] En ce sens : Aubry et Rau, § 261, texte et notes 34 et 35; Paul Pont, 126 bis; Ch. Moreau, Dissertation sur les arrêts de la Cour de cassation.

durée du bail assez longue : en pareil cas, en effet, le bailleur étant autorisé à exercer son privilége pour tous les loyers à échoir, ses prétentions pouvaient absorber l'actif entier de la faillite [1]. Ainsi, lorsque le bail devait durer dix ans, par exemple, et que le loyer était de dix mille francs par an, le bailleur, armé de la jurisprudence, se présentait dans la faillite arrivée dans la première année du bail, et il était colloqué pour l'intégralité des loyers échus et à échoir, soit pour cent mille francs. La possibilité d'un tel résultat devait empêcher souvent les concordats ; car les créanciers, voyant que le bailleur se ferait payer, à lui seul, des sommes considérables, pouvaient trouver qu'il ne leur restait aucune garantie du paiement des dividendes offerts par le failli. C'est ainsi qu'on vit un jugement du tribunal de commerce de la Seine, du 29 avril 1867, refuser l'homologation d'un concordat, en se fondant sur ce que le bailleur s'y était réservé son droit de privilége pour les loyers à échoir, et que cette réserve détruisait toute garantie de l'exécution du concordat.

170. De vives et nombreuses réclamations furent élevées par le commerce contre la doctrine de la Cour de cassation, considérée comme ruineuse pour les créanciers du failli, et que plusieurs Cours d'appel avaient adoptée à l'exemple de la Cour suprême [2].

Aussi une réforme législative fut-elle demandée par l'universalité des tribunaux de commerce et par les jurisconsultes. Un projet de loi fut soumis à ce sujet au Corps législatif dans la séance du 26 décembre 1867, projet sur lequel fut présenté un rapport de M. Bournat le 20 mars 1869, et qui fut reproduit de nouveau dans la session de 1870, le 10 janvier. Mais la Commission nommée par le

---

[1] Pont, loc. cit.

[2] Orléans, 5 août 1865; Orléans, 10 novembre 1865; Douai, 10 avril 1866; Sirey, 65, 2, 283; 66, 2, 120; 66, 2, 323.

Corps législatif ne put s'entendre avec le Conseil d'État sur la formule à donner aux changements, et lorsque l'Empire s'écroula, la législation n'était pas modifiée.

Le 7 avril 1871, à l'Assemblée de Versailles, la proposition fut reprise par M. Courbet-Poulard. Le 31 juillet suivant, la Commission présenta son rapport par l'organe de M. Delsol. Un rapport supplémentaire fut présenté le 3 janvier 1872. Enfin la nouvelle loi fut votée en troisième délibération le 12 février 1872 et promulguée au Journal officiel du 20 [1]. Ses dispositions ont été insérées dans le Code de commerce, à la place des anciens art. 450 et 550.

171. L'économie générale de la loi a été ainsi traduite en quelques mots par le rapporteur, M. Delsol :

« La Commission propose de décider que le seul fait de la faillite n'entraînera plus l'exigibilité de tous les loyers à échoir, lorsque d'ailleurs le propriétaire trouvera dans les lieux loués des sûretés suffisantes pour en garantir le paiement. En conséquence, l'exécution du bail pourra continuer, les syndics pourront exploiter par eux-mêmes les lieux loués, les sous-louer ou céder le bail, et ce bail continuera à recevoir son exécution dans les termes mêmes du contrat intervenu entre le bailleur et le locataire failli, à la condition, bien entendu, que la faillite remplira toutes les obligations à la charge du locataire.

« Une autre modification a été apportée à la législation ; elle ne s'applique plus à l'exigibilité de la créance des loyers à échoir, elle s'applique au privilége lui-même qui est accordé au bailleur par l'art. 2102. Aux termes de cet article, le bailleur a privilége pour l'intégralité des loyers à échoir. Nous avons pensé que les intérêts du bailleur seraient suf-

---

[1] Journal officiel, 19 et 24 avril 1871, p. 660 et 728 ; 22 août, p. 2872, 19 janvier 1872, p. 414 ; 13 février, p. 1048.

fisamment sauvegardés par un privilége qui comprendrait les deux dernières années de location échues, l'année courante et l'année à échoir. »

Cette indication donnée, parcourons les dispositions de la loi nouvelle.

2° Dispositions insérées dans les art. 450 et 550 du Code de commerce.

172. Commençons par rechercher et définir bien clairement les cas dans lesquels la loi nouvelle est applicable, c'est-à-dire la portée de la modification qu'elle apporte à l'art. 2102.

Or le premier alinéa du nouvel art. 450 du Code de commerce, ainsi modifié par l'art. 1er de la loi de 1872, montre que ses dispositions ne régissent que le cas de faillite d'un locataire commerçant, et qu'elles ne visent que les baux d'immeubles loués par un commerçant pour une destination commerciale ou industrielle, et les baux des maisons dépendant de ces immeubles et servant à l'habitation du commerçant et de sa famille.

Par suite, la dérogation à l'art. 2102 ne concerne que ce cas précis et déterminé, en dehors duquel l'art. 2102 comme droit commun reste en vigueur.

173. Ainsi l'art. 2102 continue, comme avant la loi de 1872, à déterminer l'étendue de la créance privilégiée du bailleur : — d'une part, dans le cas de déconfiture d'un non-commerçant; — d'autre part, même en cas de faillite d'un commerçant, lorsqu'il s'agit de locaux servant à l'habitation du failli et qui ne sont pas une dépendance des immeubles par lui loués à destination commerciale ou industrielle, par exemple lorsqu'il s'agit d'une maison de campagne ou d'une habitation située dans une ville autre que celle où le failli exploite son commerce ou son indus-

trie; — d'autre part enfin, et cela a été dit expressément dans le rapport présenté à l'Assemblée nationale, même en ce qui concerne les baux d'immeubles affectés à l'industrie ou au commerce du locataire, dans le cas, qui sera rare il est vrai, où ses meubles seront vendus sans qu'il soit déclaré en faillite.

Le motif principal qui a été donné de la non-application des règles nouvelles aux baux d'habitations distinctes des localités où un failli a exercé son industrie ou son commerce, c'est que la position des créanciers en conflit avec le bailleur n'a besoin de protection spéciale de la part de la loi que lorsqu'il s'agit précisément du bail de locaux industriels ou commerciaux; en effet, dans ce cas, ces créanciers ne sont, le plus souvent, autres que les vendeurs mêmes des marchandises déposées dans les localités louées, vendeurs qui doivent, à raison de cette qualité, être préférés à tous autres créanciers.

174. Ceci posé, abordons les règles de la loi nouvelle. Elles varient suivant que le bailleur demande ou non la résiliation du bail. Et cette distinction se comprend aisément; car, si le bail, comme on l'a vu plus haut[1], n'est pas résilié de plein droit par le fait de la faillite, le bailleur est cependant autorisé à demander cette résiliation s'il n'est pas payé de ce qui lui est dû.

Or, lorsqu'un locataire tombe en faillite il est très-important pour la masse des créanciers, représentés par le syndic, de savoir si le bail sera ou non résilié, car souvent le droit au bail est une valeur considérable de l'actif de la faillite. Cela est important encore au point de vue du concordat à accorder au failli; car, lorsqu'un concordat est voté, le failli est remis à la tête de ses affaires, avec obligation de payer les dividendes qu'il a promis; et pour que

____
[1] V. Supra, no 167.

les créanciers aient chance d'obtenir ces dividendes, il faut que le failli soit en situation de relever ses affaires : or la résiliation du bail pourrait porter un coup mortel aux affaires du failli ; par suite, la crainte de cette résiliation pourrait empêcher les créanciers d'accorder un concordat.

175. Aussi la loi de 1872 a-t-elle déterminé un délai dans lequel le bailleur est tenu de déclarer si, oui ou non, il entend demander la résiliation du bail. S'il laisse écouler ce délai sans la demander, le bail est maintenu et le bailleur est réputé avoir renoncé à se prévaloir des causes de résiliation déjà existantes à son profit. Art. 1er : art. 450, dernier alinéa.

A l'effet de faire courir le délai imparti au bailleur, les syndics doivent lui notifier à lui-même leur intention de continuer le bail en satisfaisant à toutes les obligations du locataire. Cette notification, qui ne peut avoir lieu qu'avec l'autorisation du juge-commissaire et le failli entendu, doit être faite dans les huit jours à partir de l'expiration du délai accordé par l'art. 492 du Code de commerce aux créanciers domiciliés en France pour la vérification de leurs créances (c'est-à-dire dans les huit jours qui suivent les vingt jours accordés aux créanciers pour faire vérifier leurs créances, lequel délai de vingt jours court lui-même de la confirmation ou nomination des syndics par le tribunal, qui a dû être prononcée dans les quinze jours qui ont suivi le jugement déclaratif de faillite). Jusqu'à l'expiration de ces huit jours, toutes voies d'exécution sur les effets mobiliers servant à l'exploitation du commerce ou de l'industrie du failli et toutes actions en résiliation du bail sont suspendues, sans préjudice de toutes mesures conservatoires et du droit qui serait acquis au propriétaire de reprendre possession des lieux loués, auquel cas la suspension des voies d'exécution cesserait de plein droit.

C'est dans les quinze jours qui suivent la notification faite par les syndics que le bailleur doit former sa demande en résiliation. Elle doit donc être faite au plus tard le cinquante-huitième jour après la déclaration de faillite. Faute de quoi, le bailleur est réputé avoir renoncé à se prévaloir des causes de résiliation déjà existantes à son profit.

176. Le délai de quinzaine écoulé, deux situations sont possibles : ou bien le bailleur a demandé la résiliation, ou bien le bail est maintenu. La loi de 1872 a créé des dispositions spéciales pour chacune d'elles.

177. 1re *situation*. LE BAIL EST RÉSILIÉ. — Si le bail est résilié, dit le nouvel art. 550 du Code de commerce, le propriétaire des immeubles affectés à l'industrie ou au commerce du failli, aura privilége : — 1º pour les loyers non payés des deux dernières années de location échues avant le jugement déclaratif de faillite ; — 2º pour les loyers de l'année courante ; — 3º pour tout ce qui concerne l'exécution du bail ; — 4º enfin pour les dommages-intérêts qui pourront lui être alloués par les tribunaux.

La loi nouvelle a donc restreint le privilége du bailleur d'abord quant aux loyers échus, parce qu'il y a eu négligence de sa part à ne pas se faire payer régulièrement à échéance, et que cette négligence ne doit pas préjudicier aux autres créanciers qui ont pu croire, en voyant l'inaction du bailleur, que les loyers étaient tenus au courant. Par ces motifs, le privilége ne garantit plus que les loyers des deux dernières années échues avant le jugement déclaratif de faillite. Il est clair que ces années doivent être comptées à partir du jour anniversaire de celui où le bail a commencé. Ainsi, si l'on suppose que le bail a commencé le 1er janvier 1867 et que le locataire a été déclaré en faillite le 1er avril 1870, le bailleur qui fait résilier le bail n'a privilége dans le passé que pour les loyers échus depuis le 1er janvier 1868 jusqu'au 1er janvier 1870, et c'est à cette dernière date que commence l'année courante, également priviligiée.

La loi nouvelle a ensuite restreint le privilége quant aux loyers à venir, en le bornant à l'année courante, et cela que le bail ait ou non date certaine, au moment de la faillite.

178. 2e *situation*. LE BAIL EST MAINTENU. — « Au cas de non-résiliation du bail, dit l'art. 550, 2e alinéa, le bailleur une fois payé de tous les loyers échus ne pourra pas exiger le paiement des loyers en cours ou à échoir, si les sûretés qui lui avaient été données lors du contrat sont maintenues, ou si celles qui lui sont fournies depuis la faillite sont jugées suffisantes.»

On le voit, la loi établit, pour la deuxième situation, une distinction de second ordre, suivant que le bailleur conserve les garanties antérieures ou qu'il en est privé.

Et pour le premier cas elle décide qu'il ne pourra se faire payer aucun loyer à échoir par anticipation : cette règle se comprend aisément, puisque le bailleur a l'assurance d'être payé aux échéances. En outre, remarquons que, pour cette deuxième situation, à la différence de ce qui a lieu lorsque le bail est résilié (on se rappelle qu'alors le bailleur n'a privilége que pour deux années échues), le bailleur garde, comme sous l'empire de l'art. 2102, son privilége pour tous les loyers échus.

Pour le second cas, la loi décide que si les sûretés disparaissent, c'est-à-dire s'il y a vente et enlèvement des meubles sans que de nouvelles garanties soient fournies, la situation du bailleur est encore meilleure qu'au cas de résiliation du bail. Il peut, dit l'art. 550, al. 3, exercer son privilége comme au cas de résiliation, et en outre pour une année à échoir à partir de l'expiration de l'année courante, que le bail ait ou non date certaine. Il a donc, dans l'espéce, privilége pour les loyers de quatre années : les deux dernières échues, l'année courante et l'année suivante.

179. Telles sont les dispositions de la loi de 1872, qui restreignent le privilége du bailleur au cas de faillite du locataire. Pour bien caractériser l'importance de cette modification législative, résumons brièvement les différences importantes qui existent entre la législation nouvelle et celle de l'art. 2102.

Et d'abord, remarquons bien que la loi nouvelle rejette la distinction établie par le Code civil entre le cas où le bail a date certaine et le cas contraire. D'après les nouveaux art. 450 et 550 du Code de commerce, l'étendue du privilége est réglée indépendamment de toute considération relative à la forme de l'acte ou à sa date.

La loi de 1872 établit, au contraire, une nouvelle distinction, suivant que le bail est ou non résilié : et elle diffère en cela de l'art. 2102, qui accorde le privilége pour tous les loyers échus, que le bail soit ou non maintenu. En cas de faillite, il y a donc aujourd'hui deux solutions différentes, comme nous l'avons expliqué : si le bail est maintenu, le bailleur a privilége pour tous les loyers échus ; s'il est résilié, son privilége ne garantit que deux années dans le passé.

Enfin, le point capital qui différencie l'art. 2102 et la loi nouvelle, c'est la disposition même en vue de laquelle l'intervention du législateur a été provoquée. A la différence du Code, qui donne au bailleur dont le titre a date certaine privilége pour tous les loyers à échoir, le nouvel art. 550 du Code de commerce, même pour le cas où le droit du bailleur est le plus étendu, c'est-à-dire lorsqu'il y a vente des meubles, ne le confère que pour une année à échoir après l'année courante.

3° Dispositions transitoires.

180. Le passage de la loi ancienne à la loi nouvelle de 1872, pour les cas régis par celle-ci, ne pouvait pas souffrir de difficulté. Le principe général de l'art. 2 du Code civil était suffisant pour, en l'absence de disposition dérogatoire, sauvegarder les intérêts existants. Aussi deux amendements de M. Drouin et de M. Louvet, tendant tous deux à faire déclarer que les faillites antérieures à la promulgation de la loi continueraient d'être régies par les anciennes dispositions, avaient-ils été écartés par la Commission comme inutiles, la non-rétroactivité résultant des principes généraux de notre législation.

Néanmoins les auteurs de la loi de 1872 ont cru devoir, quant aux baux ayant acquis date certaine avant la promulgation de la loi nouvelle, exprimer formellement la pensée que les effets de ces baux doivent être régis par la loi en vigueur à l'époque où les contrats ont été passés. Art. 2, al. 1.

181. Cependant ce n'est pas d'une façon absolue qu'un bailleur dont le titre a acquis date certaine avant le 20 février 1872 peut aujourd'hui s'armer de l'art. 2102 et invoquer la jurisprudence de la Cour de cassation. Les inconvénients de celle-ci, signalés plus haut, étaient si grands que le législateur a apporté dans le 2e alinéa de l'art. 2 de la loi de 1872 une restriction à l'application absolue du principe de non-rétroactivité consacré dans l'alinéa premier.

« Toutefois, dit-il, le propriétaire qui, en vertu desdits baux, a privilége pour tout ce qui est échu et pour tout ce qui est à échoir, ne pourra exiger par anticipation les loyers à échoir, s'il lui est donné des sûretés suffisantes pour en garantir le paiement. » Art. 2.

La disposition de la loi est bien claire ; mais peut-être est-il permis de trouver qu'elle laisse à désirer ? Il nous semble qu'il eût mieux valu décider que le bailleur ne peut pas, lorsqu'il a des sûretés suffisantes, exiger le paiement anticipé pour un temps plus long que celui pour lequel la loi nouvelle elle-même donne droit au paiement anticipé au bailleur dont le bail est régi par les dispositions nouvelles. L'interprétation textuelle de l'art. 2 produit, au contraire, ce fait remarquable, à savoir qu'un bailleur à qui la non-rétroactivité absolue aurait assuré le paiement anticipé de tous les loyers à échoir ne peut en obtenir aucun et se trouve ainsi moins bien partagé qu'un bailleur dont le bail est postérieur au 20 février 1872, et qui, étant placé sous l'empire de l'art. 550, alinéa 3, a privilége au moins pour une année à échoir : et cela alors pourtant que le législateur a commencé par déclarer vouloir respecter la non-rétroactivité.

Avec cette remarque, nous terminons l'exposé de la loi nouvelle ; pour achever également ce que nous avons à dire du privilége du bailleur, nous croyons devoir dire encore quelques mots du rang qu'obtient ce privilége lorsqu'il se rencontre avec d'autres priviléges, en ne nous occupant, bien entendu, comme toujours, que du bail à loyer.

SECTION V.

Du rang du privilége.

182. Lorsqu'un locataire tombe en faillite ou en déconfiture, il peut arriver que le bailleur qui prétend exercer son privilége sur les meubles garnissant les lieux loués se trouve en présence d'autres créanciers ayant privilége sur les mêmes objets. Il importe de savoir, en pareil cas, quel sera le créancier qui primera l'autre.

I. 183. Le Code civil a lui-même prévu un conflit de ce genre, le conflit entre le privilége du bailleur et le privilége du vendeur, non payé de son prix, des objets apportés par le locataire dans les lieux loués ; et voici comment il le règle [1] :

Le privilége du bailleur l'emporte, aux termes de l'article 2102, 4°, alinéa 3, si le bailleur était de bonne foi, c'est-à-dire s'il a ignoré, au moment de l'apport des meubles par le locataire, que le prix des meubles fût encore dû. Cette bonne foi est présumée jusqu'à preuve contraire à faire par le vendeur. Rappelons à ce sujet ce que nous avons dit plus haut, que la mauvaise foi du bailleur résulterait notamment de la notification que lui aurait faite le vendeur du non-paiement des meubles apportés par le locataire dans les lieux loués.

Remarquons que le texte contient une inexactitude évidente : il dit que le privilége du bailleur l'emporte, à moins que celui-ci n'ait su que les meubles garnissant les lieux loués n'*appartenaient* pas au locataire. Or il est clair que les rédacteurs de l'art. 2102 ont ici mal exprimé leur pensée : les meubles, on le sait, appartiennent à l'acheteur par le seul fait de la vente et, a fortiori, lorsque le vendeur en a fait la tradition ; les rédacteurs de la loi ont donc voulu dire que le bailleur est préféré, à moins qu'il n'ait su que le prix des meubles était encore dû.

184. Le Code de procédure aussi tranche un genre de conflit, celui du privilége du bailleur et du privilége pour frais de justice.

D'après les art. 661 et 662, le privilége du bailleur l'emporte sur le privilége pour frais de justice, en tant qu'il s'agit des frais de poursuite et de distribution du prix de vente des meubles. Mais c'est, au contraire, le privilége

____

[1] V. supra, n° 129.

pour frais de justice qui doit l'emporter en ce qui concerne les frais de saisie. — La raison de cette distinction est facile à comprendre ; les frais de saisie sont, en effet, faits dans l'intérêt général de tous les créanciers, le bailleur compris : au contraire, le bailleur n'avait aucun intérêt à faire faire les poursuites ultérieures, la loi lui accordant la préférence sur tous les autres créanciers, et lui permettant de se faire payer sans attendre la distribution par contribution, à l'aide de la procédure en référé devant le le juge-commissaire. Art. 662.

Quant à la créance pour frais de scellés ou d'inventaire, la question de savoir si, oui ou non, elle prime la créance du bailleur, est très-discutée. D'après les uns, le bailleur doit toujours être préféré [1] ; d'autres veulent que l'ordre inverse soit toujours suivi [2]. Nous croyons que la solution doit varier d'après la distinction adoptée par les art. 661 et 662 du Code de procédure précités, c'est-à-dire suivant que les scellés et l'inventaire profitent on non au propriétaire lui-même ; et que, par suite, le privilége pour ces frais ne prime le privilége du bailleur que si ces frais ont été utiles à ce dernier, ce qui se produit habituellement [3].

II. 185. En dehors des deux espèces de conflits qui viennent d'être indiqués, la loi n'en prévoit aucun. Il faut donc, quant à eux, recourir aux règles générales sur le classement des priviléges. Art. 2096.

1° 186. Lors donc qu'on admet que les priviléges spéciaux sur les meubles doivent en général l'emporter sur les priviléges généraux, à l'exception du privilége des frais de justice, on devra décider que le privilége du bailleur l'emporte sur les priviléges énumérés en l'art. 2101, c'est-à-dire ceux pour frais funéraires, pour frais de dernière

---

[1] Aubry et Rau, § 260, 1°.

[2] Pont, 179.

[3] Troplong, 1, 124.

maladie, pour salaires des gens de service, pour fournitures de subsistances. — Que si l'on admet sur la question générale le système contraire, il semble, au premier abord, qu'on devra donner forcément aux priviléges énumérés dans l'art. 2101 la préférence sur celui du bailleur. Mais nous ne croyons pas la conséquence forcée : même si nous admettions, ce qui n'est pas, que les priviléges généraux priment les priviléges spéciaux, nous déciderions que le privilége du bailleur l'emporte néanmoins sur les priviléges généraux. Le droit accordé au bailleur de faire statuer par voie de référé sur ses prétentions, et la préférence qui lui est donnée même sur les frais de distribution, par les textes du Code de procédure précités [1], montrent qu'il a été dans l'intention du législateur de donner au bailleur le pas sur tous les autres priviléges généraux qui sont eux-mêmes primés par celui des frais de justice [2].

Quant à nous, nous croyons que le privilége du bailleur ne doit pas primer tous les autres priviléges généraux sans distinction : nous croyons qu'au contraire il doit céder le pas au privilége des frais mortuaires. Telle était déjà la décision des lois romaines [3], et elle était admise dans notre ancienne jurisprudence, avec restriction toutefois de la créance aux frais d'ouverture de la fosse et de transport du corps [4]. Nous croyons que cette opinion doit encore être suivie aujourd'hui, du moins dans les justes limites des frais nécessaires et conformes à la position sociale du défunt : la raison en est que ces frais profitent au bailleur,

---

[1] V. supra, n° 184.

[2] Paris, 25 février 1830, Sir. 32, 2 299; Douai, 21 janvier 1865, Sir., 65, 2, 237.

[3] L. 14, § 1, D. 11, 7, De relig.

[4] Pothier, Procéd. civ., part. 4, ch. 2, sect. 2, art. 7, § 2; et Orléans, Introd., tit. 20, n° 117; Acte de notoriété, 4 août 1696.

et que, par suite, la personne qui en a fait l'avance a fait l'affaire du bailleur [1].

2° 187. Si le privilége du bailleur se trouve en conflit avec quelque privilége spécial, on devra décider par analogie des solutions que donne la loi pour les cas par elle prévus, et en tenant compte de la qualité des créances et des fondements respectifs des priviléges en conflit.

188. Par suite, si le privilége du bailleur, qui, on le sait, est fondé sur une constitution de gage tacite, se trouve en opposition avec un privilége fondé sur ce que le créancier a mis ou conservé dans le patrimoine du débiteur commun la valeur grevée des deux priviléges, on généralisera la disposition de l'art. 2102, 4°, alinéa 3, et, de même qu'en vertu du principe de l'art. 2279, la loi y décide que le privilége du bailleur l'emporte, si le bailleur est de bonne foi, sur le privilége d'effets mobiliers, de même, en vertu de l'art. 2279, on décidera que le privilége du bailleur l'emporte sur le privilége à fondement différent qui lui est opposé, et dont la naissance est antérieure à sa propre origine. Ainsi, par exemple, il l'emportera sur le privilége du tiers qui avait fait des frais de conservation pour les meubles introduits par le locataire dans les lieux loués, et cela malgré l'antériorité de la naissance de ce dernier privilége, mais à la condition, bien entendu, que le bailleur ait été de bonne foi au moment de la constitution de son gage tacite [2].

Si la naissance du privilége du bailleur, c'est-à-dire l'entrée des meubles dans les lieux loués, était antérieure à la conservation de ces meubles par un tiers, la solution serait-elle la même? Ainsi, par exemple, lorsqu'un locataire, après avoir apporté des meubles dans les lieux loués,

---

[1] Aubry et Rau, loc. cit.; Duranton, 19, 203; Troplong, 1, 74 et 77.

[2] Aubry et Rau, § 289; Pont, 182.

y a fait faire des réparations nécessaires à leur conservation, réparations qui ont produit un privilége au profit de
l'ouvrier qui les a faites, on se demande quel privilége
devra primer l'autre. L'art. 2279 ne peut pas ici nous
fournir notre solution ; mais, en nous fondant sur ce que
l'ouvrier qui a fait les réparations a fait, en conservant les
meubles, l'affaire du bailleur gagiste, nous déciderons
que le privilége de l'ouvrier l'emportera en principe [1].
Toutefois, ajoutons un tempérament à cette opinion. Il
peut se faire, en effet, que le bailleur ait ignoré les réparations faites pour la conservation des meubles qüi lui sont
engagés : s'il en avait eu connaissance, il se serait aperçu
que le privilége des frais de conservation allait primer son
propre privilége et, par suite, il aurait demandé peut-être
un supplément de garantie. Il est donc juste de décider
que le créancier pour frais de réparations doit avertir de
ces réparations le bailleur, faute de quoi ce dernier lui
serait préféré.

189. Plaçons maintenant aussi le privilége du bailleur
en présence d'un privilége fondé, comme lui, sur une
constitution de gage. Un pareil conflit doit être rare, il est
vrai, puisque la possession par le créancier gagiste de la
chose engagée est exigée pour que ce genre de privilége
subsiste. Toutefois il peut se produire si l'on suppose
qu'au lieu d'être remis entre les mains du créancier gagiste, l'objet engagé a été remis à un tiers convenu [2], et
qu'ensuite le débiteur est devenu locataire de ce dernier.
Il se rencontrera aussi si le bailleur n'a cessé (dans la personne du locataire qui détient pour lui) d'être nanti des
meubles que par suite de vol ou de perte, auquel cas il
conserve son privilége au moins pendant trois ans, et que,

---

1 Aubry et Rau, loc. cit.; Pont, loc. cit.
2 Art. 2076.

dans cet intervalle, un tiers-possesseur a remis les meubles en question en gage à un de ses propres créanciers. Dans ces hypothèses, le créancier premier en date devrait l'emporter, selon nous; car on peut dire que le second gage n'a frappé l'objet que sur la valeur subsistant après déduction faite de la première créance. Le gage, en effet, a toute analogie avec une hypothèque et, à vrai dire, il est plutôt une hypothèque tacite qu'un privilége, n'existant pas, comme les vrais priviléges, à cause de la seule qualité de la créance [1]. Mais il faut modifier dans une certaine mesure notre décision, en vertu de l'art. 2279 : la règle « *en fait de meubles, possession vaut titre,* » nous semble exiger que le créancier gagiste mis en possession après la naissance du droit du bailleur l'emporte néanmoins, s'il a été de bonne foi, sur le bailleur qui n'aurait pas, dans le délai imparti par la loi, exercé la revendication dont il va être parlé dans le chapitre suivant.

CHAPITRE II.

DU DROIT DE REVENDICATION.

190. En outre de son privilége, le bailleur obtient de la loi une autre garantie qui est comme le complément du privilége, et l'attribut qui lui est nécessaire pour être toujours efficace, savoir le droit de revendication.

SECTION I.

De l'origine du droit de revendication.

191. On sait qu'en droit romain les meubles qui avaient été une fois apportés dans la maison louée restaient grevés

---

[1] Art. 2095.

de l'hypothèque du bailleur, quoiqu'ils en fussent, par la suite, déplacés, ou que même ils fussent aliénés. Le préteur accordait au locateur, pour la poursuite de cette hypothèque, l'action servienne contre quiconque se trouvait avoir en sa possession les choses sujettes à cette hypothèque[1].

Dans notre ancien droit français, le droit de suite hypothécaire se conserva dans les pays de droit écrit.

Dans les pays de droit coutumier, où les meubles n'étaient pas susceptibles d'être hypothéqués, le droit du bailleur devint un privilége fondé sur une constitution de gage tacite. Le droit de suite, reconnu par le droit romain, aurait donc dû disparaître, et l'on aurait dû décider que le déplacement des meubles hors de la maison louée entraînerait la perte du privilége, quand bien même le locataire resterait propriétaire des objets déplacés. Cette solution logique fut admise pour le cas où la sortie des meubles aurait lieu du consentement du bailleur. Au contraire, elle fut tempérée pour le cas de déplacement clandestin. On dérogea aux principes, et, quoique les meubles n'eussent pas de suite par hypothèque, néanmoins plusieurs Coutumes conservèrent, au locataire du moins, le droit de suivre les meubles qui lui étaient obligés. Ainsi, la Coutume d'Auxerre contenait la disposition que voici : « Meubles n'ont pas de suite par hypothèque, si ce n'est pour louages de maisons[2]. » Pareilles dispositions se trouvaient dans les Coutumes de Paris et d'Orléans[3]. Mais le locataire devait exercer ce droit de suite dans un court délai, sous peine de déchéance, et en cela le droit coutumier différait essentiellement du droit romain. La durée

---

[1] Notamment : L. 4, D. 20, 2, In quib. caus. pig., et L. 14, D. 20, 1, De pig. et hyp.

[2] Coutume d'Auxerre, titre 5, art. 129.

[3] Art. 415 et 419.

de ce délai était déterminée par les usages locaux. Ainsi, dans la province d'Orléans, l'usage le restreignait à huit jours pour les maisons de ville et quarante pour les métairies. En un cas même, le bailleur pouvait exercer sa revendication après ce délai : c'était le cas où les meubles avaient été enlevés par un créancier du locataire qui les avait saisis lui-même ; la raison de cette décision, dit Pothier, est que la main de justice sous laquelle sont les effets enlevés conserve les droits de tous les créanciers, et, par conséquent, celui du locateur[1].

192. Aujourd'hui, en thèse générale, le privilége, quand il s'exerce sur des meubles, ne déroge au droit commun que par l'avantage qu'il donne au créancier d'être payé par préférence à d'autres créanciers ; il n'existe qu'autant que la chose qui en est grevée se trouve aux mains du débiteur et est vendue sur lui, puisque l'art. 2119 reproduit l'ancien principe coutumier : «Les meubles n'ont pas de suite par hypothèque ou par privilége.»

Mais la loi fait des exceptions à cette règle ; le privilége, même sur les meubles, comporte quelquefois une sorte de droit de suite qui permet au créancier de suivre les meubles entre les mains des tiers même de bonne foi, et, sinon de revendiquer le gage même, c'est-à-dire la propriété de celui-ci, au moins d'obtenir qu'il retourne en la possession du débiteur qui en était dessaisi, afin que le créancier puisse exercer son droit de préférence. La loi accorde notamment cette revendication au vendeur d'effets mobiliers par vente sans terme ; on la trouve également, en matière de faillite, dans l'art. 574 du Code de commerce. Enfin, l'art. 2102 consacre de même une telle exception au profit du bailleur.

«Le propriétaire, dit il, peut saisir les meubles qui

---

[1] Pothier, 259.

garnissent sa maison ou sa ferme, lorsqu'ils ont été déplacés sans son consentement, et il conserve sur eux son
privilége, pourvu qu'il ait fait la revendication, savoir :
lorsquil s'agit du mobilier qui garnissait une ferme, dans
le délai de quarante jours ; et dans celui de quinzaine s'il
s'agit de meubles garnissant une maison.»

SECTION II.

Des conditions de l'exercice de la revendication.

193. Le droit du bailleur de saisir les meubles déplacés
est improprement appelé droit de revendication. Le bailleur, en effet, ne réclame nullement la propriété des
meubles, il demande seulement que ces derniers soient
replacés dans les lieux loués, afin qu'il puisse exercer son
droit de gage.

Ce droit n'est d'ailleurs qu'une application de l'art. 2279,
qui, après avoir établi qu'en fait de meubles la possession
vaut titre, consacre deux exceptions à ce principe, en
admettant la revendication des meubles en deux cas déterminés, ceux de perte et de vol. Car, dans l'espèce, la
fraude du locataire qui a fait sortir les meubles des lieux
loués est une sorte de vol de la possession, comme on
disait en droit ancien. Remarquons toutefois que, tandis que l'art. 2279 permet la revendication pendant
trois ans, l'art. 2102 établit des délais beaucoup plus
courts.

194. Avant d'examiner ces délais, il faut préciser les
conditions d'exercice de la revendication.

Or la condition première pour que le bailleur puisse
exercer la revendication, c'est qu'il n'ait pas consenti au
déplacement des meubles qui garnissaient la maison louée.
Cette condition, que l'art. 2102 exprime formellement, est

facile à comprendre, puisque le droit de revendiquer est fondé sur une sorte de vol de la possession.

Le bailleur serait donc non recevable s'il avait consenti au déplacement, soit expressément, soit même tacitement. Le consentement tacite s'induirait de toute circonstance qui ferait présumer que le bailleur a renoncé à considérer les objets garnissant les lieux loués comme formant le gage de sa créance. C'est ce qui aurait lieu, par exemple, s'il était présent à l'enlèvement des meubles : son assistance vaudrait consentement. Le bailleur est aussi censé avoir consenti d'avance au déplacement, lorsqu'il s'agit d'objets qui, tels que des marchandises, sont d'après leur nature destinés à être vendus et à ne pas rester à demeure dans les lieux loués : et en ce cas, la revendication serait inadmissible, même si l'enlèvement avait eu lieu à l'insu du bailleur. Ajoutons enfin la profession du locataire comme circonstance pouvant faire présumer que le locateur a su que certains objets garnissant les lieux loués ne seraient pas soumis à son gage.

195. Pour que la revendication exercée par le bailleur soit utile, il faut, comme seconde condition, qu'elle soit intentée dans le délai déterminé par la loi, délai qui devait nécessairement, dans l'intérêt du commerce, être très-court. La loi l'a fixé à quarante jours s'il s'agit du mobilier d'une ferme, et à quinze jours s'il est question du mobilier d'une maison. La raison de cette différence entre les baux de ville et les baux à ferme est que la surveillance du propriétaire s'exerce moins facilement sur les biens ruraux que sur les maisons, et que les détournements de meubles peuvent rester plus longtemps ignorés à la campagne qu'à la ville.

196. Le point de départ du délai est en général au jour du déplacement des meubles.

Toutefois, s'il y avait eu entre le locataire et le tiers

possesseur un concert frauduleux pour ôter au bailleur la connaissance de la vente et du transport des meubles qui répondent des loyers, le délai, d'après nous, ne commencerait à courir que du jour où le bailleur les aurait connus [1]. — Mais cette opinion n'est pas universellement admise. Certains auteurs prétendent que le délai de la revendication commence invariablement à courir du jour du déplacement des meubles. La loi, d'après eux, s'exprime en termes trop généraux pour qu'une exception puisse être admise, d'autant plus qu'à s'en tenir à ses expressions mêmes, il résulte que le concert frauduleux, qu'on prétend invoquer en faveur de l'exception, n'est pas étranger aux prévisions de la loi [2]. — Nous ne croyons pas que cette doctrine soit exacte, parce qu'elle nous semble ne pas distinguer suffisamment les diverses circonstances qui peuvent se présenter. L'hypothèse que prévoit la loi est celle du déplacement opéré sans le consentement du bailleur : et pour ce cas elle fixe des délais. Mais l'absence du consentement et la fraude sont deux choses différentes ; et de ce que la première est dans la prévision de la loi, il ne s'ensuit pas que la seconde ne lui est pas étrangère. Aussi croyons-nous devoir adopter l'opinion énoncée d'abord, en vertu du principe que la fraude fait exception à toutes les règles.

SECTION III.

De l'étendue du droit de revendication.

197. Le droit de suite accordé au bailleur s'exerce dans les formes de la saisie-revendication, indiquées par les art. 826 et 832 du Code de procédure.

[1] Duranton, 19, 200 ; Troplong, 1, 161 ; Aubry et Rau, § 261, note 41.
[2] Pont, 131.

Ce droit peut s'exercer même contre des tiers possesseurs de bonne foi des objets déplacés. Toutefois, lorsque le tiers acquéreur les a achetés dans une foire ou d'un marchand vendant des choses pareilles, le bailleur ne peut les revendiquer utilement qu'en remboursant au preneur le prix qu'ils lui ont coûté. — Pothier allait même plus loin et décidait que l'acquisition faite dans de telles conditions était opposable au bailleur d'une façon absolue et faisait obstacle à sa revendication[1]. Mais aujourd'hui cette décision ne serait plus possible, et l'art. 2280 nous donne implicitement la solution qui la remplace; car, si le vrai propriétaire aujourd'hui ne peut plus revendiquer sa chose qu'à charge de remboursement, a fortiori doit-il en être ainsi du bailleur qui n'a sur la chose qu'un droit de gage[2].

198. Le droit de suite, avons-nous dit, est le complément indispensable du privilége. Il peut donc être exercé à l'occasion de tout ce qui est grevé de ce privilége. — Mais faut-il en conclure qu'il existe d'une façon absolue, dans tous les cas, c'est-à-dire alors même que, malgré le déplacement d'une certaine quantité de meubles, il en reste suffisamment pour garantir pleinement l'exécution du bail? La question est controversée.

Des auteurs, reproduisant une jurisprudence déjà ancienne, admettent que le droit de revendication est absolu, qu'il peut s'exercer, même en ce cas, à l'égard des meubles déplacés. Il n'y a pas, d'après eux, une corrélation nécessaire entre l'obligation à laquelle est tenu le locataire de garnir les lieux loués d'un mobilier suffisant, et le droit qui résulte, en faveur du bailleur, du privilége que la loi lui accorde. Certes, disent-ils, le locataire a rempli son obligation lorsque le bailleur s'est contenté de ce que son

---

[1] Pothier, 265.

[2] Pont, 130; Duranton, 19, 100; Aubry et Rau, § 261.

locataire lui a offert en gage ; mais cela fait-il que ce qui entre en excédant dans la maison louée ne soit pas grevé du privilége ? Non, car la loi dit que le privilége porte sur tout ce qui garnit la maison ou la ferme louée. Or, si le privilége porte sur le tout, comment le locataire en pourrait-il retirer quelque chose sans le consentement du bailleur ? A l'appui de cette opinion, on invoque aussi les difficultés qui naîtraient de la solution contraire. Sera-ce chose facile, dit-on, en cas de déplacement de partie du mobilier, de préciser si la portion qui reste est ou non suffisante pour garantir non-seulement le paiement des loyers, mais encore l'exécution de toutes les obligations pouvant résulter du bail ? Il s'élèvera nécessairement à ce sujet des difficultés nombreuses, qui ne se produiraient pas si l'on appliquait la loi telle qu'elle existe. Or elle dit que le privilége du bailleur porte sur tout ce qui garnit les lieux loués ; elle dit donc par cela même que rien ne pourra sortir de la maison sans le consentement du bailleur, et que celui-ci pourra revendiquer tout ce qui sortirait clandestinement[1].

Malgré ces raisonnements, nous suivrons une opinion contraire, que nous allons essayer de justifier. — Et d'abord, à l'argument d'utilité invoqué dans le système précédent, nous en opposons un autre, qui nous semble au moins aussi probant. Si, en effet, l'opinion précédente était admise, le bailleur pourrait faire d'un privilége, uniquement destiné à garantir ses intérêts légitimes et qui par cela même ne doit pas dépasser la mesure de ces intérêts, un instrument de tracasseries et de vexations contre le locataire. Or une pareille éventualité suffirait à elle seule pour empêcher bien des locations. — D'ailleurs, notre sys-

---

[1] Paris, 2 octobre 1806, Sir., 7, 2, 30 ; Poitiers, 28 janvier 1819, Sir., 19, 2, 15.

tème s'appuie sur l'esprit bien certain de la loi. L'art. 1752 exige, en effet, uniquement, sous le rapport de la garantie due au bailleur, que le locataire garnisse la maison de meubles suffisants ; or, dès que cette condition est remplie quant à la suffisance, le bailleur n'a pas le droit de se plaindre et de réclamer un supplément de garantie ; par suite, il y aurait exagération à lui permettre de s'opposer au déplacement des meubles dont il ne pourrait pas exiger l'apport, puisque sans eux la maison est déjà suffisamment garnie. — Ajoutons que notre système, qui est aujourd'hui adopté par la plupart des auteurs et par la jurisprudence[1], était déjà suivi dans notre ancien droit : « L'esprit de nos Coutumes, dit Pothier, en accordant le droit de suite au locateur, n'est pas d'ôter au locataire toute disposition des meubles qu'il a portés en la maison louée, mais seulement autant qu'elle donnerait atteinte à la sûreté du bailleur pour ses loyers et les autres obligations du bail. C'est pourquoi, notamment, la Coutume d'Orléans, en l'art. 415, dit que le seigneur d'hôtel peut *poursuivre* les biens enlevés de son hôtel *pour trois termes échus et deux à échoir*. Le locataire peut donc librement disposer des effets qu'il a dans l'hôtel qu'il a pris à loyer, et le locateur ne peut les suivre ou en demander le rétablissement, pourvu qu'il en reste suffisamment dans l'hôtel pour lui procurer la sûreté de ses loyers[2]. »

199. Faute de revendication des meubles déplacés dans le délai utile, le bailleur perd son privilége. Mais ce dernier ne s'éteint pas par la vente seule non suivie de déplacement, parce qu'il n'y a pas perte de la possession du gage[3].

---

[1] Troplong, 1, 164; Aubry et Rau, § 261; Duranton, 19, 103; Rouen, 30 juin 1846, Sir., 47, 2, 540.

[2] Pothier, 268.

[3] Limoges, 26 août 1848, Sir., 49, 2, 322.

200. Ajoutons, enfin, une dernière observation relative à la revendication.

Suivant Pothier, bien que le locateur ne puisse pas empêcher le locataire d'enlever des effets qui sont dans la maison, pourvu qu'il en reste suffisamment pour répondre des loyers, cependant, si un créancier du locataire saisissait les meubles, le bailleur serait fondé à s'opposer à l'enlèvement et à demander la main-levée de la saisie, si mieux n'aime le saisissant se charger de toutes les obligations du bail, tant pour le passé que pour l'avenir, et d'en donner caution. Il ne suffirait pas au saisissant, dit-il, d'offrir de payer ce qui est échu, et d'offrir de laisser en l'hôtel de quoi répondre de deux termes à échoir.

Aujourd'hui, l'opinion de Pothier ne peut plus être suivie. En aucun cas le bailleur, pas plus qu'un autre créancier du locataire, ne peut s'opposer utilement à la saisie et à la vente, par d'autres créanciers, des objets soumis à son privilége ; il ne peut former opposition que sur le prix de vente. Art. 609 C. de procéd.

201. Mais aussi le déplacement des objets ainsi vendus sur saisie n'entraîne-t-il pas déchéance du privilége[1]. Ce dernier n'est non plus perdu lorsque la vente des meubles a été faite par un administrateur chargé de réaliser les biens du locataire débiteur dans l'intérêt commun des créanciers, notamment par le syndic d'une faillite, l'héritier bénéficiaire ou le curateur d'une succession vacante[2].

[1] Civ. Cass., 16 août 1814, Sir. 15, 1, 93.
[2] Poitiers, 4 mars 1863, Sir., 64, 2, 31.

POSITIONS

POSITIONS

DROIT ROMAIN.

1. Le contrat par lequel une personne concède à une autre à perpétuité la jouissance d'une chose moyennant redevance périodique est un louage et non une vente ; c'est une Constitution de Zénon qui la première en a fait un contrat particulier : l'emphytéose.

2. La fidéjussion contractée in duriorem causam n'est pas nulle ; elle n'est que réductible à la mesure de l'obligation principale.

3. La loi 44 D. 9, 2, Ad. leg. Aq., qui parle d'une espèce particulière de faute, la *culpa levissima*, ne s'applique pas aux obligations contractuelles ; en ce qui concerne ces dernières, la faute ne comporte que deux degrés, la *culpa lata* et la *culpa levis*.

4. Lorsqu'un débiteur a été absous, même injustement, par le juge, il cesse d'être obligé, même *naturaliter*, vis-à-vis de son créancier ; — au contraire, dans tous les cas où l'on peut dire que *judicium exspiravit* parce que la sentence n'a pas été rendue dans le délai fixé, le défendeur, à l'abri des poursuites, reste soumis à une obligation naturelle.

5. L'ancien contrat de fiducie conférait au créancier le droit de vendre la fiducie, qu'il y eût ou non convention contraire, sauf la nécessité d'une dénonciation au débiteur s'il avait été fait un pacte *ne distrahere liceat*. — Le gage, au contraire, pendant fort longtemps, ne donna au créancier le droit de vendre l'objet engagé qu'autant que ce droit lui avait été accordé par une clause du contrat ou un acte

postérieur. Mais, dès l'époque d'Alexandre Sévère, cette clause devint une clause de style, *pactum vulgare*. Enfin, elle finit, au temps de Paul et d'Ulpien, par être sous-entendue dans les contrats mêmes où elle n'était pas exprimée.

HISTOIRE DU DROIT FRANÇAIS.

6. Le recueil canonique qui parut vers l'an 840 sous le nom d'Isidore, et qui contenait un grand nombre de fausses décrétales, n'est pas l'œuvre de l'évêque Isidore de Séville, mais celle d'un faussaire inconnu voulant établir par de prétendus textes juridiques la suprématie du sacerdoce sur l'Empire et du prêtre sur le laïque.

7. Les Établissements de saint Louis sont une œuvre privée et non pas un acte officiel.

DROIT CIVIL.

8. L'absence de notification dans le cas prévu par l'art. 1813 n'autorise pas par elle-même le bailleur de la ferme à saisir et vendre le cheptel, lorsqu'il est d'ailleurs prouvé qu'au moment de l'introduction du bétail dans la ferme, le bailleur a su qu'il n'était pas la propriété du fermier, mais un simple cheptel.

9. Pour savoir si un fermier, qui a été privé dans une même année de la moitié au moins de la récolte moyenne qu'il pouvait espérer, se trouve indemnisé par les récoltes des années précédentes, il faut prendre en considération, non-seulement l'excédant de récolte des bonnes années, mais encore les déficits de moins de moitié que peuvent présenter les autres années.

10. Le rang entre les différents priviléges sur les meubles ne peut être fixé par la seule qualité de la généralité des uns

et de la spécialité des autres. Il doit, en l'absence de textes explicites, être déterminé par application du principe : « *Privilegia ex causa œstimantur* », c'est-à-dire d'après la qualité des créances et d'après l'analogie que fournissent les dispositions spéciales de la loi relatives à certains priviléges.

11. Lorsqu'une dette garantie à la fois par une caution et par un tiers qui a fourni une hypothèque a été payée par l'un deux, il n'y a de préférence pour aucun d'eux ; s'il y a une perte, elle doit être répartie entre eux dans la mesure de leur engagement. — Le tiers détenteur d'un immeuble hypothéqué qui a payé la dette dont cet immeuble était grevé n'est pas subrogé contre la caution. — La caution qui a acquitté la dette est subrogée contre le tiers détenteur.

12. Le propriétaire peut toujours se soustraire à l'obligation de l'art. 663 en abandonnant la mitoyenneté du mur existant ou la moitié du terrain nécessaire pour la construction d'un mur nouveau.

13. Le Français qui, par suite du démembrement d'une partie du territoire, a perdu sa qualité de Francais, peut, malgré l'expiration des délais d'option, recouvrer sa nationalité en rentrant en France avec l'autorisation du Président de la République, et en déclarant qu'il veut s'y fixer, conformément à l'art. 18 du Code civil, et sans qu'il soit besoin d'une loi nouvelle.

14. La valeur des offices ministériels tombe en communauté.

PROCÉDURE CIVILE.

15. La saisie-gagerie est empruntée à la Coutume de Paris.

16. La saisie-gagerie n'est donnée que pour les loyers

échus et non pour les loyers à échoir ; mais le propriétaire dont les sûretés sont diminuées peut user de l'art. 1188 du Code civil.

17. La saisie-gagerie n'est pas une saisie-exécution ; il faut, pour que le bailleur puisse procéder à la vente, que la saisie soit déclarée valable par jugement du tribunal du lieu de la saisie.

18. Le tribunal français requis d'imprimer au jugement rendu à l'étranger la force exécutoire (art. 546, C. de p. c.) n'a pas le droit d'examiner de nouveau l'affaire quant au fond : il doit se borner à examiner si le jugement est rendu dans les formes et selon les régles de compétence établies par la loi étrangère, et à vérifier s'il ne contient rien de contraire à l'ordre public français.

DROIT CRIMINEL.

19. Les jugements rendus au criminel n'ont l'autorité de la chose jugée au civil qu'en ce qui concerne l'existence du crime, la culpabilité de l'accusé, sa participation au fait matériel, mais non pas en ce qui concerne la question de savoir si l'accusé a commis une faute, un délit de droit civil ou un quasi-délit, à moins que l'intention criminelle ne fasse un tout indivisible avec le fait matériel.

20. Les délais de la prescription de l'action publique, fixés par les art. 637, 638 et 640 du Code d'instruction criminelle, sont applicables à l'action civile résultant du délit, que cette action soit portée devant les tribunaux de répression ou devant les tribunaux civils.

DROIT COMMERCIAL.

21. La règle de l'art. 2279 du Code civil ne s'applique plus aux titres au porteur depuis la loi du 4 juillet 1872.

22. Le vendeur peut exercer son action en résolution, même après le jugement qui déclare la faillite de l'acheteur.

23. Quand le mari est interdit ou absent, la femme peut se faire autoriser par justice à faire le commerce.

24. Le voiturier ne peut plus exercer son privilége lorsqu'il s'est dessaisi de l'objet voituré.

DROIT ADMINISTRATIF.

25. Les grandes masses de forêts de l'État ne peuvent être aliénées qu'en vertu d'une loi spéciale; elles sont prescriptibles depuis la promulgation du Code civil.

26. L'état de choses créé, quant aux offices ministériels, par l'art. 91 de la loi de finances du 28 avril 1816, diffère de l'ancienne vénalité des charges sous les rapports suivants : 1º le droit de présentation ne s'applique qu'aux offices ministériels et non à toutes les charges vénales avant 1789 ; 2º le gouvernement peut créer de nouvelles charges, mais n'a pas le droit de les vendre ; 3º il n'est jamais collateur obligé, et peut refuser son agrément au successeur présenté ; 4º le titulaire destitué perd son droit de présentation ; 5º les offices, fictivement considérés comme immeubles avant 1789, ont recouvré leur nature de choses mobilières.

DROIT INTERNATIONAL.

27. Le droit de la guerre proprement dit, celui de vie et de mort, n'est applicable qu'aux personnes ennemies qui portent des armes, aux combattants. Le droit des gens réprouve les ravages du territoire ennemi et la destruction des récoltes et des habitations, à moins qu'ils ne soient la conséquence inévitable d'un combat ou ne soient exercés

par représailles. Il n'autorise jamais le pillage ni l'emploi de la force brutale contre les populations inoffensives.

28. Les corps de partisans et les corps francs autorisés spécialement par l'État doivent être assimilés aux troupes régulières, bien qu'ils opèrent sans se joindre à l'armée régulière, à cause même de cette autorisation de l'État, et parce qu'ils sont soumis aux ordres des chefs militaires. Il en de même des corps francs non autorisés individuellement, lorsque, sur l'appel adressé par le chef de l'État à la nation, ils s'organisent militairement et combattent pour des buts politiques.

29. Les principes modernes du droit des gens sont contraires aux changements de nationalité qu'on voudrait imposer à des populations sans leur consentement exprimé par la voie du vote.

30. La guerre, même offensive, est juste et légitime lorsqu'elle a pour but de faire respecter le droit, c'est-à-dire lorsqu'elle a pour cause la violation des droits fondamentaux et essentiels d'une population, ou enfin, une atteinte portée aux bases sur lesquelles repose l'ordre dans l'humanité.

═══

Vu.

Nancy, le 29 mars 1873.

Le Président de la thèse,

E. LEDERLIN.

Vu par le Doyen de la Faculté de Droit de Nancy,

PH. JALABERT.

Nancy, le 29 mars 1873.

Vu et permis d'imprimer.

Nancy, le 29 mars 1873.

Le Recteur de l'Académie de Nancy,

DARESTE.

PLAN

DES IXe ET XIe RÉGIONS DE ROME.

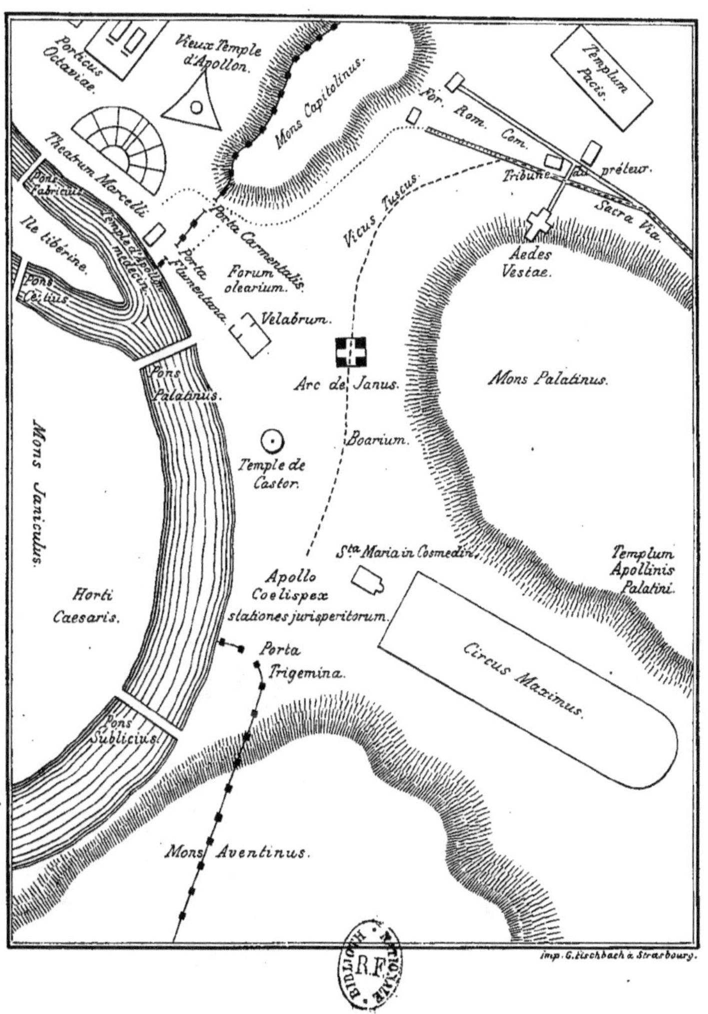

De l'enseignement du droit chez les Romains.

CHAPITRE IV. — DE L'EMPLACEMENT DES ÉCOLES DE DROIT.

ERRATA

Page 58, à la note, au lieu de 7 lisez 1.

Page 220, à la note, au lieu de 9 lisez 1.

Page 222, à la note, au lieu de 2 lisez 1.

Page 223, à la note, au lieu de 3 lisez 1.

Page 239, à la dernière ligne, au lieu de : et il ne peut s'élever aucun, lisez : et il ne peut, selon nous, s'élever aucun.

Page 240, à la note, au lieu de : 1, Duvergier, 2, 17, lisez : 1, Duvergier, 2, 17. Voir, au reste, infra, nº 198.

Page 310, à la 21e ligne, au lieu de : Malgré ces raisonnements, nous suivrons une opinion contraire, que nous allons essayer de justifier, lisez : Malgré ces raisonnements, nous avons, comme on l'a vu au nº 102, adopté une opinion contraire, que nous allons maintenant essayer de justifier.

Page 318, à la dernière ligne, au lieu de : 4 juillet 1872, lisez : 15 juin 1872.

Page 318, après la dernière ligne, ajoutez la ligne suivante : quant aux négociations postérieures à la publication de l'opposition.

Bourrouette de Laffore
Ingénieur en chef à
Niort puis à
Bordeaux en 1845 etc